經典與解釋

中國傳統 經典與解釋

入其國，其教可知也……其爲人也：溫柔敦厚而不愚，則深於《詩》者也；疏通知遠而不誣，則深於《書》者也；廣博易良而不奢，則深於《樂》者也；絜靜精微而不賊，則深於《易》者也；恭儉莊敬而不煩，則深於《禮》者也；屬辭比事而不亂，則深於《春秋》者也。

——《禮記·經解》

中國傳統 經典與解釋
Classici et Commentarii

古學縱橫

劉小楓 ● 主編

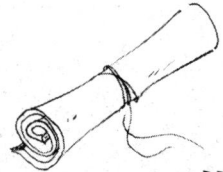

《孔叢子》訓讀及研究

雷欣翰 ○ 撰

古典教育基金·"資龍"資助項目

"古学纵横"出版说明

如何重新获得已然丢失的古典传统,关系到中国学术未来的基本取向和大学教育的基本品质。现代之后的中国学人不得不在两条道路、两种"命运"面前作出自己的选择:要麼跟从种种"后现代主义"以比现代精神更为彻底的解构方式破碎大道,要麼切实回归古典学问——倘若选择后者,势必首先质疑并革除我们自"五四"以来养成的凡事以现代观点衡量古典的新传统。

如今我们能否取得世纪性的学术成就,端赖于我们是否能夠在现代之后的学术语境中重新拥有自己的古学传统。本系列旨在积极开拓对中国古典学术大传统作全面、深入的理解,重新收拾我们自家的古学传统,为开创中国学术新气象的心愿和意气奠定基础——在此基础上,我们面对现代之后的种种文化论说或"主义"学术时才会有心胸坦荡、心底踏实的学术底气和见识根底。

古典文明研究工作坊
中国典籍编注部甲组
2005 年 10 月

目　錄

前言 …………………………………………… 1

《孔叢子》訓讀

説明 …………………………………………… 3
校注所據主要版本 …………………………… 4
嘉言第一 ……………………………………… 5
論書第二 ……………………………………… 9
記議第三 …………………………………… 17
刑論第四 …………………………………… 22
記問第五 …………………………………… 26
雜訓第六 …………………………………… 30
居衛第七 …………………………………… 34
巡守第八 …………………………………… 39
公儀第九 …………………………………… 41
抗志第十 …………………………………… 44
公孫龍第十一 ……………………………… 51
儒服第十二 ………………………………… 55
對魏王第十三 ……………………………… 59
陳士義第十四 ……………………………… 62
論勢第十五 ………………………………… 68
執節第十六 ………………………………… 72
詰墨第十七 ………………………………… 77
獨治第十八 ………………………………… 82

問軍禮第十九 …………………………………… 85
答問第二十 …………………………………… 88
連叢子上第二十一 …………………………… 93
連叢子下第二十二 …………………………… 105
佚文第二十三 ………………………………… 112
附錄：小爾雅 ………………………………… 115

《孔叢子》中的《尚書》學案

緒論 …………………………………………… 133
《論書》篇中的《尚書》學案 ………………… 148
　"受終於文祖"辨 …………………………… 149
　論"有鰥在下曰虞舜" ……………………… 156
　"帝典"考 …………………………………… 161
　《論書》篇的著作形態 ……………………… 164
　孔子的門室之喻 …………………………… 168
　"納於大麓"解 ……………………………… 173
　"禋於六宗"考辨 …………………………… 183
　報祭與祖、宗 ……………………………… 203
　"樂山"、"樂水"與"莫高山大川" ………… 209
　四鄰、四臣與四友 ………………………… 219
　"陳氏"非陳常考 …………………………… 225
　"祖甲不義"辨 ……………………………… 229
　魯哀公、孔子論樂與"庶尹允諧" ………… 241
　"夔"傳說探源 ……………………………… 245
《刑論》篇解讀 ……………………………… 267
　《刑論》篇的內容 …………………………… 268
　《刑論》篇與其他秦漢文獻 ………………… 284

主要參考文獻 ………………………………… 296

前　言

　　《孔叢子》是一部由孔子後裔搜集、編著,具有孔氏家族史和孔氏家學學案性質的雜記類著作,主要記載孔子、子思、子高、子順等十幾位孔氏子孫的言行,由《孔叢子》、《連叢子》和《小爾雅》三部分組成。本書主要將《孔叢子》和《連叢子》介紹給大家。《孔叢子》第一篇至第五篇記載孔子的言行,第六至第十篇記載孔伋(子思)的言行,第十一篇至第十三篇記載孔穿(子高)的言行,第十四篇至第十六篇記載孔謙(子順)的言行,第十七篇至第二十篇記載孔鮒(子魚)的言行。《連叢子》上篇除《敘書》、《敘世》記載漢代孔氏族胤的傳承和事蹟之外,還錄有孔臧的四篇賦、兩封書信和一篇爲孔奇《左氏傳義詁》所作的序言;下篇主要記載孔季彥的言行。

　　《孔叢子》是諸子文獻中除《論語》之外最重要的孔氏儒學著作。與《孟子》的觀點鮮明而師承脈絡模糊和《荀子》的博采諸家而蔚然大觀不同,《孔叢子》的記述集中在父子相承,着力於編綴家學脈絡。孔氏子孫自子思至季彥,歷來不乏致力於學問者,對子孫繼承父祖之學的記述,正是《孔叢子》一書的主綫。孔氏子孫以身爲孔子後人爲榮,在他們身上,能夠看到不屈從於時勢和榮禄的、對先祖學問和節操的堅持和執着。是書記載歷代孔氏後裔對儒學的傳承、運用和創新,常有閃光之處。對於孔氏儒學、相關學術史和漢代家學、家族史的研究,都有重要的思想和文獻價值。

　　《孔叢子》的材料來源從先秦至東漢,十分駁雜。其中來源較早的一些材料,也在後人的編輯和改寫過程中變得"面目全非"。

《孔叢子》的成書在漢代，目錄書對它的著錄則始見於《隋書·經籍志》。它最早的校注本是北宋嘉祐八年刊行的《孔叢子注》，作者宋咸，刊刻者是他的弟子吕逢。這個"嘉祐本"是《孔叢子》最早的傳世刻本，也是今傳所有版本的共同祖本。傳世本至近代，形成了兩個版本：一是《四庫全書》的三卷本，一是《四部叢刊》的七卷本。這兩個版本和其他"支流"版本的差別不大。從文本形態的角度來講，能夠看到與宋本明顯差異的，是分佈在其他典籍中的《孔叢子》佚文。

《孔叢子》原題"孔鮒撰"，實際上他只可能是該書的早期編纂者之一。孔鮒字子魚，孔子八世孫，曾經做過陳涉的博士。今本《孔叢子》中不但有他的事蹟，還涉及他後輩的事蹟和著作，可見這部家學承續之書，絕非一時寫就，而是世代傳承、由幾輩人增寫而得。

關於《孔叢子》的體裁，可以從它的書名中看出來。"叢"是戰國至秦漢之際諸子文獻常用的一種編書體例，"叢，聚也"（《説文解字·丵部》），其字從丵，本指聚集在一起生長的野草，用作體裁之名，指一種將流傳的文獻材料聚集在一起的古書體例。"叢""林""説""語"是由戰國而至秦漢通行的諸子文獻體例，它們都有相似的形態特徵，即將前人之言行以及流傳中的此類文獻編輯成書。《論語》《韓非子·説林》《儒家者言》《説苑》《孔子家語》等典籍，都採取這種編輯方式。這類典籍的特點是篇章間未必有明顯的邏輯關係，更類似於文獻彙編。《孔叢子》開始編輯的時代在秦漢，它的內容與這一時期成書的文獻多有可互見之處。其中記述的人物事蹟，在《尚書大傳》《吕氏春秋》《淮南子》等多種秦漢文獻中都能找到綫索。但是，這并不意味着這些典籍間必然存在互相傳抄的關係。最近的研究成果表明，很多時候這些典籍的作者是就共同的傳聞底本進行獨立撰寫，由於來源資料的公共性，導致文本形態的相似甚至雷同。

古書對《孔叢子》的第一次徵引出現在王肅的《圣證論》中。王肅字子雍，東海人，魏晉時期著名經學家。王肅是曹魏名臣王朗之子，司馬昭的岳父，他不但貴爲皇親國戚，還曾師從大儒宋忠，遍注群經，博學洽聞。在經學史上，以王肅爲代表的"王學"與鄭玄學派針鋒相對。王肅的不少議論都針對鄭派而發，兩派的水火不容是歷史上眾所周知的文化事件。據史料記載，孔子後裔曾向王肅進獻過《孔子家語》等孔門家學文獻，王肅參考其它典籍對它們進行過研究和注釋。同時期見引的《孔叢子》，也屬於這類典籍。由於這批文獻在此之前長期只在孔氏家族內部流傳，未入官籍史志，之後又爲王肅學派長期獨占，在鄭玄學派及後世受其影響的學者中間漸漸流傳出王派僞造古籍以駁鄭玄甚至王肅僞造孔氏文獻回護司馬氏的觀點，宋代疑古思潮興起，《孔叢子》《家語》和《孔氏傳尚書》等孔氏文獻在之後的千餘年間被主流學界定爲僞書。直到出土文獻證明今傳《孔子家語》中相當一部分文獻的真實性，學界才漸漸注意到這類古籍的價值。

由於《孔叢子》的這種文獻性質及其未經官方整理而是長期在民間留傳的歷史，宋咸在爲是書作注之前，對當時所見的《孔叢子》資料進行過一次大規模校勘和刪選。這一點，從今本《孔叢子》及本書所輯佚文的差異中就能明顯看到。因此，今天看到的《孔叢子》，可以肯定已與其唐代以前的"原貌"有相當的距離。

既然《孔叢子》中的材料駁雜到難以判定成書時間，今傳本又在宋代與唐以前較原始的文本形態發生了斷裂，那麼，我們應該用什麼樣的態度來接受這部書呢？《孔叢子·公儀》篇中子思與魯穆公的一段對話似乎爲我們指明了方向：

穆公謂子思曰："子之書所記夫子之言，或者以謂子之辭也。"子思曰："臣所記臣祖之言，或親聞之者，有聞之於人者，雖非正其辭，然猶不失其意焉。且君之所疑者何？"公曰："於事無非。"子思曰:"無非。所以得臣祖之意也。就如君言以爲臣之辭,臣之辭無非,則亦所宜貴矣。事既不然,又何疑焉。"

余嘉錫先生曾在《古書通例》中指出,諸子之書"皆以立意爲宗,不以敘事爲主",所以涉及人物事蹟,經常"附會以圓其説",未必事事皆可落實。儒家著述較其他諸子謹慎,但似《孔叢》《家語》,也仍不免"叢林之書"的上述特點。穆公對子思所記孔子之言的疑惑,其實也是後人對《孔叢子》所記孔氏之言的疑惑;而子思的回答,可以作爲余先生觀點的一個印證。他對穆公的回答,簡直像是《孔叢子》的編著者在爲自己申辯:"臣所記臣祖之言,或親聞之者,有聞之於人者,雖非正其辭,然猶不失其意焉。"以及充滿信心的評價:"臣之辭無非,則亦所宜貴矣。"而《孔叢子》中的許多故事和思想又豈止是"無非"?作者將博雅的儒家思想熔鑄在諸孔對時人、時事的應對言行裡,其中不乏名言警句和扣人心弦的情節、感人至深的故事,更有不少段落和篇章體現出強烈的時代特徵。無論從文學還是思想史的角度去考察,是書都相當精彩。我想,對於無意探索文獻源流和名物典制的一般讀者而言,單純地體驗一部"於事無非"的《孔叢子》,應該也會是相當難忘的閱讀經歷。

本書包含兩個部分,第一部分爲《孔叢子》訓讀,主要目的是幫助一般讀者通讀《孔叢子》,熟悉《孔叢子》的文本和結構。第二部分是對《孔叢子》中與《尚書》相關的内容進行的專題研究,對於一些疑難問題,筆者將在研究文章中提出自己的推測,供讀者參考。

《孔叢子》訓讀

説　明

一、《孔叢子》訓讀主要採取隨文夾注的形式。重要的背景介紹或尚無定論的異説，置於夾注中影響閲讀的，則採取腳注形式。

二、爲盡量展現文本原貌，《孔叢子》訓讀以宋嘉祐八年刻宋咸注七卷本《孔叢子》爲底本。其他版本或典籍中相似段落的異文，有參考價值的以"或作"注明；其他注家對原文的修改意見，有參考價值的以"或説當作"注明；筆者對原文的修改意見，以"當作"注明；宋本及其他版本因錯訛而影響閲讀時，筆者將擇取相關文獻中的異文或自行修改個别因傳抄而出現的錯字（《小爾雅》除外）。以上情況，原則上皆不注明版本來源。

三、諸版本《小爾雅》爲《孔叢子》第十一篇。爲方便閲讀，本書將可讀性不强的《小爾雅》置於附録，并因此導致篇卷序目與其他本子稍有差異。

四、本書根據文義對分章稍作調整，并因此導致章節内容和數目與其他本子稍有差異。

五、除容易混淆和難以理解之處外，同一漢字的同一義項和注音，原則上只在首次出現時注明。漢字的常用讀音和常用義項，原則上不出注。

六、正文中出現過的漢字，在隨文注釋中不再予以注音。

七、一些俗體字、異體字，本書改爲常用字形，并不另加説明（《小爾雅》除外）。如"礼"改爲"禮"，"荅"改爲"答"等。

八、本書的校勘和注釋盡可能吸收所有古今學者關於該書的研究成果，希望爲讀者奉上一個更加通順和準確的整理本。但限於學力和精力，在對某些問題的理解和選擇上仍難免欠妥或出現錯誤，如有校勘不精、注釋不確之處，懇請讀者批評指正。

校注所據主要版本

宋嘉祐八年刻宋咸《孔叢子注》七卷附釋文一卷
宛委別藏影宋巾箱本《孔叢子注》七卷
明嘉靖二十九年蔡宗堯刻《孔叢子》七卷
明萬曆周子義刊《子彙》本《孔叢子》三卷
明萬曆刊程榮《漢魏叢書》本《孔叢子》三卷
明萬曆三十年緜眇閣刊馮夢禎輯《先秦諸子合編》本《孔叢子》三卷
明天啟五年歸有光輯《諸子彙函》本《孔叢子》
明刻白口本鍾惺評《孔叢子》四卷
潘承弼校跋明刻本《孔叢子》七卷
文淵閣四庫全書本《孔叢子》三卷
章鈺校跋清光緒元年湖北崇文書局刻《百子全書》本《孔叢子》二卷附《詰墨》一卷
明萬曆十八年刻陳深輯《諸子品節》本《孔叢子》
四庫全書存目叢書影印明萬曆四十四年刻焦竑等輯《新鍥翰林三狀元會選二十九子品彙釋評》本《孔叢子》
四庫全書存目叢書影印明刻黎堯卿輯《諸子纂要》本《孔叢子》
四庫全書存目叢書影印清雍正十一年寅清樓刻姜兆錫《孔叢子正義》五卷
日本寬政七年京師書坊文林堂刊冢田虎《冢注孔叢子》十卷
清道光年刊《指海》本錢熙祚《孔叢子校注》
續修四庫全書本宋翔鳳《小爾雅訓纂》六卷
續修四庫全書本胡承珙《小爾雅義證》十三卷附《補遺》一卷
續修四庫全書本葛其仁《小爾雅疏證》五卷
《清代稿本百種彙刊》本胡世琦《小爾雅義證》

嘉言第一

[題解]嘉,善也。本篇共七章,輯録孔子和時人、弟子的一些問答。

夫子對有身份人的尊稱適到、去周指東周都城雒 luò 邑,見萇 cháng 弘劉文公的大夫,言終而退。萇弘語劉文公周朝大臣、劉國國君曰:"吾觀孔仲尼孔子字仲尼有聖人之表外表:河目細長的眼睛,或説水靈靈的眼睛而隆顙高額頭,黃帝之形貌也;修肱長胳膊而龜背寬背膀,其長身高九尺有六寸,成湯商族首領之容體容貌形體也。然言稱先王,躬履躬行踐履。或作"躬禮",躬行禮儀廉讓清廉謙讓,洽聞強記,博物不窮。抑或許、難道亦聖人之興者乎?"劉子對劉文公的敬稱曰:"方今周室衰微而諸侯力争。孔丘孔子名丘布衣,聖將安疑問詞,怎麽、如何、哪裡施?"萇弘曰:"堯、舜、文周文王、武周武王之道,或弛解除、消失而墜墜落,指消失。禮樂崩喪,亦正其統紀統緒和綱紀而已矣。"既表示(上述)動作完成而夫子聞之,曰:"吾豈敢哉!亦好喜好禮樂者也。"

陳惠公大城作動詞,修建大城,因表原因,因此起凌陽之臺,未終而坐法犯法死者數十人。又執逮捕三監吏負責監督的官吏,將殺之。夫子適陳,聞之,見陳侯,與俱登臺而觀焉。夫子曰:"美哉!斯臺。自古聖王之爲城臺,未有不戮殺一人而能致功若此者也。"陳侯默然而退,遽就竊私下赦所執吏。既而見夫子,問曰:"昔周作建靈臺周文王所建,亦戮人乎?"答曰:"文王之興,附歸附者六州古人將天下分成九州,孔子認爲三分天下文王有其二。六州之眾各以子來舉家而來,故區區微不足道貌之臺,未及期日預定的日期而已成矣,何戮之有乎？夫以少少疊用加强語氣之衆,能立大大之功,唯君爾。"

子張曰:"女子必漸乎幾乎到達二十而後嫁,何也？"孔子曰:"十五許嫁,而後從夫。是陽動而陰應、男唱而女隨之義也。以爲績jī搓麻、組絲織、紃xún細帶、織編織、紝rèn絲縷。这里泛指女紅者,女子之所有事也；黼fǔ黻fú文章衣服上色彩絢麗的花紋之義或作美,婦人之所有大功也。必十五以往以後,漸乎二十,然後可以通乎此事。通乎此事,然後乃能上以孝於舅今稱"公公"姑今稱"婆婆",下以事夫養子也。"

宰我宰予,字子我。孔子弟子,以言辭見長使於齊而反通"返",見夫子,曰:"梁丘據齊國大夫,齊景公的寵臣遇虺huǐ毒蛇毒,三旬十天爲一旬而後瘳病愈,朝朝拜齊君齊景公姜姓,名杵臼。姜齊第二十六任國君。齊君會大夫衆賓而慶焉,弟子與參與在賓列。大夫衆賓并復獻攻療之方治療的藥方,弟子謂之曰:'夫所以獻方,將爲病也。今梁丘已瘳矣,而諸夫子乃復獻方,方將安施？意欲梁丘大夫復有虺害,當用之乎？'衆坐默然無辭。弟子此言何如？"夫子曰:"汝說非也。夫三折肱多次斷臂,比喻經歷多次治療爲良醫。梁丘子遇虺毒而獲療,諸有與之同疾者,必問所以已終止之指虺毒之方焉。衆人爲此,故各言其方,欲售推廣之以已人之疾也。凡言其方者,稱其良也,且以參參考比較據梁丘據所以已之之方優劣耳。"

夫子適齊,晏子晏嬰,字平仲,齊國名相就到其館。既宴,其語助詞,或說猶"而"私焉私語,"焉"字疑衍曰:"齊其語助詞,表推測危矣！譬若載無轄車軸頭上穿着的小鐵棍之車以臨千仞形容極高或極深之谷,其不顛覆,亦難冀難有希望也。子第二人稱代詞,吾心也。子以齊爲游息游玩、休息之館,當假如或可救,子幸敬語,表示對方的行爲使自己感到幸運不吾隱倒裝,猶"不隱吾",不隱瞞我也。"夫子曰:"夫死病不可爲醫。夫政令者人君之銜 xián 轡 pèi 駕馭牲口的嚼子和繮繩,所以制下制約下人臣民也。今齊君失之已久矣。子雖欲挾鉗其軸 zhōu 車轅而扶其輪,良程度副詞,猶"很"弗及也,抑猶還、仍然可以終齊君及子之身,過此以往,齊其田氏①矣。"

齊東郭亥東郭氏,齊大夫欲攻田氏,執贄 zhì 初次拜見尊長的見面禮見夫子而訪焉。夫子曰:"子爲義也,丘不足與計事謀劃大事。"揖 yī 讓子貢孔子弟子,本名端木賜。善辭令使答之。子貢謂之曰:"今子,士周代次於卿大夫的一個階層也。位卑而圖大。位卑則人不附也,圖大則人憚 dàn 畏懼之。殆大概非子之任也,盍 hé 何不姑姑且已乎?夫以一縷之任繫 xì 千鈞重量單位,一鈞約合三十市斤。千鈞,形容極重之重,上懸之於無極盡頭之高,下垂之於不測之深,旁人皆哀其絕危險處境,而造到、去之者不知其危,子之謂乎!馬方剛剛駭受驚,鼓擂鼓而驚之;繫絲綫方絕將要斷絕,重而填之增加重量而使之下墜。馬奔車覆,六轡不禁;繫絕於高,墜入於深。其危必矣。"東郭亥色面色戰顫慄而跪曰:"吾已矣!願子無言。"既而夫子告子貢曰:"東郭亥,欲爲義者也。子亦告之以難易則可矣,奚怎麽、哪裡至至於懼之使動用法,使之畏懼哉?"

---

① 周武王曾封舜的嫡裔嬀滿爲陳侯,與公爵同等,史稱胡公滿。胡公滿十世孫陳完逃至齊國,齊桓公封他田地。陳完改姓田,就是著名的齊國田氏,又稱陳氏。公元前 386 年,田和取代姜氏,被周天子封爲齊侯。公元前 379 年,姜氏奉邑入於田氏,史稱"田氏代齊"。發生在齊國的"田氏代齊"和發生在晉國的"三家分晉",是諸侯國大夫奪取公室權力的標誌性事件。

宰我問:"君子尚辭尚,崇尚。亦通"上",意動用法,以言辭爲上乎?"孔子曰:"君子以禮爲尚。博而不要精要,非所察所(應該)明察的也;繁辭富説,非所聽也。唯知者(真正)知道的人不失理。"孔子曰:"吾於予宰我,取其言之近類善于以同類事理相譬喻也;於賜子貢,取其言之切切近事也。近類則足以喻之,切事則足以懼之。

論書第二

[題解]"論書",指論《尚書》。本篇共十六章,輯錄孔子和諸侯、弟子關於《尚書》的問答,是傳世文獻中最詳備的孔子《尚書》專論。

子張孔子弟子,本名顓zhuān孫師問曰:"聖人受命,必受諸"之於"的合音天,而《書》云:'受終受命執政於文祖開國君主的廟。'《虞書·舜典》何也?"孔子曰:"受命於天者,湯、武是也;受命於人者,舜、禹是也。夫不讀《詩》《書》《易》《春秋》則不知聖人之心,又無以別堯、舜之禪禪讓、湯、武之伐戰爭攻伐也。"

子張問曰:"禮,丈夫三十而室娶妻者,昔舜三十徵庸即徵用,受徵召而被啟用,而《書》云:'有鰥大齡未婚男子在下曰虞舜。'《虞書·堯典》何謂也? 曩nǎng以往師聞諸夫子曰:'聖人在上,君子在位,則内無怨女大齡未婚女子,外無曠夫成年未婚男子。'堯為天子而有鰥在下,何也?"孔子曰:"夫男子二十而冠行成年禮,冠而後娶,古今通義也。舜父頑愚蠢而頑固母嚚yín愚蠢而頑固,莫能圖室家之端開端,此指爲舜謀圖成家之事焉,故逮三十而謂之鰥也。《詩》云:'娶妻如之何? 必告父母。'《齊風·南山》父母在,則宜圖婚;若已歿mò死,則己之娶必告其廟。今舜之鰥,乃父母之頑嚚也,雖堯爲天子,其如舜何?"

子夏①卜商,孔子弟子問《書》大義。子曰:"吾於'帝典'《堯

---

① 《論語·先進》篇記載了孔子幾位著名弟子的特長:"德行:顏淵、閔子騫、冉伯牛、仲弓。言語:宰我、子貢。政事:冉有、季路。文學:子游、子夏。"這裡的"文學"指文獻、學問。

典》和《舜典》的別稱，見堯、舜之聖焉；於《大禹》《皋 gāo 陶 yáo 謨 mó》《益稷》以上皆屬《虞書》，見禹、稷后稷，周族首領、皋陶部族聯盟中的司法官，東夷族首領之忠勤功勳焉；於《洛誥》《周書》，見周公之德①焉。故'帝典'可以觀美，《大禹謨》《禹貢》《夏書》可以觀事，《皋陶謨》《益稷》可以觀政，《洪範》《周書》可以觀度，《泰誓》《周書》可以觀議通"義"，五《誥》《周書》中的《大誥》《康誥》《酒誥》《詔誥》《洛誥》可以觀仁，《甫刑》《周書·呂刑》可以觀誠。通斯七者，則《書》之大義舉完整矣。"

孔子曰："《書》之於事也，遠而不闊粗疏，近而不迫急切，志盡而不怨，辭順而不諂 tāo 可疑。吾於《高宗肜 róng 日》，見德之有報之疾快也。苟如果由其道致其仁，則遠方歸志遠方人民志願歸附而致其敬焉。吾於《洪範》，見君子之不忍言人之惡而質人之美質，懷疑。或當作"成人之美"也。發乎中而見 xiàn 通"現"，顯現乎外以成文文采者，其唯《洪範》乎！"

子張問曰："堯、舜之世，一人不刑而天下治(得以)治理，何則？以教誡教誨真誠而愛深愛民深切也。龍子古代賢人以爲一夫而被承受以五刑，敢問何謂？"子曰："不然，五刑所以佐教也。龍子未可謂能爲研治《書》也。"

---

① 德，得也。它的原始意義并非後世所謂"道德""品德"，而是事功之義。《說文解字·彳部》："德，升也。"段玉裁注："'升'當作'登'……今俗謂用力徙前曰德，古語也。"它的古義是奮力向前，引申爲實現功業，沒有形而上的内涵。後來隨着知識階層的興起，才逐漸被賦予今天所謂"道德"的意義。一般認爲從《論語》開始，"道德"才成爲"德"字的首要義項。不過這個結果，應該已經在春秋時期得到充分的醖釀。

子夏讀《書》，既畢而見於夫子。夫子謂曰："子何爲怎麼看待。爲，面對於《書》？"子夏對曰："《書》之論事也，昭昭然光明貌若日月之代交替明，離離然陳列貌若星辰之錯行陳列運行，上有堯舜之道或作"德"，下有三王①之義。凡商之所受《書》於夫子者，志記之於心弗敢忘。雖退而窮居河黃河濟濟水之間，深山之中，作壞室土屋，編蓬户茅草門窗，常於此彈琴以歌先王之道，則可以發憤慷喟 kuì 歎，忘己貧賤。故有人亦樂之，無人亦樂之。上見堯、舜之德，下見三王之義，忽恍若不知憂、患與死也。"夫子愀 qiǎo 然神色忽變貌，宋咸注："不平之狀。"變容，曰："嘻！子殆大概、幾乎可與言《書》矣。雖即使然這樣，其亦表之而已，未睹其裏也。夫闚其門而不入其室，惡 wū 疑問代詞，怎麼睹其宗廟之奧深、百官之美乎？"

宰我問："《書》云：'納於大麓 lù 山林，烈風雷雨弗迷。'《虞書·舜典》何謂也？"孔子曰："此言人事之應乎天也。堯既得舜，歷試多次考驗諸難困難，已動作（歷試諸難）結束而納之於尊顯之官，使大録總領萬機②之政。是故陰陽清和清静和諧，五是來備③，烈風雨或作"烈風雷雨"各以其應，不有迷錯錯亂愆 qiān 錯誤伏此指氣候失常。明舜之行合於天也。"

---

① 《春秋穀梁傳》説爲夏禹、商湯、周武王，《孟子》説爲夏禹、商湯、周文王，《尸子》説爲商湯、周文王、周武王，《國語》説爲周代的太王、王季、文王。

② 萬機，同"萬幾"。《孔氏傳尚書》："幾，微也，言當戒懼萬事之微。"《周易·繫辭上》："夫易，聖人之所以極深而研幾也。……唯幾也，故能成天下之務。"應當認真對待的"萬事之微"，正是日常繁雜的政務。

③ 是，通"韙""氏"。《後漢書·荀爽傳》有"五韙來備"，《後漢書·李雲傳》有"五氏來備"，并引《史記》："曰雨、曰暘、曰燠、曰風、曰寒。五者來備。"皆指氣象合宜。

宰我曰："敢問'禋 yīn 精誠潔淨的祭祀,或說火祭的一種於六宗'《虞書·舜典》何謂也?"孔子曰："所宗者六,皆潔祀之也:埋少牢用羊和豬做祭品於太昭祭祀四時陰陽之神的壇,所以祭時四時、四季也;祖迎送迎於坎低陷爲坎壇壘土爲壇,所以祭寒暑也;主設祭主於郊宮祭日之壇,所以祭日也;夜明壇名,所以祭月也;幽①榮 yíng(今讀爲 yǒng)當作"滎",祭壇。幽滎,壇名,所以祭星也;雩 yú 祈雨之祭榮,所以祭水旱也。'禋於六宗',此之謂也。"

《書》曰："茲發語詞予第一人稱代詞大享合祀先王的祭祀於先王,爾你(們的)祖其從與之享諸本作"享之"。《商書·盤庚上》季桓子姬姓,季孫氏,名斯,魯國大夫問曰："此何謂也?"孔子曰："古之王者,臣有大功,死則必祀之於廟,所以殊作動詞,分別有績、勸勉勵忠勤也。盤庚商朝中興的君主舉其事以厲通"勵",勉勵其世臣,故稱焉。"桓子曰："天子之臣有大功者,則既然已經(像)這樣矣。諸侯之臣有大功者,可以如之乎?"孔子曰："勞能定國,功加於民,大臣死難。雖食之公廟在公廟受饗,可也。"桓子曰："其位次如何?"孔子曰："天子諸侯之臣,生則有列於朝,死則有位於廟,其序一也。"

《書》曰："維發語詞高宗即武丁。子姓,名昭,商朝第二十三任君主報上甲微商族首領。"《尚書》佚文定公姬姓,名宋。魯國第二十五任國君問曰："此何謂也?"孔子對曰："此謂親盡廟毀撤除不再奉祀的祖先之廟,將其神主遷於大祖廟中,有功而不及祖創業的國君,有德而不及宗祖的嗣君,故於每歲之大嘗一種祖廟祭祀而報祭報答祖先恩德的

---

① 《説文解字·丝部》:"幽,隱也。"段玉裁注:"隱,蔽也。"幽暗難見之義。宋咸注:"星昧於月。"星比月暗,所以稱"幽"。

祭祀焉,所以昭彰顯其功德也。"公曰:"先君僖公姬姓,名申。魯國第十八任國君功德前行或作"前列",可以與於報乎?"孔子曰:"丘聞昔虞、夏、商、周以帝王行此禮者則有矣,自此以下,未之知委婉否定之辭,《論語》中亦常用"不知""未知"表示否定也。"

定公問曰:"《周書》所謂'庸庸勤賓結構,用可用之人。庸,通"用"、祇 zhī 恭敬祇、威通"畏"威,顯民'《周書·康誥》,何謂也?"孔子對曰:"不失其道,明之於民之謂也。夫能用可用任用可用之人,則政治得以治理矣;敬可敬,則尚賢矣;畏可畏,則服刑恤矣。恤,憂慮。刑恤,刑罰的審慎。君審明白此三者以示民,而國不興,未之有也。"

子張問:"《書》云:'奠高山。'《夏書·禹貢》何謂也?"孔子曰:"高山五嶽①,定其差秩等級次序,祀所視對應公爵的等級焉。"子張曰:"其禮如何?"孔子曰:"牲、幣之物祭祀用的牲口、幣帛,五嶽視看作、對應三公,小名山視子、男公、侯、伯、子、男,周代爵位。"子張曰:"仁者何樂於山?"孔子曰:"夫山者,巋 kuī 然高大貌高。"子張曰:"高則何樂爾?"孔子曰:"夫山,草木植焉,鳥獸蕃焉,財用出焉,直而無私焉,四方皆伐稱譽其功勞焉。直而無私,興

---

① 五座名山的總稱,主要有三種説法:一、《周禮·春官·大宗伯》鄭玄注:"五嶽,東曰岱宗、南曰衡山、西曰華山、北曰恒山、中曰嵩高山。"其中"岱宗"即泰山,"嵩高山"即嵩山,許多文獻都持此説,今所言五嶽亦指此五山。二、《爾雅·釋山》:"泰山爲東嶽,華山爲西嶽,霍山爲南嶽,恒山爲北嶽,嵩高爲中嶽。"霍山,郭璞注:"即天柱山。"今安徽有霍山縣。三、《周禮·春官·大司樂》鄭玄注:"五嶽,岱在兖州、衡在荆州、華在豫州、嶽在雍州、恒在并州。"《爾雅·釋山》:"河南,華;河西,嶽;河東,岱;河北,恒;江南,衡。"郭璞注:"嶽,吳嶽。"

吐風雲，以通乎天地之間。陰陽和合，雨露之澤，萬物以依靠（它）成，百姓咸都饗xiǎng受用酒食，此指受益，此仁者之所以樂乎山也。"

孟懿子魯國孟孫氏第九代宗主問："《書》曰：'欽四鄰。'《虞書·皋陶謨》何謂也？"孔子曰："王者前有疑、後有丞、左有輔、右有弼bì輔助之義，謂之四近。言前、後、左、右近臣，當畏敬之，不可以非其人也。周文王胥qī附耳私語附使疏遠者相親附，"胥"多作"胥"、奔輳còu奔走傳喻、招徠。輳，輻條聚集到車輪中心，引申為聚集、先後、禦侮，謂之四鄰，以免牖yǒu里又作"羑里"。商朝監獄，文王曾囚禁於此之害。"懿子曰："夫子亦有四鄰矣或作"乎"。"孔子曰："吾有四友焉。自吾得回顏回，字子淵，孔子弟子也，門人加越發親，是非胥附乎？自吾得賜子貢也，遠方之士日至，是非奔輳乎？自吾得師子張也，前有光、後有輝，是非先後乎？自吾得由仲由，字子路，又字季路也，惡言不至於門，是非禦侮乎？"

孔子見齊景公，梁丘據自外而至，公曰："何遲？"對曰："陳氏戮其小臣，臣有辭焉有異議。"焉"或作"焉"，是故遲。"公笑而目作動詞，用眼睛看孔子，曰："《周書》所謂'明德慎罰'《周書·康誥》，陳子明德也，罰人而有辭，非不慎矣。"孔子答曰："昔康叔周武王之弟封衛衛國，統三監之地①，命為孟侯。周公以成王姬姓，名誦，武王之子之命作《康誥》焉，稱述文王之德，以成勑chì誡訓誡之文。其書曰：'惟乃丕pī顯考偉大尊顯的先父文王，克能夠明德慎罰。''克明德'者，能顯用有德，舉而任之也；'慎罰'

---

① 周武王滅商後，命其弟管叔監管殷都以東，稱為衛；命蔡叔監管殷都以西，稱為鄘；命霍叔監管殷都以北，稱為邶。總稱三監。

者,并心同情而慮之,眾平眾心平服然後行之,致刑錯置,擱置刑罰,不用刑罰也。此言其所任不失德,所罰不失罪,不謂己德之明也。"公曰:"寡人不有過言錯誤的言論,則安得聞吾子之教也!"

《書》曰:"其在祖甲即帝甲。子姓,名載,商朝第二十五任君主,不義惟王。"《周書‧無逸》公西赤字子華,孔子弟子曰:"聞諸晏子:'湯及太甲子姓,名至,商朝第四任君主、武丁、祖乙子姓,名滕(或作勝),商朝第十四任君主,天下之大君。'夫太甲爲王,居喪行不義,同稱君,何也?"孔子曰:"君子之於人,計功以除過。太甲即位,不明居喪之禮新王要爲先王居喪三年,不問政事,而干干涉冢宰周代亦稱太宰,眾官之首之政,伊尹放之於桐桐宫,商湯葬處,憂思三年,追悔前愆,起而復位,謂之明王。以此觀之,雖四於三王與三王同等的第四位賢王,不亦可乎?"

魯哀公姬姓,名將。魯國第二十六任國君問:"《書》稱:'夔kuí 樂官名,部族首領名曰:'於 wū 語氣詞!予擊石拊 fǔ 拍石,百獸率相繼、共同舞,庶尹官長允諧和諧一致。'《虞書‧舜典》何謂也?"孔子對曰:"此言善政之化乎物也。古之帝王,功成作樂,其功善者其樂和,樂和則天地且猶應之,況百獸乎?夔爲帝舜樂正樂官之長,實能以樂盡充分展現治理之情情況。"公曰:"然則政之大本,莫尚樂乎?"孔子曰:"夫樂,所以歌其成功,非政之本也。眾官之長,既咸熙熙和樂的樣子,然後樂乃和焉。"公曰:"吾聞'夔一足'傳說夔只有一隻腳,有異於人,信乎?"孔子曰:"昔重、黎掌管天文曆法和天神祭祀的官名,或說即羲、和舉夔而進,又欲求人而佐焉。舜曰:'夫樂,天地之精也。唯聖人爲能和六律①,均五音古代五聲音階中的宮、商、角、徵、羽五個音級,知樂之本,以通八風此指八風之音,泛指音樂。夔能若此,一而足矣。'故曰'一足',非一足也。"公曰:"善。"

① 指代十二律。古代音樂有十二個定名,稱十二律:一黄鐘、二大吕、三太簇、四夾鐘、五姑洗、六中吕、七蕤 ruí 賓、八林鐘、九夷則、十南吕、十一無射 yì、十二應鐘。其中奇數的屬陽,稱六律;偶數的屬陰,稱六吕。古書常説"六律",實際是泛指音律。

記義第三

[題解]"義"的本字爲"儀表"之"儀",其後隨着字義發展,内涵漸趨寬泛。本篇共十章,所記之"義",也包含多方面内容。第一、三、四、五、八章記"正義""道義"之"義",第二、六、七章記"禮儀"之"儀",第九、十章記《詩》義和音樂之義。

季桓子以粟千鍾計量單位,標準不一。"千鍾",形容優厚的俸禄餼xì贈送夫子,夫子受之而不辭,既而以用(粟千鍾)頒下發門人之無者。子貢進曰:"季孫以夫子貧,故致粟。夫子受之而以施人,無乃豈不是非季孫之意乎?"子曰:"何?"對曰:"季孫以爲惠以粟惠孔子也。"子曰:"然。吾得千鍾,所以受而不辭者,爲季孫之惠,且以爲寵也。夫受人財不以用(它)來成富成全(自己的)富貴,與與其季孫之惠於一人,豈若惠數百人哉?"

秦莊子魯國大夫死,孟武伯①問於孔子曰:"古者同寮即同僚有服喪服乎?"答曰:"然!同寮有相友之義。貴賤殊等,不爲同官。聞諸老聃②:昔者虢guó叔周文王之弟、閎hóng夭、太顛、散宜生、南宫括都是西周開國功臣,輔佐周文王的名臣五者同寮比德指同心同德,以贊助文、武。及虢叔死,四人者爲之服朋友之服,古之達禮者行之也。"

---

① 仲孫彘zhì,孟懿子之子。武,諡號。"伯"是排行,古代以"伯仲叔季"爲兄弟排行的次序,伯是老大,仲是第二,叔是第三,季是最小的。

② 據説老子姓李,名耳,字聃,在周管理圖書。老子是春秋末年的思想家,與孔子同時而稍長,孔子曾入周向他學禮。或説爲春秋晚期楚國隱士老萊子。

公父文伯公父氏，名歜 chù。季康子的從叔死，室人此指妻妾有從死者，其母怒而不哭。相室爲卿大夫管理家務的人諫之，其母曰："孔子，天下之賢人也，不用於魯，退而去。是子素素來宗之而不能隨。今死，而內人從死者二人焉。若此，於長者薄，於婦人厚也。"既而夫子聞之，曰："季氏之婦尚賢哉！"子路愀然對曰："夫子亦好人之譽己乎？夫子死而不哭，是不慈也，何善爾？"子曰："怒其子之不能隨賢，所以爲尚賢者，吾何有有什麼（錯）焉？其亦善此而已矣。"

衛出公姬姓，名輒 zhé。衛國第二十九任國君使人問孔子曰："寡人之任臣無大小，一一自言觀察之，猶復失人失於用人。何故？"答曰："如君之言，此即所以失之也。人既難知，非言問所及、觀察所盡。且人君之慮者多，多慮則意不精。以不精之意，察難知之人，宜其有失也！君未之聞乎？昔者舜臣堯，官作動詞才任士任命有才之士，堯一從之。左右曰：'人君用士，當自任耳目，而取信於人，無乃不可乎？'堯曰：'吾之擧舜，已耳目之矣。今舜所擧人，吾又耳目之，是則耳目人終無已已休止，疊用加強語氣也。'君苟付可付託付可以託付之人，則己不勞而賢才不失矣。"

子貢問曰："昔孫文子衛國大夫以衛侯衛獻公，姬姓，名衎 kàn。衛定公死時爲太子哭之不哀，知其將爲亂，不敢捨其重器重要的財物而行，盡寘 zhì 安置。或作"寄"，寄存諸戚衛國地名，孫文子的封地，而善交好晉大夫二十人。或稱其知有見識、有智慧，何如？"孔子曰："人知其爲知也，吾未知其爲知也。"子貢曰："敢問何謂也？"子曰："食其祿者，必死其事爲其事而死，謂盡心盡力。孫子知衛君之將不君,不念伏死甘願捨棄生命以争諍諫,而素規預先謀劃去就取捨,尸利空食其禄攜xié貳懷有二心,非人臣也。臣而有不臣之心,明君所不赦。幸哉!孫子之以此免戮也做了這樣的事還能免於刑戮。"

孔子使宰予使於楚,楚昭王以安車①、象飾象牙做的裝飾品因宰予以遺孔子焉。宰予曰:"夫子無以此爲要這些没有用也。"王曰:"何故?"對曰:"臣以其用日常用物,思其所在志向所在,觀之,有以知其然。"王曰:"言之。"宰予對曰:"自臣侍從夫子以來,竊見其言不離道,動不違仁;貴義尚德,清素好儉;士而有禄做官有俸禄,不以爲積或作"費";不合做官不合志向則去,退無吝心不捨之心;妻不服綵,妾不衣帛綵、帛都指華麗貴重的衣服;車器不彫diāo雕琢刻鏤,馬不食粟;道行則樂其治政治,不行則樂其身。此所以爲夫子也。若夫句首語氣詞觀目之麗靡華麗奢靡,窈窕之淫音靡靡之音,夫子過之弗之視,遇之弗之聽也。故臣知夫子之無用此車也。"王曰:"然則夫子何欲而可?"對曰:"方今天下,道德寑息,其志欲興而行之。天下誠有欲治之君,能行其道,則夫子雖徒步以朝,固一定猶還要爲之,何必遠辱君之重貺kuàng贈禮、賞賜乎?"王曰:"乃今而後知孔子之德也大矣!"宰予歸,以告孔子。孔子曰:"二三子以予之言何如?"子貢對曰:"未盡夫子之美也。夫子德高則配天與天相匹配,深則配海,若予之言,行事之實也。"子曰:"夫言貴實,使人信之,捨實何稱乎還有什麼可稱道的呢?是賜之華,不若予之實也。"

---

① 可以坐乘的車。古車多爲站立而乘,此車可以坐乘,所以稱"安"。古代接待、徵召有名望的人,常常賜乘安車。

孔子適齊。齊景公讓登讓客人先登台階,夫子降一等,景公三辭然後登。既坐,曰:"夫子降德,辱臨謙詞,自辱而下臨寡人,寡人以爲榮也。而降階以遠,自絕遠於寡人,寡人未知所以爲罪?"孔子答曰:"君惠顧外臣,君之賜也。然以匹夫平民百姓敵相當國君,非所敢行也。雖君私之,其若義何?"

顏讎 chóu 衛國人,《孟子》作"顏讎由"善事親,子路義之以之爲義。後讎以非罪無辜執於衛,將死或作"厄",遭難。子路請以金贖焉,衛人將許之,既而二三子納金於子路以入衛。或謂孔子曰:"受人之金,以贖其私昵 nì 親近(之人),義乎?"子曰:"義而贖之,貧取於友自身貧賤則求贖金於友人,非義而何? 愛金而令不辜無罪(之人)陷辟刑罰,凡人且猶不忍,況二三子於由之所親乎?《詩》云:'如可贖兮,人百其身。'《秦風·黃鳥》。秦穆公卒,子車氏三位良臣奄息、仲行、針虎在殉葬之列,秦人作《黃鳥》之詩,哀"三良"之死。苟出金可以生人,雖百倍,古人不以爲多。故二三子行其欲,由也成其義,非汝之所知也。"

孔子讀《詩》及《小雅》,喟然歎氣貌而歎曰:"吾於《周南》《召 shào 南》,見周道之所以盛也;於《柏舟》《邶風》,見匹夫或作"婦",合《鄘風·柏舟》之義執志之不可易也;於《淇澳》《衛風》,見學之可以爲君子也;於《考槃》《衛風》,見遁逃世之士而不悶壓抑、苦悶也;於《木瓜》《衛風》,見包苴 jū 之禮相互饋贈、禮尚往來行也;於《緇 zī 衣》《鄭風》,見好賢之心至也;於《鷄鳴》《鄭風·女曰鷄鳴》。《齊風》亦有《鷄鳴》,見古之君子不忘其敬也;於《伐檀》《魏風》,見賢者之先事後食也;於《蟋蟀》《唐風》,見陶唐指唐堯儉德之大也;於《下泉》《曹風》,見亂世之思明君也;於《七月》《豳 bīn 風》,見豳公公劉,周族首領,曾率周人遷至豳地定居。豳,古地名,在今陝西旬縣之所造周也；於《東山》《豳風》，見周公之先公而後私也；於《狼跋》《豳風》，見周公之遠志所以爲聖也；於《鹿鳴》《小雅·鹿鳴之什》，見君臣之有禮也；於《彤弓》《小雅·彤弓之什》，見有功之必報也；於《無羊》《小雅·祈父之什》。宋本作《羔羊》，《小雅》無此篇，見於《國風·召南》。"羔"疑爲"無"之誤，見善政之有應也；於《節南山》《小雅·祈父之什》，見忠臣之憂世也；於《蓼 liǎo 莪 é》《小雅·小旻之什》，見孝子之思養也；於《楚茨》《小雅·北山之什》，見孝子之思祭也；於《裳裳 cháng 者華》《小雅·北山之什》，見古之賢者世世代代保其祿也；於《采菽 shū 豆類》《小雅·桑扈之什》，見古之明王所以敬諸侯也。"

孔子晝息於室而鼓琴焉，閔子閔損，字子騫，孔子弟子自外聞之，以告曾子曾參，字子輿。孔子弟子曰："嚮 xiàng 從前也，夫子之音清徹 chè 通以和，淪 lún 沉入至道；今也，更爲幽沈 chén 沉之聲。幽則利欲之所爲發，沈則貪得之所爲施，夫子何所之感而若是乎？吾從子入而問焉。"曾子曰："諾表示肯定的應答。"二子入問孔子，孔子曰："然，汝言是也。吾有之。嚮見貓方取鼠，欲其得之，故爲之音也，汝二人者孰識諸？"曾子對曰："是閔子。"夫子曰："可與聽音矣。"

刑論第四

[題解]本篇共九章,輯録孔子與時人、弟子關於刑罰的問答,是傳世文獻中罕見的孔子刑罰專論。

仲弓冉雍字仲弓,亦稱子弓。孔子弟子問古之刑教刑罰和教化與今之刑教。孔子曰:"古之刑省簡省,今之刑繁。其爲教,古有禮然後有刑,是以刑省;今無禮以教而齊之以刑,刑是以繁。《書》曰:'伯夷舜的臣子,主管典禮降典,折民維刑。'謂先禮以教之,然後維或作"繼"以刑折之使之屈服也。夫無禮則民無恥,而正之以刑,故民苟免僥倖不犯法。"

孔子適衛。衛將軍文子姬姓,名木,字彌牟 móu。衛國大夫,衛靈公之孫問曰:"吾聞魯公父氏不能聽獄聽理訟獄,信乎?"孔子答曰:"不知其不能也。夫公父氏之聽獄,有罪者懼,無罪者恥。"文子曰:"有罪者懼,是聽之察明察、刑之當也。無罪者恥,何也?"孔子曰:"齊之以禮,則民恥矣;齊之以刑,則民懼矣。"文子曰:"今齊之以刑,刑猶弗勝不能承擔,不夠,何禮之齊倒裝句,即爲何齊之以禮?"孔子曰:"以禮齊民,譬之於御御馬則轡也;以刑齊民,譬之於御則鞭也。執轡於此而動於彼,御之良也;無轡而用策鞭,則馬失道矣。"文子曰:"以御言之,左手執轡,右手運策,不亦速乎? 若徒只(有)轡無策,馬何懼哉?"孔子曰:"吾聞古之善御者,'執轡如組,兩驂如舞'《詩·鄭風·大叔於田》,非策之助也。是以先王盛重視於禮而薄於刑,故民從命。今也廢禮而尚刑,故民彌越發暴。"文子曰:"吳、越之俗,無禮而亦治,何也?"孔子曰:"夫吳、越之俗,男女無別,同川而浴，民輕輕易相犯，故其刑重而不勝不足以勝其任，由無禮也；中國之教，爲外內以別男女，異器服分別器皿和服飾的等級以殊等類階層，故其民篤忠實而法效法禮教，其刑輕而勝，由有禮也。"

孔子曰："民之所以生者，衣食也。上不教民，民匱其生，飢寒切於身而不爲非者，寡矣！故古之於盜，惡wù之而不殺也。今不先其教先行教化，而一一概殺之，是以因此罰行而善不反懲罰實行了卻沒有收到揚善的效果，刑張展開，指充分地實行而罪不省。夫赤子嬰兒，古書常比喻人民知慕其父母，由審知悉故也。況爲政，興其賢者而廢其不賢以化民乎！知審此二者，則上盜最大的盜先息。"

《書》曰："兹殷罰有倫倫理。"《周書·康誥》子張問曰："何謂也？"孔子曰："不失其理倫理之謂也。今諸侯不同德各懷異心，每君異法諸侯國的法律各不相同，折獄判決訴訟無倫，以意爲限限定、標準，是故知法之難也。"子張曰："古之知法者與今之知法者，異乎？"孔子曰："古之知法者能遠獄能遠離刑獄，指善用教化，今之知法者不失有罪不放過犯罪的人。不失有罪，其於恕同情，寡矣！能遠於獄，其於防預防，深矣！寡恕近乎濫濫用刑罰，防深治乎本。《書》曰：'維敬五刑，以成三德。'①《周書·吕刑》言敬刑認真審慎地對待刑罰所以爲德矣。"

---

① 五刑，五種輕重程度不同的刑罰，一般認爲是墨、劓yì、剕fèi（刖yuè）、宫、大辟（死刑）。三德，三種重要的品德，主要有三種説法：《尚書·洪範》以爲是正直、剛克、柔克；《周礼·地官·师氏》以爲是至德、敏德、孝德；韋昭以爲是禮賓、親親、善善。

《書》曰："非從維從。"《周書·呂刑》孔子曰："君子之於人也，有不語也，無不聽也，況聽訟乎？必盡其辭證詞矣。夫聽訟者，或從其情具體情況，或從其辭。辭不可從，必斷以情。《書》曰：'人有小罪，非眚 shěng 悔過，乃惟終始終不改，自作不典不法，式爾以此爲法式，指故意犯罪，有厥罪小（即使）其罪小，乃不可不殺；乃有大罪，非終，乃爲眚災反省災禍，適爾像這樣，既道極厥辜說明白他的罪狀，時通"是"，這乃不可殺。"《周書·康誥》

曾子問聽獄之術。孔子曰："其大法有三焉：治必以寬，寬之之術歸於察，察之之術歸於義。是故聽而不寬，是亂也；寬而不察，是慢怠慢也；察而不中合乎義，是私也。私則民怨。故善聽者聽或作"言"不越辭，辭不越情，情不越義。《書》曰：'上下比罰，無僭 jiàn 亂差錯辭。'《周書·呂刑》"

《書》曰："哀敬慎重折獄。"《周書·呂刑》仲弓問曰："何謂也？"孔子曰："古之聽訟者，察貧窮，哀孤獨及鰥、寡、老、弱、不肖沒有才能而無告無處告訴、投奔者。雖得其情犯罪實情，必哀矜之。死者不可生，斷者不可屬續。若老而刑之謂之悖悖逆，弱而刑之謂之剋 kè 嚴苛，不赦過謂之逆，率過以小罪謂之枳①。故有宥 yòu 寬恕過、赦小罪、老弱不受刑，先王之道也。《書》曰：'大辟死罪，疑有疑問，赦。'《周書·呂刑》又曰：'與其殺不辜無罪（之人），寧失不經法度。"不經"指犯法（之人）。'《虞書·大禹謨》"

《書》曰："若保赤子。"《周書·康誥》子張問曰："聽訟可以

---

① 枳 zhǐ，小喬木，多刺，引申爲傷害之義。宋咸注："一作疧 zhǐ，猶傷也。"《說文解字·疒部》："毆傷也。"毆打人致皮肉青腫而無外傷叫做"疧"。

若此乎?"孔子曰:"可哉!古之聽訟者,惡 wù 其意,不惡其人,求所以生之保全罪犯的理由。不得其所以生,乃刑之,君必與眾共—同參與死刑儀式焉,愛民而重棄之也。今之聽訟者,不惡其意而惡其人,求所以殺殺掉罪犯的理由。是反古之道也。"

孟氏之臣叛。武伯問孔子曰:"如之何?"答曰:"臣人做別人的臣子而叛,天下所不容也。其狀或作"將"自反,子姑待之。"三旬,果自歸孟氏。武伯將執之,訪於夫子。夫子曰:"無也。子之於臣,禮意不至,是以去離開子。今其自反,罪以反除,又何報焉?子修禮以待之,則臣去子將安往?"武伯乃止。

記問第五

　　[題解]本篇共八章,分爲兩個部分:前四章輯録子思與孔子間的問答,後四章輯録孔子作歌的情形和相關歌辭。"記問"即記子思之問,據前四章名篇。子思被看作是孔氏家族中孔子最重要、最直接的繼承人,故《孔叢子》的編著者將孔子與子思的對話置於記録孔子言行的最後一篇當中。

　　夫子閒xián居,喟然而嘆。子思孔伋,字子思。孔子嫡孫,孔鯉之子再兩次拜,請曰:"意難道是子孫不修美好,將忝tiǎn辱没,有愧於祖乎?羡堯、舜之道,恨不及乎?"夫子曰:"爾孺子小孩子,安知吾志?"子思對曰:"伋於進善,亟qì屢次、一再聞夫子之教:其父析薪砍柴,其子弗克負荷,是謂不肖指子不似父。伋每思之,所以大恐而不解通"懈"也。"夫子忻xīn然喜悦貌笑曰:"然乎,吾無憂矣。世不廢業父祖之業,其克昌乎!"

　　子思問於夫子曰:"爲人君者,莫不知任賢之逸輕鬆也,而不能用賢,何故?"子曰:"非不欲也,所以官人任能者,由於不明也。其君以譽爲賞依據別人的讚譽來賞賜,以毁毁謗爲罰①,賢者不居焉。"

　　子思問於夫子曰:"伋聞夫子之詔告誡,正俗、化民之政,

---

　　① 儒家反對通過別人的評價賞罰臣子,《説苑·君道》篇記載了武王和太公的一段對話,討論的是與此相同的問題。太公以爲"不能獨斷,以人言斷者,殃也",而所謂"以人言斷者",就包括"不能定所罰,以人言罰;不能定所賞,以人言賞"。

莫善於禮樂也。管子任法以治齊，而天下稱仁焉。是法與禮樂異用而同功也，何必但只(用)禮樂哉？"子曰："堯、舜之化，百世不輟chuò 中斷，仁義之風遠也。管仲任法，身死則法息，嚴而寡恩也。若管仲之知，足以定法，材非管仲而專任法，終必亂成矣。"

子思問於夫子曰："物有形類有本形就有與之類似之形，事有真僞。必審之，奚由倒裝句,通過什麽(方法)？"子曰："由乎心。心之精神是謂聖明曉通達，推數究理不以疑。周周遍、徹底其所察，聖人難諸"之乎"的合音,感歎詞！連聖人都認爲這是很困難的吧！"

趙簡子①使派遣使者聘夫子，夫子將至焉。及河黃河，聞鳴犢晉國大夫寳鳴犢與寳犨chōu 晉國大夫,或説即寳鳴犢,或作"舜華"之見被殺也，廻huí 同"回"輿掉頭行車而旋返回，之衛，息鄹zōu 省略句,猶"息於鄹"。鄹爲衛國地名,非魯鄹邑,所在不詳。遂爲操②曰："周道衰微，禮樂陵遲衰敗。文、武既墜，吾將焉師或作"歸"？周游天下，靡没有邦國可依。鳳鳥不識倒裝,猶"不識鳳鳥"，珍寶梟鴟chī 貓頭鷹,舊時以爲凶惡之鳥。眷然回望貌顧回望之，慘焉心悲。巾車用帷幕裝飾的車命駕整理車駕出行，將適唐都指代晉國,晉國爲唐堯故地。黃河洋洋無邊無涯貌，攸攸漂泊不定貌之魚。臨津渡口不濟渡河，還轅息鄹。傷予道窮，哀彼指鳴犢、寳犨無辜。翱翔於衛，復我舊廬lú 房舍。從吾所好，其樂只且jū 句末感歎詞。"

---

① 趙鞅，晉國大夫世家趙氏的首領。趙氏是晉國掌權的世族之一，也是"三家分晉"的主力之一。《趙氏孤兒》中的孤兒趙武，就是趙簡子的祖父。

② 古人稱彈琴的動作爲"操"，用作名詞時指代琴曲及其歌辭。"操"常用來爲琴曲命名，如《文王操》。蔡邕曾作《琴操》一書，專門輯錄古琴曲。

哀公使以幣_{用作禮物的絲織品}如衛迎夫子，而卒不能賞①。故夫子作《丘陵之歌》曰："登彼丘陵，峛_{lǐ}崺_{yǐ 同"邐迤 yǐ"}，曲折連綿其阪_{斜坡}。仁道在邇_{近處}，求之若遠。遂迷不復，自嬰_{纏繞}，遭逢《屯 zhūn》《蹇 jiǎn》_{《周易》卦名，都有遭遇挫折、陷入困境之義}。喟然廻慮，題_{回顧}彼泰山_{指代魯國}。鬱 yù 碓_{或作"崔"，繁茂高峻}其高，梁甫_{泰山下的小山}廻連。枳棘充路，陟 zhì_登之無緣。將伐無柯_{木質斧柄，指代斧子}，患茲_{指代"枳棘"}蔓延。惟以永嘆_{長歎}，涕_{眼淚}實 yǔn _{通"隕"，落下}潺 chán 湲 yuán _{水緩流貌}。"

楚王使使_{動賓結構，派遣使者}奉金帛聘夫子。宰予、冉有_{冉求，字子有，孔子弟子}曰："夫子之道，於是行矣。"遂請見，問夫子曰："太公_{姜姓，呂氏，名尚，一名望。俗稱姜太公，又稱太公望}勤身苦志，八十而遇文王_{周文王}，孰與許由②之賢？"夫子曰："許由，獨善其身者也；太公，兼利天下者也。然今世無文王之君也，雖有太公，孰能識之？"乃歌曰："大道隱兮禮爲基，賢人竄_{奔逃，此指歸隱}兮將待時，天下如一欲何之_{倒裝，猶"欲之何"，想去哪裡？}"

叔孫氏③之車子_{駕車人曰鉏 chú 商}，樵於野而獲獸焉，眾莫之識_{倒裝，猶"莫識之"}，以爲不祥，棄之五父之衢_{地名}。冉有告夫

---

① 或作"當"，或作"用"，或作"官"。或以爲"賞"字誤，當作"官"或"當"，以"任"、"用"釋之。今案《荀子·王霸》："賞賢使能以次之。"楊倞注："賞，讀爲尚。"是賞有崇尚義。"賞賢"與"使能"并用，明其亦有任用之義。《記問》篇用之不誤。

② 據説堯曾想禪位給許由，許由聽到，認爲是對他的羞辱，便到潁水河去洗他的耳朵。

③ 魯國大夫。叔孫氏和季孫氏、孟孫氏稱爲"三桓"，權力凌駕於魯國公室之上。

子曰:"麕jūn獐子身而肉角,豈天之妖乎?"夫子曰:"今何在?吾將觀焉。"遂往,謂其御駕車人高柴孔子弟子曰:"若求之言,其必麟麒麟乎!"到視之,果信果然如此。言偃字子游,孔子弟子問曰:"飛者宗崇尚鳳,走者宗麟,爲其難至猶"罕見"也。敢問今見,其誰應之?"子曰:"天子布德,將致太平,則麟、鳳、龜、龍先爲之祥。今宗周周是諸侯國的宗主國,故稱"宗周"將滅,天下無主,孰爲爲什麽,做什麼來哉?"遂泣曰:"予之於人,猶麟之於獸也。麟出而死,吾道窮矣。"乃歌曰:"唐虞世兮麟鳳游,今非其時來何求?麟兮麟兮我心憂。"

雜訓第六

［題解］本篇共十章，雜錄子思對諸侯、弟子的訓教之言。或説本篇命名因首章中子上"雜所習"而子思以"先人有訓"教之。

子上孔白，字子上，子思之子雜所習所學習的（東西）雜，請請教於子思。子思曰："先人有訓焉：學必由聖，所以致其材也；厲通'礪'，磨礪必由砥 dǐ 磨刀石，所以致其刃也。故夫子之教，必始於《詩》《書》而終於禮樂，雜説不與焉，又何請？"

子思謂子上曰："白乎！吾嘗深有思而莫之得也，於學則寤 wù 通"悟"，理解焉；吾嘗企有望而莫之見也，登高則覩 dǔ 同"睹"焉。是故雖有本性，而加之以學，則無惑矣。"

懸子魯國賢人，名瑣問子思曰："吾聞同聲者相求，同志者相好。子之先君見子產公孫僑，字子產，鄭國名相時，則兄事之，而世謂子產仁愛，稱夫子聖人，是謂聖道事仁愛乎？吾未諭明白其人之孰先後也，故質問於子。"子思曰："然！子之問也。昔季孫即季康子，名肥，季桓子之子問子游，亦若子之言也。子游答曰：'以子產之仁愛譬夫子，其猶浸水灌溉之水之與膏雨滋潤作物的降雨乎！'康子曰：'子產死，鄭人丈夫捨玦 jué 珮環形、有缺口的玉珮，婦女捨珠瑱 tiàn 珍珠耳飾，巷哭聚在里巷中哭泣三月，竽瑟不作。夫子之死也，吾未聞魯人之若是也，奚故哉？'子游曰：'夫浸水之所及也則生，其所不及則死，故民皆知焉。膏雨之所生也，廣莫大沒有比它更廣大的焉。民之受賜也普矣，莫識其由來者。"上德不德,是以無德。"①' 季孫曰:'善。'"懸子曰:"其然。"

孟子車孟子,名軻,字子輿。"車"猶"輿"。或作"孟子居"尚幼,請見子思。子思見之,甚悅其志,命子上侍坐焉,禮敬子車甚崇。子上不願也,客退,子上請曰:"白聞士無介媒介不見,女無媒不嫁。孟孺子無介而見,大人悅而敬之。白也未諭,敢問。"子思曰:"然。吾昔從夫子於郯 tán 地名,在今山東郯城,遇程子②於塗 tú 路,傾蓋車蓋靠在一起,形容一見如故而語,終日經過一整天的時間而別,命子路將拿、取束帛一束五匹帛,饋贈之禮物贈焉,以其道同於君子也。今孟子車,孺子也。言稱堯舜,性樂仁義,世所希有也。事之猶可,況加敬乎!非爾所及也。"

子思在魯,使以書書信如去衛問子上。子上北面面向北再拜,受書伏敬語讀,然後與使者宴。遂爲復書回信,返中庭廳堂正中,北面再拜以受授予,"受"是"授"的本字。使者既受書,然後退。使者還魯,問子思曰:"吾子堂上南面立,授臣書,事畢送臣。子上中庭拜,授臣書而不送,何也?"子思曰:"拜而不送,敬也。使而送之,賓以賓客之禮也。"

魯人有同姓死而弗弔問喪者。人曰:"在《禮》當時通行的禮書:'當免免喪服不免,當弔不弔,有司官吏罰之。' 如之何子之無弔也?"答曰:"吾以其疏遠也。"子思聞之,曰:"無恩之甚也。

---

① 語出《老子》,今作"上德不德,是以有德。下德不失德,是以無德"。
② 或作"程本子"。程本,舊題爲《子華子》作者,晉國人。今案子華子之名見於《列子》,而程本之名見於《孔子家語》,二者未必爲一人。

昔者季孫問於夫子曰：'百世之宗，有絶道路，此處虛指乎延續百世的宗族，恩親會疏遠嗎？'子曰：'繼之以姓，義根據道義無絶也。'故同姓爲宗，合族爲屬親屬，雖國子公卿大夫之子弟之尊不廢其親，所以崇愛崇尚宗親之間的情感也。是以綴 zhuì 之以食用饗食之禮連綴宗緒，序列昭穆①，萬世婚姻不通。忠篤之道然也。"

魯穆公姬姓，名顯。魯國第二十九任國君訪於子思，曰："寡人不得嗣先君之業三年矣，未知所以爲令名好聲譽者。且欲掩先君之惡以揚先君之善，使談者有述焉。爲之若何？願先生教之也。"子思答曰："以伋所聞，舜、禹之於其父，非勿欲也，以爲私情之細不如公義之大，故弗敢私之焉耳。責問以虛飾之教，又非伋所得言。"公曰："思之可以利民者。"子思曰："顧有惠百姓之心，則莫如除一切非法之事也。毀不居之室以賜窮民，奪嬖 bì 寵寵臣之禄以振救濟，"賑"的本字困匱 kuì 貧乏（的人）。無令人有悲怨，而後世有聞見，抑亦可。"公曰："諾。"

懸子問子思曰："顔回問爲邦治國，夫子曰：'行夏之時夏代的曆法。'若是，殷、周異正更改曆法爲非乎？"子思曰："夏數得天，堯、舜之所同也。殷、周之王，征伐革命②以應乎天，因改正朔③，若云天時之改爾，故不相因承續也。夫受禪於人者則

---

① 祖廟神主的排列次序，亦是對宗緒傳承的象徵。古代宗法制度，始祖居中，以下父子相遞爲昭穆，左爲昭，右爲穆。

② 古代以爲凡天子皆受天命。所以凡是改朝換代，君主易姓，都可稱爲革命，取變革以應乎天命的意思。

③ 代指曆法。一年中的第一天稱正朔。改朝換代的帝王爲昭示其新政權的合法性，都會更改前代的曆法以示本朝爲天命所授。其中最具象征意義的就是改變正月初一即新年開始的時間，這就是"改正朔"。

襲繼承其統，受命於天者謂武力推翻舊王朝者則革之，所以神其事使其事神，如天道之變然也。三統夏、商、周的正朔之義，夏得其正。是以夫子云。"

穆公問於子思曰："立太子有常常法乎？"答曰："有之。在周公之《典》周代典章。"公曰："昔文王捨適 dí 同"嫡"，正妻長子而立其次，微子商末名臣，商紂王庶兄捨孫而立其弟，是何法也？"子思曰："殷人質質樸而尊其尊，故立弟；周人文文采而親其親，故立子。亦各其禮也。文、質不同，其禮則異。文王捨適立次，權權變也。"公曰："苟得行權，豈唯聖人？ 唯賢與愛立也。"子思曰："聖人不以權教不提倡權變之術，故立制垂法，順之順從聖人所立法制爲貴。若必欲犯，何有於異？"公曰："捨賢立聖，捨愚立賢，何如？"子思曰："唯聖立聖只有聖人（能）立聖人，其文王乎！ 不及文王者，則各賢其所愛，不殊沒有什麼不同於適，何以限界定之？ 必不能審賢愚之分，請父兄羣臣卜占卜於祖廟，亦權之可也也算是可行的權變之法。"

孟軻問牧民治理百姓何先。子思曰："先利之。"曰："君子之所以教民亦仁義，①固所以利之乎？"子思曰："上不仁則下不得其所得到合適的位置，安居樂業，上不義則樂爲亂也，此爲不利大矣。故《易》曰：'利者，義之和也。'《周易·文言》又曰：'利用安身，以崇德也。'《周易·繫辭下》此皆利之大者也。"

---

① "亦仁義"或作"亦有仁義"。"君子之所以教民"下或作"亦有仁義而已矣，何必曰利。"

居衛第七

[題解]本篇共十章,主要輯錄子思居於衛國時期的言論,其中間有其在齊國、宋國的事蹟。

子思居衛,言苟變衛國人於衛君①曰:"其材可將五百乘shèng 四馬一車爲一乘,君任軍旅,率得此人,則無敵於天下矣。"衛君曰:"吾知其材可將,然變也嘗爲吏,賦收賦稅於民,而食人二鷄子,以故勿用也。"子思曰:"夫聖人之官人,猶大匠之用木也,取其所長,棄其所短。故杞 qǐ、梓 zǐ 都是出産好木材的樹連抱形容樹粗,非一人可抱而有數尺之朽,良工不棄,何也?知其所妨者細也,卒成不訾 zī 之器不可估量之材。訾,限度。今君處戰國之世,選爪牙之士得力的助手,而以二卵焉棄干盾牌城城墙之將形容大將,此不可使聞於鄰國不能讓鄰國聽到者也。"衛君再拜,曰:"謹受教矣。"

子思適齊。齊君之嬖臣美鬚眉鬍鬚眉毛,立乎側,齊君指之而笑,且言曰:"假貌可相易,寡人不惜此之鬚眉於先生也。"子思曰:"非所願也。所願者唯君修禮義,富百姓,而伋得寄帑 táng 同"寄孥 nú",寄託妻兒於君之境内,從繈 qiǎng 負背負繈褓之列謂做齊國百姓,其庸功用多矣。若無此鬚鬣,非伋所病憂慮也。昔堯身修十尺,眉乃八彩,實聖。舜身修八尺有奇 jī 有零頭,面頷 hàn 頭臉和下巴無毛,亦聖。禹、湯、文、武及周公勤思勞體,或折臂斷

---

① 由於子思的生卒年學界至今無定論,且《孔叢子》以子思與孔子生存的時間有重合的記録與現今常識不符,故本書關於子思記載期間(《雜訓第六》至《抗志第十》)人物的具體身份大都難以斷定。

臂，或説短臂望視一種眼疾，仰視貌。或秃骭 gàn 胫毛脱落背僂 lǔ 駝背，亦聖。不以鬚眉美鬢爲稱也。人之賢聖在德，豈在貌乎？且吾性無鬚眉，而天下王侯不以此損其敬。由是言之，伋徒患德之不邵美、高美也"美也"或爲注文，不病毛鬢之不茂也。"

子思謂子上曰："有可以爲公侯之尊而富貴，人眾不與不讚同、不追求焉者，非唯志乎？成其志者，非唯無欲乎？夫錦繢 huì 色彩艷麗的織錦紛華繁華富麗，所服不過溫體；三牲大 tài 牢豬、牛、羊具備，所食不過充腹。知以身取節者，則知足矣。苟知足，則不累連累其志矣。"

曾子謂子思曰："昔者吾從夫子游於諸侯，夫子未嘗失人臣之禮，而猶聖道不行。今吾觀子有傲世主傲視諸侯之心，無乃豈不是不容乎！"子思曰："時移世異，人或作"各"有宜也。當吾先君，周制雖毀，君臣固位君臣之分穩固，上下相持，若一體然。夫欲行其道，不執禮以求之，則不能入也。今天下諸侯方欲力爭，競招英雄以自輔翼，此乃得士則昌、失士則亡之秋也。伋於此時不自高，人將下輕視吾；不自貴，人將賤吾。舜、禹揖讓，湯、武用師，非故相詭刻意、違背，乃各時也。"

子思在齊。齊尹文子齊國思想家生子不類不像自己，怒而杖作動詞，杖擊之，告子思曰："此非吾子也，吾妻殆不婦不守婦道，吾將黜 chù 廢除之指休妻。"子思曰："若子之言，則堯、舜之妃復可疑也。此二帝聖者之英精華、出眾者，而丹朱堯之子、商均舜之子不及匹夫。以是推之，豈可類乎？然舉其多者，有此父斯有此子，道之常也。若夫賢父之有愚子，此由天道自然，非子之妻之罪也。"尹文子曰："先生止之，願無言，文留妻矣。"

孟軻問子思曰："堯、舜、文、武之道，可力而致通過努力達到乎？"子思曰："彼，人也；我，人也。稱其言，履其行；夜思之，晝行之；滋滋勤勉貌焉，汲汲急切貌焉。如農之赴時，商之趣奔向利，惡有不至者乎？"

子思謂孟軻曰："自大而不修其所以大之所以能大（的原因），不大矣；自異而不修其所以異，不異矣。故君子高其行，則人莫能偕 xié 與之比肩也；遠其志，則人莫能及也。禮接於施於人，人不敢慢；辭交於人，人不敢侮。其唯高遠乎！"

申祥子張之子，字子莫問曰："殷人自契商族祖先至湯而王，周人自棄周族祖先至武王而王，同嚳 kù 帝嚳，傳說中的古代帝王之後也①，周人追王大王古公亶 dǎn 父、王季季歷、文王，而殷人獨否宋咸注認為此指殷商不追封先王，何也？"子思曰："文質之異也。周人之所追王大王，王跡起焉周族王霸基業由古公亶父開始顯現。"又曰："文王受命，斷虞、芮 ruì 諸侯國名之訟，伐崇邦商朝諸侯，退犬夷即犬戎，當時活躍於甘陝一帶，追王大王、王季，何也？"子思曰："狄古族名人攻大王，大王召耆老有重望的卿大夫而問焉，曰：'狄人何來為何而來？'耆老曰：'欲得菽粟穀類，泛指糧食財貨。'大王曰：'與之。'與之至無，而狄人不止。大王又問耆老曰：'狄人何欲？'耆老曰：'欲土地。'大王曰：'與之。'耆老曰：'君不為社稷土神和穀神，泛指國家

---

① 宋本作"周帝嚳之後也"。"周"，他本作"同"。宋咸注："帝嚳次妃簡狄生契，舜命作司徒，為商之祖；帝嚳元妃姜嫄生棄，舜命作后稷，為周之祖。"今案《大戴禮記·帝系》："帝嚳卜其四妃之子，而皆有天下。上妃有邰氏之女也，曰姜原氏，產后稷；次妃有娀氏之女也，曰簡狄氏，產契；次妃曰陳隆氏，產帝堯；次妃陬訾氏，產帝摯。"這種傳說由來已久，再據上下文義，此處當作"同"。

乎?'大王曰:'社稷所以爲民也,不可以所爲民者亡民也。'耆老曰:'君縱縱然不爲社稷,不爲宗廟乎?'大王曰:'宗廟者,私也。不可以吾私害民。'遂杖策拄杖而去。過梁山,止乎岐下地名。豳民之束脩指打包行李奔而從之者三千乘。一止而成三千乘之邑,此王道之端也,成王於是追而王之。王季,其子也。承其業,廣其基焉。雖同追王,不亦可乎?」

羊客問子思曰:"古之帝王中分天下,使二公治之,謂之二伯。公,周代最高爵位。二公、二伯,都指周初分管東、西方諸侯的周公和召公。周自后稷封爲王者,後子孫據據有國,至大王、王季、文王,此固本來就世爲諸侯矣,焉得爲西伯乎?"子思曰:"吾聞諸子夏:殷王帝乙子姓,名羡。商朝第三十任君主之時,王季以功,九命作伯,受珪 guī 瓚 zàn 玉器鬯 chàng 或作"秬 jù 鬯"。香料酒,以珪瓚盛之之賜,故文王因之,得專征伐。此以諸侯爲伯,猶周、召之君爲伯也。"

子思年十六,適宋,宋大夫樂朔與之言學焉。朔曰:"《尚書》《虞》《夏》數四篇猶"這四五篇",善也。下此以訖通"迄",到、至於《秦》《秦誓》《費》《費誓》,效堯、舜之言耳,殊不如也。"子思答曰:"事變有極時事變化,各有極止,正自當耳。假令周公、堯、舜更時異處使堯、舜當周公之時,其書《堯典》《舜典》周亦如《周書》矣。"樂朔曰:"凡《書》之作,欲以喻曉喻民也,簡易爲上。而乃故作難知之辭,不亦繁乎?"子思曰:"《書》之意,兼複兼、複,都指複雜深奧,訓詁解釋古書字句成義,古人所以爲典雅也。昔魯委巷小巷,輕貶之辭亦有似君之言者,伋答之曰:'道爲知者能知道者傳,苟非其人,道不貴矣。'今君何似之甚也?"樂朔不悅而退,曰:"孺子辱吾。"其徒曰:"此或作"魯"雖以宋爲舊舊好,然世有讎同"仇"焉,請攻之。"遂圍子思。宋君聞之,不待駕不等準備車駕而救子思。子思既免免於遭難,曰:"文王死或作"囚""困""厄"於羑里,作《周易》;祖君對祖父的尊稱,指孔子屈於陳、蔡,作《春秋》。吾困於宋,可無作乎?"於是撰《中庸》之書四十九篇。

巡守天子巡查諸國第八

[題解]本篇共一章，記載子思與陳莊伯關於古代帝王巡守禮節的問答。

子思游齊，陳莊伯田莊子，名白，齊國大夫。田完九世孫，田氏由他開始掌握齊國實權與登泰山而觀，見古天子巡守之銘鑄、刻的記述性文字焉。陳子曰："我生獨不及帝王封禪古代帝王登泰山祭祀天地，表示受天命之世。"子思曰："子不欲爾。今周室卑微，諸侯無霸，假假如以齊之眾，義鄰國用道義結交鄰國，或作"義率鄰國"以輔文、武子孫之有德者，則齊桓晉文之事齊桓公、晉文公是春秋時期著名的霸主，後人以"齊桓晉文之事"指代亂世中的王霸之業不足言也。"陳子曰："非不悅斯道，力不堪也。子，聖人之後，吾願有聞焉。敢問昔聖帝明王巡守之禮，可得聞乎？"子思曰："凡求聞者，爲求行之也。今子自計必不能行，欲聞何爲？"陳子曰："吾雖不敏，亦樂先王之道。於子何病有什麼壞處而不吾告也？"

子思乃告之曰："古者天子將巡守，必先告於祖、禰 nǐ 供奉亡父的宗廟，命史古文官名，擔任星曆、卜筮、記事等工作告羣廟及社稷、圻 qí 疆域，或說爲京畿轄地內名山大川。告者七日而徧 biàn 同"遍"，親告用牲，史告用幣。申命重申教令冢宰，而後道祭行道之神而出。必以遷廟之主最後遷入昭穆中的神主行，載於齋 zhāi 車諸侯會、同、祭祖廟所乘車，又稱"金路"，每舍停宿奠禮神焉。及所經五嶽、四瀆河川，指長江、黄河、淮河、濟水，皆有牲幣。歲二月，東巡守，至於岱宗泰山，柴一種火祭天神的祭祀於上帝，望秩於山川按等級望祭山川，所過諸侯各待於境。天子先問百年者百歲以上的人所在而親見之，然後勤猶"勞"，慰勞，此引申爲按功過行賞罰方嶽四方山嶽之諸侯。有功德者，則發爵賜服，以順陽義上升、進取之義；無功者，則削黜貶退，以順陰義下降、減損之義。命史採民詩謠，以觀其風。命市納賈讀爲"價"，調查物價，察民之所好惡，以知其志志願、喜好。冢田虎曰："所好者質，則用物貴；所好者淫，則侈物貴。足以知民志之邪正也。"命典禮主管典制的官員正制度，均量衡計量標準，考衣服之等，協時、月、日、辰。入其疆，土地荒穢，遺老失賢，掊póu克搜刮民財(的人)在位，則君免。山川社稷有不親舉①，土荒民游謂不耕作爲無教，無教者則君退；民淫肆意妄爲僭超越身份上爲無法，無法者則君罪。入其疆，土地墾辟，養老尊賢，俊傑在位，則君有慶有賞。遂南巡，五月，至於南嶽。又西巡，八月，至於西嶽。又北巡，十有一月，至於北嶽。其禮皆如岱宗。歸，反，舍於外次駐扎在宮外居處。三日齋，親告於祖、禰，用特牛。命有司告羣廟、社稷及圻內名山大川而後入，聽朝臨朝聽政。此古者明王巡守之禮也。"

　　陳子曰："諸侯朝乎天子，盟會霸主，則亦告宗廟、山川乎？"子思曰："告哉。"陳子曰："王者巡守不及四嶽，諸侯盟會不越鄰國，則其禮同乎？異乎？"子思曰："天子封圻千里，公侯百里，伯七十里，子男五十里，虞、夏、殷、周之常制也。其或出此封者，則其禮與巡守、朝、會無變；其不越封境，雖行，如國如在國內。"陳子曰："旨美好哉！古之義也。吾今而後知不學者淺之爲人倒裝，猶"爲人之淺"也！"

---

①　不親舉，指不親自祭祀。"舉"下或有"者則貶秩削土"六字，案《禮記・王制》中有一段記載天子巡守的文字，與此相近："山川神祇有不舉者爲不敬，不敬者君削以地；宗廟有不順者爲不孝，不孝者君紲以爵；變禮易樂者爲不從，不從者君流。"

公儀第九

[题解]本篇共九章,辑录子思與魯穆公的問答。篇名取自第一章中出現的人物公儀僭,他是魯國的高義之士。本篇的主要人物是子思和身份高貴的魯穆公,但卻以"不事諸侯"的公儀僭名篇。對此,注者宋咸感嘆道:"乃知千乘之貴,常詘於道矣。"

魯人有公儀僭①者,砥節礪行注重磨煉節操、行爲,樂道好古,恬安然於榮利不因榮利動心,不事諸侯,子思與之友。繆公即"穆公"因通過子思欲以爲相,謂子思曰:"公儀子必如果輔寡人,參sān通"三"分魯國而與之一,子其言之。"子思對曰:"如君之言,則公儀子愈所以不至也。君若饑渴待賢,納用其謀,雖蔬食水飲,伋亦願在下風。今徒以高官厚禄,釣餌君子,無信用之意。公儀子之智若魚鳥可也魚鳥貪圖食餌而遭擒,不然則彼將終身不躡 niè 踏乎君之庭矣。且臣不佞níng謙詞,没有才能,又不任爲君操竿下釣,以傷或作"蕩",動搖;或作"薄",輕薄守節之士也。"

閭lú丘温齊國大夫見田氏將必危齊,欲以其邑叛而適魯。穆公聞之,謂子思曰:"子能懷招徠之,則寡人割邑如其邑割魯邑中如閭丘温之邑者以償子。"子思曰:"伋雖能之,義所不爲也。"公曰:"何?"子思對曰:"彼爲人臣,君將顛,弗能扶而叛之;逆臣指田氏制國,弗能以其身死而逃之。此罪誅之人也,伋縱不能討,而又要yāo希求利以召姦,非忍行也。"

---

① 魯穆公時魯國名相。或作"公儀休",文獻中常見"公儀潛",也是魯國的賢人,疑與此人有關。宋咸懷疑公儀僭是公儀休的昆弟,今難考。

穆公問子思曰："吾聞龐欄氏魯國人子或作"龍欄氏子"，或作"龍欄氏"不孝，其行何如？"對曰："臣聞明君之爲政，尊賢以崇德，舉善以勸民，則四封之內，孰敢不化接受教化？若夫過行行爲過失，是細人小人，地位低下者，亦指德行、智識低下者所識。不治其本而問其過，臣不知所以所依據的也。"公曰："善。"

穆公謂子思曰："子之書所記夫子之言，或者有的人以謂子之辭也。"子思曰："臣所記臣祖之言，或親聞之者，有聞之於人者，雖非正其辭，然猶不失其意焉。且君之所疑者何？"公曰："於事無非。"子思曰："無非。所以得臣祖之意也。就如君言，以爲臣之辭，臣之辭無非，則亦所宜貴矣。事既不然，又何疑焉。"

穆公謂子思曰："縣子言子之爲善，不欲人譽己，信乎？"子思對曰："非臣之情也。臣之修善，欲人知之。知之而譽臣，是臣之爲善有勸有勸勉之功效也，此所願而不可得者也。若臣之修善而人莫知，莫知則必毀臣，是臣之爲善而受毀也，此臣所不願而不可避者也。若夫雞鳴爲善，滋滋勤勉貌以至夜半，而曰不欲人之知，恐人之譽己，臣以謂斯人也者，非虛則愚也。"

胡毋豹魯國人謂子思曰："子好大喜好大志向，世莫能容子也。盍何不亦隨時隨從時俗乎？"子思曰："大非所病，所病不大也。凡所以求容於世，爲行道也。毀道以求容，容何行焉(像這樣)被接納要做什麼呢(有什麼意義呢)？大不見容，命也；毀大而求容，罪也。吾弗改矣。"

子思居貧，其友有饋之粟者，受二車焉，或獻樽酒代指酒食束脩十條乾肉，子思弗爲當不接受也。或曰："子取人粟而辭吾酒、脯fǔ肉乾，是辭少而取多也。於義則無名，於分人際交游應行之分則不全，而子行之，何也？"子思曰："然，伋不幸而貧於財，至乃困乏，將恐絕斷絕先人之祀。夫所以受粟，爲周乏周濟困乏也。酒、脯則所以飲宴也，方剛剛才乏於食而乃飲宴，非義也。吾豈以爲分哉？度duó義而行也。"或者指送酒食的人擔其酒、脯以而歸。

穆公問子思曰："吾國可興乎？"子思曰："可。"公曰："爲之奈何？"對曰："苟君與大夫慕周公、伯禽姬姓，名禽，周公的長子。魯國第一任國君之治，行其政化政治教化，開公家之惠，杜私門之利，結恩百姓，修禮鄰國，其興也勃突然，形容迅速矣。"

子思曰："吾之富貴甚易，而人由通"猶"，尚且毋能。夫不取於人謂之富，不辱於人謂之貴。不取不辱，其於富貴庶矣差不多哉！"

抗志第十

[題解]篇名"抗志"取自首章,即堅持遠大的志向,不屈從於權貴的威壓和誘惑。本篇共十九章,主要內容是子思對諸侯、權貴的直諫。首章和末章分別記載子思與曾申和老萊子的對話,申明他"抗志以貧賤"和"不能爲舌"的剛直不屈的品質。

曾申_{曾參之子}之子謂子思曰:"屈己以伸道乎?抗高舉志以貧賤乎?"子思曰:"道伸,吾所願也。今天下王侯,其孰能哉?與屈己以富貴,不若抗志以貧賤。屈己則制於人,抗志則不愧於道。"

子思居衛。衛人釣於河,得鰥魚_{一種罕見的大魚}焉,其大盈車。子思問之曰:"鰥魚,魚之難得者也。子如何得之?"對曰:"吾始下釣,垂一魴_{鯿魚}之餌,鰥過而勿視也。更以豚_豬之半體,則吞之矣。"子思喟然曰:"鰥雖難得,貪以死餌。士雖懷道,貪以死祿矣。"

子思居衛。魯穆公卒,懸子使乎衛,聞喪而服_{着喪服},謂子思曰:"子雖未臣,魯,父母之國也,先君宗廟在焉,奈何弗服?"子思曰:"吾豈愛_{吝嗇}乎?禮不得也。"懸子曰:"請問之。"答曰:"臣而去國,君不掃滅,或說"掃除"其宗廟,則爲之服。寄臣_{寄身國外之臣}寓_{寓居}乎是國,而爲國服。吾既無列於魯,而祭在衛,吾何服哉?是寄臣_{諸本作"寄公"}而服所寄之君,則舊君無服,明不二君不事二君之義也。"懸子曰:"善哉!我未之思也,我未之思也。"

衛君言計非是，而羣臣和者如出一口。子思曰："以吾觀所爲，君不君、臣不臣者也。"公丘懿子衛國大夫曰："何乃若是?"子思曰："人主自臧 zāng 好。自臧，自誇，則眾謀不進。事是而臧之，猶卻眾謀，況和非以長助長（錯誤）乎？夫不察事之是非，而悅人之讚己，闇糊塗、蒙昧莫甚焉；不度理之所在，而阿諛求容，諂 chǎn 莫甚焉。君闇臣諂，以居百姓之上，民弗與也。若此不已，國無類不像樣子矣。"

子思謂衛君曰："君之國事將日日漸非矣。"君曰："何故?"答曰："有由然焉。君出言皆自以爲是，而卿大夫莫敢矯其非；卿大夫出言亦皆自以爲是，而士庶莫敢矯其非。君臣既自賢矣，而羣下同聲賢之，賢之則順而有福，矯之則逆而有禍，故使如此。如此，則善安從生？《詩》云：'具曰予聖，誰知烏之雌雄？'《詩·小雅·正月》抑亦似衛之君臣乎！"

衛君問子思曰："寡人之政何如?"答曰："無非。"君曰："寡人不知其不肖，亦望其如此也。"子思曰："希旨媚求上意容媚，則君親之；中正弼輔助非，則君疏之。夫能使人富貴貧賤者，君也。在朝之士，孰肯捨所以見親而取其所以見疏乎？是故競求射田虎曰："射猶中也。"此指迎合君之心，而莫有非君之非者。此臣所謂無非也。"公曰："然乎！寡人之過也。今知改矣。"答曰："君弗能焉。口順而心不懌喜悅，此指心甘情願者，臨其事必疣 yóu 過失。君雖有命，臣未敢受也。"

司徒官名，主管土地、教育文子衛國司徒改葬其叔父，問服於子思。子思曰："禮，父母改葬，緦 sī 居喪三月，既葬而除。不忍無服送至親也。非父母，無服。無服則弔而加麻。"文子曰："喪服既除，然後乃葬，則其服何服？"答曰："三年之喪，未葬，服不變，除何有焉為什麼要除服呢？期二年之喪、大功七月之喪之喪，服其所除之服以葬，既葬而除之。其虞下葬后的祭祀也，吉服吉祭，虞祭之後的祭祀。又祭祀之服泛稱"吉服"以行事也。"

公叔木衛國大夫，后奔魯謂申祥曰："吾於子思，親而敬之，子思未吾察也。"申祥以告，曰："人求親敬於子，子何辱焉？"子思答曰："義也。"申祥曰："請聞之。"答曰："公叔氏之子，愛人之同己，慢傲慢而不知賢。夫其親敬，非心見吾所可親敬也。以人口而親敬吾，則亦以人口而疏慢吾矣。"申祥曰："其不知賢奈何？"答曰："有龍穆者，徒好飾弄辭說，觀於坐席，相相看人眉睫以為之意，天下之淺人也，而公叔子交之。橋子良衛國賢人修實而不修名，為善不為人之知己，不撞不發發聲。不撞不發，不主動表現，如大鍾然，天下之深人也，而公叔子與之同邑而弗能知。此其所以為愛同己而不知賢也。"

子思自齊反衛，衛君館作動詞，前往子思住處而問曰："先生魯國之士，然不以衛之褊 biǎn 小窄小，猶步玉趾對子思腳步的尊稱而慰存安慰存問，對子思反衛的尊敬說法之，願有賜於寡人也。"子思曰："臣羈旅於此，而辱君之威尊，亟臨蓽 bì 門用竹子、荊條編織的門，指簡陋的房屋，謙詞，其榮多矣。欲報君以財幣，則君之府藏已盈而伋又貧。欲報君以善言，恐未合君志而徒言不聽也。顧未有可以報君者，唯進賢爾。"衛君曰："賢固寡人之所願也。"子思曰："未審君之願將何以為？"君曰："必用以治政。"子思曰："君弗能也。"君曰："何故？"答曰："衛國非無賢才之士，而君未有善政，是賢才不見用故也。"君曰："雖然，願聞先生所以為賢者。"

答曰："君將以名取士耶？以實取士耶？"君曰："必以實。"子思曰："衛之東境有李音者，賢而有實者也。"君曰："其父祖何也？"答曰："世農夫也。"衛君乃盧胡笑聲發於喉間貌大笑曰："寡人不好農，農夫之子無所用之。且世臣之子未悉官之。"子思曰："臣稱李音，稱其賢才也。周公大聖，康叔大賢，今魯、衛之君，未必皆同其祖考。李音父祖雖善農，則音亦未必與之同也。君言'世臣之子未悉官之'，則臣所謂有賢才而不見用，果信矣。臣之問君，固疑君之取士不以實也。今君不問李音之所以為賢才，而聞其世農夫，因笑而不受，則君取士，果信名而不由實者也。"衛君屈而無辭。

衛君曰："夫道大而難明，非吾所能也，今欲學術①，何如？"子思曰："君無然也。體道者逸而不窮，任術者勞而無功。古之篤道重道君子，生不足以喜之，利何足以動之？死不足以禁之，害何足以怨之？故明於死生之分，通於利害之變，雖以天下易其脛 jīng 小腿毛，無所槩 gài 動搖於志矣。是以與聖人居，使窮士忘其貧賤，使王公簡其富貴，君無然也。"衛君曰："善。"

齊王謂子思曰："今天下擾擾紛亂貌，諸侯無伯兄長，此指諸侯中尚未有能稱霸者。吾國大人眾，圖帝何如？"子思曰："不可也。君不能去君貪利之心。"王曰："何害？"子思曰："夫水之性清而土壤汩 gǔ 擾亂之，人之性安而嗜欲亂之。故能有天下者，必無

---

① 此指權謀策略。道，《說文解字·辵部》："所行道也。"泛指可供通行的道路。術，《說文解字·行部》："邑中道也。"指城市中的道路，又有溝渠之義，亦可泛指道路。因此"道"、"術"合而言之或分而言之則義同，對而言之則義異："道"指大道，如"衛君曰'夫道大而難明'，此指仁義之道；"術"指小道，此指權謀勢術之法。

以天下爲不將天下作爲(追求的)對象者也；能有名譽者,必無以名譽爲者也。達此,則其利心外外於自身,指除去利心矣。"

衛將軍文子之内子死,復者曰:"皋 háo 媚女復"皋某復"是古人招魂之辭。皋,猶"號",呼喚之詞。"子思聞之曰:"此女氏之字,非夫氏之名也。婦人於夫氏,以姓氏稱,禮也。"

費子陽魯國大夫的家臣謂子思曰:"吾念周室將滅,泣涕不可禁也。"子思曰:"然,此亦子之善意也。夫能以智知可知,而不能以智知未可知,危之道也。今以一人之身,憂世之不治,而泣涕不禁,是憂河水之濁而以泣清之也,其爲無益莫大焉。故微子去殷、紀季①入齊,良知時也。唯能不憂世之亂而患身之不治者,可與言道矣。"

齊王戮其臣不辜無罪,謂子思曰:"吾知其不辜,而適正好觸吾忿 fèn 憤怒,故戮之,以爲不足傷義也。"子思曰:"文王葬枯骨②而天下知仁,商紂斬或作"斫"zhuó,砍朝涉商朝大臣,被紂砍去脛足而天下稱暴。夫義者,不必徧利天下也；暴者,不必盡虐海内古人認爲中國四面爲海所環抱也。以其所施而觀其意,民乃去就焉。

---

① 紀國國君之弟。紀國,也稱己國,姜姓,傳說紀侯曾進讒言導致齊哀公被烹殺。公元前691年,紀國分裂,紀季以酅地投降齊國。公元前690年,齊國以報祖仇爲名滅掉了紀國。

② 據說周文王修建靈台、池沼的時候,挖掘到無主的枯骨,他令部下重葬這些枯骨,部下以枯骨無主向他表示質疑,他回應道:"有天下者天下之主也,有一國者一國之主也,寡人固其主。"其他人聽到這件事,感歎道:"文王賢矣！澤及朽骨,又況於人乎？"文王葬枯骨,結果天下歸心。事見《新序》等。

今君因心之忿,遷遷怒戮不辜,以爲無傷於義,此非臣①之所敢知也。"王曰:"寡人實過,乃今聞命,請改之。"

衛公子交見於子思,曰:"先生聖人之後,執清高之操,天下之君子,莫不服先生之大名也。交雖不敏,竊慕下風,願師先生之行,幸顧恤顧念憐憫之!"子思曰:"公子不宜也。夫清高之節,不以私自累,不以利煩意,擇天下之至道,行天下之正路。今公子紹承續康叔之緒,處戰伐之世,當務收英雄,保其疆土,非所以明否 pǐ 臧是非、立規檢規矩法度、修匹夫之行之時也。"

衛公子交饋馬四乘於子思,曰:"交不敢以此求先生之歡而辱先生之潔也。先生久降於鄙土,蓋爲賓主之餼焉。"子思曰:"伋寄命寄身(於衛國)以來,度身以服衛之衣,量腹以食衛之粟矣,且又朝夕受酒、脯及祭膰 fán 祭肉之賜,衣食已優充足,意氣已定,以無行志,未敢當車馬之貺。禮,雖有爵賜人,不踰 yú 超過父兄。今重違公子之盛旨,則有陷禮陷入禮儀規則的繁瑣而有失人情之愆過錯焉,若何?"公子曰:"交已言於君矣。"答曰:"不可。爲人子者,三賜不及車馬②。"公子曰:"我未之聞也。謹受教。"

穆公欲相子思任用子思爲相,子思不願,將去魯。魯君曰:"天下之王亦猶寡人也,去將安之?"子思答曰:"蓋聞君子猶鳥

---

① 或作"伋"。傅亞庶案:"作'伋'是,據改。於齊王,子思自稱曰'伋',非稱'臣'。"
② "三賜不及車馬"是孝子之行。三賜,《禮記》鄭玄注:"三賜,三命也。凡仕者一命而受爵,再命而受衣服,三命而受車馬。車馬,而身所以尊者備矣。"車馬之賜象徵最尊貴的身份,人子爲了表示對父兄的尊重,不能讓自己的身份等同或超越父兄,因此不受車馬之賜。

也,疑之則舉起飛。今君既疑矣,又以己限天下之君,臣竊爲言之過也。"

齊王謂子思曰:"先生名高於海內,吐言則天下之士莫不屬耳目。今寡人欲相梁起,起也名少名聲不大,顧先談說之也。"子思曰:"天下之士所以屬耳目者,以伋之言是非當也。今君使伋虛談於起,則天下之士必改耳目矣。耳目既改,又無益於起,是兩有喪也,故不敢承命。"齊君曰:"起之不賢,何也?"子思曰:"君豈未之知乎?厚於財色,必薄於德,自然之道也。今起以貪成富,聞於諸侯,而無救施之惠沒有(做過)救濟施捨這樣的好事焉;以好色聞於齊國,而無男女之別焉。有一於此,猶受其咎,而起二之,能無累乎?"王曰:"寡人之言實過,願先生救焉。"

子思見老萊子春秋晚期楚國隱士,思想家。老萊子聞穆公將相子思。老萊子曰:"若子事君,將何以爲乎?"子思曰:"順吾性情,以道輔之,無死亡指不爲某位君主獻身焉。"老萊子曰:"不可順子之性也。子性剛而傲不肖蔑視不才之人,又且無所死亡,非人臣也。"①子思曰:"不肖,故本來(就是)人之所傲也。夫事君,道行言聽則何所死亡?道不行、言不聽,則亦不能事君,所謂無死亡也。"老萊子曰:"子不見夫齒乎?雖堅剛,卒最終盡相摩;舌柔順,終以不弊不會受到損害,得以保全。"子思曰:"吾不能爲舌,故不能事君。"

———————

① 孔子和子思也曾批評爲人臣而"無死亡"者,如《記義》篇中的孫文子,《公儀》篇中的閭丘溫。

公孫龍①第十一

[題解]本篇共一章,主要記載子高與公孫龍關於"白馬非馬"和"臧三耳"的兩次辯論,并因之名篇。子高與公孫龍的辯論,亦見於《公孫龍子》,可與本篇對看。《孔叢子》以爲公孫龍子爲子高所詘,《公孫龍子》則載子高甘願爲公孫氏弟子。二書的編纂者都希望伸張自家的學説,抬高自家的師祖。

公孫龍者,平原君②之客門客也,好刑名百家學術的一種,以白馬爲非馬。或謂子高孔穿,字子高,子思玄孫曰:"此人小辨而毁大道,子盍往正諸?"子高曰:"大道之悖,天下之交都、全部。或作"校",校正往也,吾何病焉?"或曰:"雖然,子爲天下故,往也!"

子高適趙,與龍會平原君家,謂之曰:"僕第一人稱代詞居魯,遂聞下風,而高先生之行也,願受業之日久矣。然所不取於先生者,獨不取先生以白馬爲非馬爾。誠去白馬非馬之學,則穿請爲弟子。"公孫龍曰:"先生之言悖也。龍之學,正以'白馬非馬'者或作"著",以此著名也,今使龍去之,則龍無以教矣。今龍爲無以教,而乃學於龍,不亦悖乎?且夫轉折遞進,況且學於龍者,以智與學不逮也。今教龍去'白馬非馬',是先教也而後師之,不可也。先生之所教龍者,似齊王之問尹文齊國稷下學派代表人物,與宋銒同爲宋尹學派創始人也。齊王曰:'寡人甚好士,而齊國無士。'尹文曰:'今有人於此,事君則忠,事親則孝,交友則信,處鄉則

---

① 公孫龍子,趙國思想家,名家离坚白派的代表人物。他以"循名責實"爲中心的哲學思想和精湛的論辯術,在戰國時期産生了相當廣泛的影響。

② 趙武靈王之子。封於平原,好賢重士,被稱爲"戰國四公子"之一:平原君趙國趙勝,信陵君魏國魏無忌,孟嘗君齊國田文,春申君楚國黄歇。

順。有此四行者，可謂士乎？'王曰：'善！是真吾所謂士者也。'尹文曰：'王得此人，肯以爲臣乎？'王曰：'所願不可得也。'尹文曰：'使此人於廣庭大眾之中，見侮而不敢鬪dòu同"鬥"，王將以爲臣乎？'王曰：'夫士也見侮而不鬪，是辱。則寡人不以爲臣矣。'尹文曰：'雖見侮而不鬪，是未失所以爲士也。然而王不以爲臣，則鄉xiàng所謂士者，乃非士乎？夫王之令："殺人者死，傷人者刑。"民有畏王令，故見侮終不敢鬪，是全王之法也。而王不以爲臣，是罰之也。且王以不敢鬪爲辱，必以敢鬪爲榮。是王之所賞，吏之所罰也。上之所是，法之所非也。賞、罰、是、非相與曲謬miù違背，雖十黃帝，固誠然、肯定所不能治也。'齊王無以應。且'白馬非馬'者，乃子先君仲尼之所取也。龍聞楚王張繁弱之弓傳說中的名弓，載忘歸之矢傳說中的名箭，以射蛟龍之類，此處泛指水生動物兕sì雌犀牛，此處泛指野獸於雲夢楚地的大湖之圃帝王飼養禽獸的園林，反同"返"而喪其弓，左右請求之，王曰：'止也！楚人遺弓，楚人得之，又何求乎？'仲尼聞之曰：'楚王仁義而未遂不到位。亦曰"人得之"而已矣，何必楚乎？'若是者，仲尼異楚人於所謂人也。夫是仲尼之異楚人於所謂人，而非龍之異白馬於所謂馬，悖也。先生好儒術，而非仲尼之所取也。欲學而使龍去所以教，雖百龍之智，固不能當前指勝任、做到也。"子高莫之應，退而告人曰："言非而博，巧而不理，此固吾所不答也。"

異日，平原君會眾賓而延請子高。平原君曰："先生，聖人之後也。不遠千里來顧臨蒞臨之，欲去夫公孫子白馬之學。今是非未分，而先生飜fān然迅速反轉、輕快飛動貌欲高逝遠離某地而去，可乎？"子高曰："理之至精者則自明之，豈任或作"在"穿之退哉？"平原君曰："至精之説，可得聞乎？"答曰："其説皆取之經指《春秋》《詩》等經典文獻傳解《經》的文字，不敢以意。《春秋》記'六鶂yì一種水鳥退飛''覩之則六，察之則鶂'《春秋公羊傳》僖公十六年"鶂"

作"鵪"。則鴉猶馬也,六猶白也,覿之得見其白,察之則知其馬。色以名別,內由外顯,謂之'白馬',名實當矣。若以絲麻,加之女功猶"女紅",爲緇黑色、素白色、青靛藍色、黃,色名雖殊,其質故一。是以《詩》有'素絲',不曰'絲素';《禮》有'緇布',不曰'布緇'。'㹀‖牛''玄武',此類甚眾。先舉其色,後名其質,萬物之所同,聖賢之所常也。君子之謂,貴當物理,不貴繁辭。若尹文之折齊王之所言,與其法錯差錯故也。穿之所說於公孫子,高其智、悅其行也。去白馬之說,智行固存,是則穿未失其所師者也。稱此云云,没隱沒其理矣。是楚王之言'楚人忘弓,楚人得之',先君夫子探其本意,欲以示廣,其實狹之,故曰不如'亦曰人得之而已'也。是則異楚王之所謂楚,非異楚王之所謂人也。以此爲喻,乃相擊切矛盾矣。凡言人者,總謂人也,亦猶言馬者,總謂馬也。楚自國也,白自色也。欲廣其人,宜在去楚;欲正名色,不宜去白。誠察此理,則公孫之辨破矣。"平原君曰:"先生言,於理善矣!"因顧謂眾賓曰:"公孫子能答此乎?"燕地名,相當於今河北、遼寧一帶客史由對曰:"辭則有焉,理則否矣。"

公孫龍又與子高汜sì論闢論於平原君所,辨理至於"臧奴婢三耳"①。公孫龍言臧之三耳甚辨析,子高弗應,俄而不久辭出。明日復見,平原君曰:"疇chóu昔以往公孫之言信辨也,先生實以爲何如?"答曰:"然,幾能臧三耳矣。雖然,實難。僕願得又問於君:今爲臧三耳,甚難而實非也;謂臧兩耳,甚易而實是也。不知君將從易而是者乎?亦其從難而非者乎?"平原君弗能應。明日,謂公孫龍曰:"公無復與孔子高辨事也,其人理勝於辭,公

---

① "臧三耳",猶言"奴婢有三隻耳朵"。黃式三曰:"(公孫)龍意兩耳,形也,又有一司聽者以君之,故爲三耳。"

辭勝於理。辭勝於理,終必受詘 qū 辭窮。"

　　李寅趙國人言曹良趙國人於平原君,欲仕之。平原君以問子高,子高曰:"不識也。"平原君曰:"良嘗得見於先生矣,故敢問。"子高曰:"世人多自稱'上用我則國無患'。夫用智莫若觀其身,其身且由通"猶"不免於患,國用之,亦烏反問詞得無患?"平原君曰:"良之有患,時不明也。居家理治家合理,治可移於官。良能殖貨增殖財物,故欲仕之。"子高曰:"未可知也。今有人於此,身修有修養、會計計劃明確明而貧者,志不存志不在此也;身不修,會計闇而富者,非盜無所得之也。"

儒服第十二

[題解]本篇共八章，記載子高與平原君、信陵君、陳尫和齊君間的對話。主要內容是子高教導諸人儒家禮儀及其義理。篇名"儒服"取自第一章子高與平原君的對話。

子高曳穿着長裾jū衣襟，此指長衣襟的衣服，振褒袖大袖，此指寬大的衣服。或無"褒袖"二字，方屐麤cū箑shà大扇子見平原君。君曰："吾子亦儒服乎？"子高曰："此布衣之服，非儒服也，儒服非一不是(只有)一種也。"平原君曰："請吾子言之。"答曰："夫儒者，居位行道則有袞gǔn冕之服皇帝和上公的禮服，統御師旅則有介鎧甲胄頭盔之服，從容徒步則有若穿①之服，故曰非一也。"平原君曰："儒之爲名，何取爾？"子高曰："取包眾美，兼六藝，動靜不失中道。"

子高游趙。平原君客有鄒文、季節者與子高相善，及將還魯，諸故人訣辭別，既畢，文、節送行三宿。臨別，文、節流涕交頤滿腮，子高徒只是抗手舉手示意而已。分背謂方向相反就路，其徒問曰："先生與彼二子善，彼有戀戀之心，未知後會何期，悽愴流涕，而先生厲聲高聲高揖抱拳舉過頭頂作揖，此無乃非親親動賓結構，愛親近的親友之謂乎？"子高曰："始吾謂此二子丈夫爾，乃今知其婦人也。人生則有四方之志，豈鹿豕shǐ豬也哉而常聚乎？"其徒曰："若此二子之泣，非耶？"答曰："斯二子，良人也，有不忍之

---

① "若"或作"常"。作"常穿"，即便服之義。作"若穿"，則"穿"爲子高自稱。

心。其於敢斷果敢決斷，必不足矣。"其徒曰："凡泣者一無取乎？"子高曰："有二焉。大姦之人，以泣自信博得別人對自己的信任；婦人懦夫，以泣著愛表達自己的感情。"

平原君與子高飲，强 qiǎng 勉强子高酒，曰："昔有遺諺：'堯、舜千鍾，孔子百觚 gū 青銅酒器，長身寬口，細腰圈足。子路嗑 kè 嗑①，尚飲十榼 kē 酒器。'古之聖賢無不能飲也，吾子何辭焉？"子高曰："以穿所聞，賢聖以道德兼人勝過他人，未聞以飲食也。"平原君曰："即如先生所言，則此言何生？"子高曰："生於嗜酒者。蓋其勸勵通"勵"，激勵獎戲之辭，非實然也。"平原君欣然，曰："吾不戲子，無所聞此雅言也。"

平原君問子高曰："吾聞子之先君親見衛夫人南子衛靈公夫人，宋國人，曾與宋公子朝通姦，後被殺，又云'南游過乎阿谷古代楚國地名，而交辭於漂女與洗衣女交談'，信有之乎？"答曰："士之相保相互擔保、信任，聞流言而不信者，何哉？以其所已行之事占忖度之也。昔先君在衛，衛君問軍旅焉，拒而不告，色不在指衛君旁顧他處已通"矣"，攝取駕車駕而去。衛君請見，猶不能終始終，何夫人之能覿 dí 相見乎？古者大饗一種大規模祭祀，夫人與焉，於時禮儀雖廢，猶有行之者。意衛君夫人饗夫子，則夫子亦弗獲已矣指不能依自己的心意不見南子。若夫'阿谷'之言，起於近世，殆是假其類以行其心者之爲也。"

---

① "嗑嗑"，一般釋爲"多言貌"，但與此處語境不類。或説"子路"當作"子貢"，子貢多言，《史記·仲尼弟子列傳》："子貢利口巧辯。"或説"嗑嗑"當釋爲"少飲貌"。

子高適魏，會秦兵將至。信陵君魏安釐王異母弟，封於信陵懼，造子高之館而問祈勝祈禱勝利之禮焉。子高曰："命勇謀之將以禦敵，先使之迎於敵所從來之方。爲壇，祈克克敵乎五帝，衣服隨其方色五行説將東、南、西、北、中与青、赤、白、黑、黄相配，一方一色，简称"方色"，執事人數從其方之數①，牲則用其方之牲。祝掌祭的人、史告於社稷、宗廟、邦域之内名山大川，君親素服居喪或遭凶事時所穿，誓眾於太廟曰：'某人不道，侵犯大國。二三子尚皆同心比力猶盡力，死而守。'將帥稽 qǐ 首跪拜禮，叩頭至地，再拜兩次受命。既誓，將帥勒統率士卒，陳於廟之右；君立太廟之庭；祝、史立於社祭祀土神處；百官各警警醒（對待）其事，御侍於君以待命。乃大鼓於廟門，詔將帥，命卒習射三發、擊刺三行，告廟用兵於敵也。五兵②備効指準備好，乃鼓而出以即敵。此諸侯應敵之禮也。"信陵君曰："敬受教。"

信陵君問子高曰："古者軍旅賞人必於祖，戮人必於社，其義何也？"答曰："賞功於祖，告分之均，示弗敢專也。戮罪於社，告中公平於土，示聽之當也。"

陳恇 wāng 魏國人性多穢眥 cǐ 通"疵"，壞習慣，每得酒食，輒先撥捐之撥開、丟棄表面的食物，然後乃食。子高告之曰："子無然也，似有態指刻意做作者。昔君子之於酒食，有率嘗先嘗之義，無捐放之道。假其可食，其上下如或作"何"擇；假令不潔，其下滋甚下面的食物更污

---

① 關於四方之數，宋咸注："北方七人，南方九人，東方十一人，西方十三人。"冢田虎曰："東方木，其成數八；南方火，其成數七；西方金，其成數九；北方水，其成數六。"

② 兵，兵器。此處的"五兵"可能指代步兵兵法中的弓、殳 shū、矛、戈、戟五個兵種，它們長短不一，各有優勢，協同作戰時可以形成互補。

檅。"陳炻曰:"吾知其無益,意欲如此。"子高曰:"意不可恣zì放肆也。夫木之性,曲者以檃yǐn括矯正彎曲竹木的工具。揉曲叫檃,正方稱括自直,可以人而不如木乎? 子不見夫雞耶? 聚穀如陵,跪用足撥。或説當作"跑páo",即刨而啄之。若縱子之意,則與雞豈有異乎?"陳炻跪曰:"吾今而後知過矣,請終改之。"

子高任司馬乂yì齊國人爲將於齊,與燕戰而敗。齊君曰:"以子賢明,故信子也。"答曰:"君知穿,孰若周公?"齊君曰:"周公聖人,而子賢者,弗如也。"子高曰:"然,臣固弗如周公也。以臣之知乂,孰若周公之知其弟?"齊君曰:"兄弟審於他人。"子高曰:"君之言是也。夫以周公之聖,兄弟相知之審,而近失於管、蔡管叔鮮、蔡叔度。據説管叔、蔡叔曾與商紂王之子武庚聯合,起兵反周,明説明人難知也。臣與乂相見,觀其材志,察其所履行爲,齊國之士弗能過也。《尚書》曰:'知人則哲。'《虞書·皋陶謨》惟帝難之,穿何慙焉? 且曹子曹劌,魯國人爲魯事魯,三與齊戰,三敗失地,然後以勇敢之節,奮舉三尺之劍,要要挾桓公、管仲於盟壇,卒收其所喪。① 夫君子之敗,如日月之蝕②,人各有能,乂庸反問詞可棄乎? 今燕以詐破乂,是乂不能於詐也。臣之稱乂,稱其武勇才藝,不稱其有詐也。乂雖敗,臣固不失其所稱焉。"齊君屈辭而不黜司馬乂。

———————

① 曹劌劫桓公事,詳見《史記·齊太公世家》、《春秋公羊傳》莊公十三年等。或説并無此事,詳參楊伯峻《春秋左傳注》莊公十三年。

② 關於"日月之蝕",可以參考《論語·子張》篇:"子貢曰:'君子之過也,如日月之食焉:過也,人皆見之;更也,人皆仰之。'説的是君子一旦有過失,就會爲衆所周知;但其改過,也更能得到衆人景仰。冡田虎的解釋不同,他説:"雖有一時之敗,不缺其能。"强調君子行事也難免一時有差,但偶然的失敗,無損於其能力和品質。

對魏王第十三

[題解]本篇共六章，記載子高與魏王、信陵君和齊王間的對話。前三章記載子高與魏王的對話，因之名篇。

魏王宋咸以爲魏安釐王，或作魏安僖王，姬姓，名圉yǔ。魏國第六任國君問人主所以爲患，子高對曰："建設立大臣而不與謀，嬖幸受寵者言用，則知士有識之士以疏自疑、孽niè臣奸邪嬖幸之臣以遇受寵僥倖者，內則射合主心，外則挺突出主之非，此最人主之大患也。"

子高謂魏王曰："臣入魏國，見君之二計臣謀臣焉：張叔謀有餘，范威智不逮，然其功一也。"王曰："叔也有餘，威也不逮，何同乎？"答曰："駑nú劣馬、驥jì良馬同轅，佰bǎi樂即伯樂爲之咨嗟歎息；玉、石相揉，和氏發現和氏璧的人爲之嘆息。故賢愚共貫串在同一根錢串上，比喻共事，則能士匿nì隱藏謀；真僞相錯，則正士結舌不敢說話或說不出話。叔雖有餘，猶威不逮也。"

魏王問何如可謂大臣，子高答曰："大臣則必取眾人之選出眾者，能犯顏諫事、公正無私者。許通"所"陳事成，主裁其賞；事敗，臣執其咎。主任之而無疑，臣當之而弗避。君總掌握其契相互約束的卷據，臣行其義。然則君不猜於臣，臣不隱於君，故動無過計，舉無敗事，是以臣主并各有得也。"

信陵君問曰："古之善爲國，至於無訟沒有訴訟（的境界），其道何由？"答曰："由乎政善也。上下勤德共同爲成就功德而努力而無私,德無不化,俗無不移。眾之所譽,政之所是肯定也;眾之所毀,政之所非也。毀、譽、是、非,與政相應,所以無訟也。"

齊王行車裂之刑即所謂"五馬分屍",羣臣諍之,弗聽。子高見齊王曰:"聞君行車裂之刑,無道之刑也,而君行之,臣竊以爲下吏手下的官吏過也。"王曰:"寡人爾。民多犯法,爲因爲法之輕也。"子高曰:"然,此誠君之盛意指爲下吏替罪、爲百姓立法也。夫人含五常①之性,有哀、樂、喜、怒。哀、樂、喜、怒無"無"後或有"不"字過其節,節過則毁於義。民多犯法,以法重,無所措手足也。今天下悠悠動蕩,士亡通"無"定處,有德則住,無德則去。欲規霸王之業,與眾大國爲難,而行酷刑以懼遠近使遠近之人懼,國内之民將畔pàn通"叛",四方之士不至,此乃亡國之道。君之下吏不具以聞,徒恐逆主意以爲憂,不慮不諫之危亡不慮危亡且不進諫。其所矜持守者小,所喪者大,故曰下吏之過也。臣觀之,又非徒不諍而已也。心知此事之爲不可,將有非議在後,則因曰猶"因之曰",順着説君忿意實然確實,我諫諍,必有龍逢páng關龍逢,又名逢páng。夏末名臣,因諫爲夏桀所殺、比干商末名臣,因諫爲商紂所殺之禍,是爲虚自居於忠正之地,而闇推君主推過錯於君主,使同於桀紂也。且夫爲人臣,見主非而不諍,以陷主於危亡,罪之大者也。人主疾臣之弼己而惡之,資給臣以箕

---

① 一説爲五種倫常,《周書·泰誓下》:"今商王受,狎侮五常。"孔穎達疏:"五常即五典,謂父義、母慈、兄友、弟恭、子孝,五者人之常行。"一説爲五行,《禮記·樂記》:"道五常之行,使之陽而不散,陰而不密。"鄭玄注:"五常,五行也。"一説爲仁、義、禮、智、信,董仲舒《賢良策》:"夫仁、義、禮、智、信,五常之道,王者所當修飭也。"郭店楚墓竹簡《五行》篇稱仁、義、禮、智、聖爲"五行",《荀子·非十二子》以爲子思、孟子學派之説,或即董仲舒"五常之道"的來源。

子商末名臣，商紂王的叔父、比干之忠讓臣子成爲箕子、比干那樣的末世之忠臣，暗指自甘成爲桀、紂、惑之大者也。"齊王曰："謹聞命。"遂除車裂之法焉。

子高見齊王，齊王問誰可爲臨淄齊國故都，在今山東淄博宰邑、縣級地方行政長官，稱管穆齊國賢人焉。王曰："穆容貌陋，民不敬。"答曰："夫見敬在德。且臣所稱，稱其材也。君不聞晏子、趙文子趙武，"趙氏孤兒"的原型，晉國名臣乎？晏子長不過三尺，面狀醜惡，齊國上下莫不宗焉。趙文子其身如不勝衣不能承受衣服的重量，形容瘦弱，其言如不出口，非但體陋，辭氣又呐 nè 呐說話遲鈍貌，然其相晉國，晉國以寧，諸侯敬服，皆有德故也。以穆軀形方比較諸二子，猶悉賢之還是比他們都要好。昔臣常通"嘗"，曾經行臨淄市集市，見屠商屠户肉商焉，身修身長八尺，鬚髯 rán 如戟鬚髯挺拔貌，面正紅白，市之男女，未有敬之者，無德故也。"王曰："是所謂祖龍始屠商的名字者也，誠如先生之言。"於是乃以管穆爲臨淄宰。

陳士義第十四

[題解]本篇共十一章，記載子順在魏國與時人的對答。本篇主要討論人臣、賢士的德行、是非，因是名篇。

魏王遣使者奉黃金束帛聘子順孔斌，字子順（或作"子慎"），子高之子爲相，子順謂使者曰："若王信能用吾道，吾道固爲治世也，雖疏食飲水，吾猶爲之。若徒欲制服吾身，委以重禄，吾猶一夫爾，則魏王不少於一夫。子度魏王之心以告我。"使者曰："魏國狹小，乏於聖賢，寡君久聞下風，願委國先生，親受教訓。如肯降節，豈惟魏國君臣是賴，其亦社稷之神祇zhī泛指神明實永長久地受慶得到福祉。"於是乃之魏。魏王郊迎高級別的迎賓之禮，謂子順曰："寡人不肖，嗣先君之業，先生聖人之後，道德懿yì美好邵，幸見顧臨，願圖國政。"對曰："臣，羈旅之臣，慕君高義，是以戾lì至此。君辱貺而問以政事，敢不敬受君之明令！"

魏王朝羣臣，問理國之所先。季文魏國大夫對曰："唯在知人。"王未之應。子順進曰："知人則喆zhé同"哲"，有智慧，帝堯所病，故四凶渾敦、窮奇、檮táo杌wù、饕餮，堯時代的四個部族首領在朝，鯀gǔn夏禹之父任無功。夫豈樂然喜歡這樣哉！人難知故也。今文之對，不稱吾君之所能行，而乃欲强吾君以聖人所難，此不可行之說也。"王曰："先生言之。"對曰："當今所急，在修仁尚義，崇德孰"熟"的本字。或作"敦"，勤勉、敦促，謂積極踐行禮，以接鄰國而已。昔舜命眾官，羣臣競讓，德、禮之致也。苟使朝臣皆有推賢之心，主雖不知人，則臣位必當。若皆以知人爲治，則人主宜未過堯,且其目所不見者,亦必漏矣。"王曰:"善矣。"

秦王秦昭襄王,嬴姓,名稷。秦國第二十八任國君得西戎西北少數民族利刀,以之割玉,如割木焉。以示東方諸國。魏王問子順曰:"古亦有之乎?"對曰:"周穆王①大征西戎,西戎獻錕鋙之劍古代名劍。"錕鋙",亦作"昆吾"、火浣之布傳說中用火濯淨的布。其劍長尺有咫,鍊鋼赤鍛煉鋼鐵之色劍,用之切玉如泥焉。是則古亦有焉。"王曰:"火浣之布若何?"對曰:"《周書》:'火浣布垢 gòu 髒,必投諸火。布則火色,垢乃灰色,出火振抖動之,皜 hào 然潔白貌疑乎雪焉。'"王曰:"今何以獨無?"對曰:"秦貪而多求,求欲無厭,是故西戎閉而不致不來(向秦國)進獻(寶物),此以素一直防絕之也。然則人主貪欲,乃異物所以不至,不可不慎也。"

魏王曰:"吾聞道士登華山則長生不死,意亦願之。"對曰:"古無是道,非所願也。"王曰:"吾聞信之。"對曰:"未審君之所聞,親聞之於不死者耶?聞之於傳聞者耶?若聞之於傳聞者,傳者妄荒誕不實也;若聞之於不死者,不死者今安在?在者,君學之勿疑;不在者,君勿學無疑。"

李由之母少寡,與李音竊相好而生由。由有才藝,仕於魏,王甚愛之。或曰:"李由母姦,不知其父,不足貴也。"王以告由,且曰:"吾不以此賤子也。雖然,古之賢聖,亦有似子者

---

① 又作周繆王,世稱"穆天子",是周朝歷史上一位極富傳奇色彩的君主。姬姓,名滿,西周第五位君主。關於他的事蹟和傳說,見《穆天子傳》。

乎？吾將舉以折折服毁子者。"李由對曰："今人不通於遠,在臣欲言誰爾？且孔子少孤,則亦不知其父者也。孔子母死,殯於五父之衢,人見之,皆以爲葬。問鄹曼父孔子之父叔梁紇 hé 的同宗侄兒和嗣子之母,得合葬於防魯國地名,在今山東費縣。此則聖人與臣同者也。"王笑曰："善。"子順聞之,問魏王曰："李由安得斯言？"王曰："假以自顯,無傷也。"對曰："虛造謗言,以誣聖人,非無傷也。且夫明主之於臣,唯德所在,不以小疵妨大行也。昔鬭子文①生於淫而不害其爲令尹,今李由可,則寵之,何患於人之言而使橫生不然不正確之説？若欺有知,則有知不受;若欺凡人,則凡人無知,必亦問臣,則臣不爲君之故誣祖以顯由也。如此羣臣更知由惡,此必聚矣。所謂求白潔而益其垢,猶抱石以救溺,愈更加不濟矣。"

　　魏王使相國修好鄰國,遂連和於趙。趙王趙孝成王,名丹,趙國第八任國君既賓之而燕通"宴",宴飲,問子順曰："今寡人欲來北狄北方少數民族,不知其所以然。"答曰："誘之以其所利,而與之通市通商,則自至矣。"王曰："寡人欲因而弱之。若與交市,分我國貨散於夷狄,是强之也,可乎？"答曰："夫與之市者,將以我無用之貨取其有用之物,是故所以弱之之術也。"王曰："何謂我之無用,彼之有用？"答曰："衣服之物,則有珠玉五彩青、黄、赤、白、黑;飲食之物,則有酒醪 láo 泛指酒五熟各種熟食。此即我之所有而彼之所利者也。夷狄之貨,唯牛馬、旃 zhān 裘 qiú 毛製的衣服、弓矢之器,是其所饒而輕以與人者也。以吾所有,易彼所

---

① 鬭穀 gòu 於 wū 菟 tù,字子文。即令尹子文,楚國名臣。傳説他是私生子,被丢棄在雲夢澤,結果有一隻母老虎收養了他并給他哺乳。他被接回家后,被命名爲穀(楚語"乳")於菟(楚語"虎")。

饒,如斯不已,則夷狄之用將糜 mí 通"糜",散、爛於衣食矣,殆可舉棰 chuí 短木棍而驅之,豈徒弱之而已乎?"趙王曰:"敬受教。"

枚產魏國人問子順曰:"臣匱於財,聞猗 yī 頓魯國富商善殖貨,欲學之。然先生同國也,當知其術,願以告我。"答曰:"然,知之。猗頓,魯之窮士也。耕則常飢,桑則長長久寒,聞陶朱公①富,往而問術焉。朱公告之曰:'子欲速富,當畜五牸 zì 牛、馬、豬、羊、驢五种母畜。'於是乃適西河,大畜牛羊於猗氏地名之南,十年之間,其滋息滋生繁殖不可計,貲 zī 通"資",財產擬王公與王公相當,馳名天下,以興富於猗氏,故曰猗頓。《史記·貨殖列傳》以猗頓因鹽業成富。且夫爲富者非唯一術,今子徒問猗頓何也?"枚產曰:"亦將問之於先生也。"答曰:"吾貧而子問以富術,縱有其術,是不可用之術也。昔人有言能得長生者,道士聞而欲學之,比等到(他)往,言者死矣。道士高蹈舉足頓地而恨。夫所欲學,學不死也,其人已死而猶恨之,是不知所以爲學也。今子欲求殖貨而問術於我,我且自貧,安能教子以富乎?子之此問,有似道士之學不死也。"

東里閭空腹而好自賢内在無德而好以賢自居,欲自親於子順,子順弗下顏指以禮待之。或曰:"夫君子之交於世士當世之士,亦取其一節而已。東閭子疏通達亮直誠實正直,大丈夫也。求爲先生役服事先生,而先生無意接之。斯者,無乃非周公之交人乎?"子順曰:"此吾所以行周公之行也。夫東閭子外質頑拙,有似疏直,然内懷容媚諂魃 mèi 同"魅",諂媚,非大丈夫之節也。

---

① 范蠡,越國名臣。他輔佐勾踐滅吳之後,認爲勾踐"可與共患難,不可與共樂",於是歸隱民間經商,成爲聞名天下的巨富。

若其度骸 hái 揣度形體 稱 chèn 膚 裝飾容貌、面目鬢眉,實美於人。聖人論士,不以爲貴者,無益於德故也。然東閭子中不應外,侮慢世士,即所謂愚人而謂人爲愚者也。持其虛狀以不德於人,此乃周公之所罪,何交之有?"

宮他 魏國人 見子順,曰:"他困貧賤,將欲自託富貴之門,庶克免 免於貧賤 乎?"子順曰:"夫富而可以託貧、貴而可以寄 寄託、依靠 賤者,天下寡矣。非信義君子明識窮達則不可。今子所欲託者誰也?"宮他曰:"將適趙公子 平原君趙勝。"子順曰:"非其人矣。雖好養士,自奉 爲自己服務 而已,終弗能稱 得到舉用 也。"宮他曰:"將適燕相國 昌國君樂閒,樂毅之子。"子順曰:"彼徒兄弟甥舅各濟其私,無求賢之志,不足歸也。"宮他曰:"將適齊田氏。"子順曰:"齊,大國也。其士大夫皆有自多 自大 之心,不能容子也。"他曰:"然則何嚮而可?"子順曰:"吾勿識也。"宮他曰:"唯先生知人,願告所擇,將往庇焉。"子順曰:"濟子之欲,則宜若郈 hòu 成子 魯國大夫 者可也。昔郈成子自魯聘晉,過乎衛,右宰 衛國官名 穀臣 衛國大夫 止而觴之,陳 陳列 樂而不作 奏樂,送以寶璧 圓形扁平中有孔的玉,亦泛指美玉。反,過而不辭。其僕曰:'日者 猶"當初" 右宰之觴吾子甚歡也,今過而不辭,何也?"成子曰:"夫止而觴我,與我歡也;陳樂而不作,告我哀也;送我以璧,寄之我也。若由此觀之,衛其有亂乎!"背 離開 衛三十里,聞甯 nìng 喜 衛國大夫 作難 作亂、起事,右宰死之。還 xuán 旋轉 車而臨 哭,三舉 三次舉哀 而歸。反命於君,乃使人迎其妻子,隔宅而居之,分祿而食之,其子長而反其璧。夫子聞之,曰:'智可與徵 zhēng 咨詢謀、仁可與託孤、廉可以寄財者,其郈成子之謂乎!'今子求若人 這個人、這樣的人 之比 與他相當(的人),庇焉可也。"宮他曰:"循先生之言,捨先生將安之? 請從執事指供役使。"子順辭不得已,乃言之魏王而升諸朝。

子順相魏,改嬖寵之官以事賢才,奪無任之祿以賜有功。諸喪職秩職位與官俸者不悅,乃造謗言。文咨魏國人以告,且曰:"夫不害前政而有成,孰與變之而起謗哉?"子順曰:"民不可與慮始謀劃事情的開端,指長遠規劃久矣。古之善爲政者,其初不能無謗。子產相鄭,三年而後謗止;吾先君之相魯,三月而後謗止。今吾爲政日新,雖不能及聖賢,庸知謗止獨無時乎?"文咨曰:"子產之謗,嘗亦聞之。未識先君之謗何也?"子順曰:"先君初相魯,魯人謗誦作怨謗的詩誦曰:'麛mí幼鹿裘而韨fèi小貌。或說通"韍",一種長可過膝的禮服,投丟棄之無戾過錯。韨之麛裘,投之無郵通"尤",過錯。'及三月,政成,化既行,民又作誦曰:'袞衣章甫一種禮帽,實獲我所。章甫袞衣,惠我無私。'"文咨喜曰:"乃今知先生亦不異乎聖賢矣。"

魏王謂子順曰:"吾欲致天下之士,奈何?"子順對曰:"昔周穆王問祭zhài公謀父大臣名曰:'吾欲得天下賢才。'對曰:'去其帝王之色,則幾乎得賢才矣。'今臣亦請君去其尊貴之色而已。"王曰:"吾欲得無欲之士爲臣,何如?"子順曰:"人之可使,以有欲也。故欲多者其所得用亦多,欲少者其所得用亦少。夫夷、齊無欲①,雖文、武不能制,君安得而臣之?"

---

① 伯夷、叔齊,商末孤竹君的兩個兒子。他們因不願繼承王位而逃到周。武王伐紂,二人諫阻。商滅後,他們恥食周粟,采薇而食,餓死於首陽山。此"伯夷"與舜的臣子伯夷非一人。

論勢第十五

[題解]本篇共八章，記載子順與韓、趙、魏三國諸侯關於應對秦國和處理三國關係的對話。本篇內容集中在對四國間勢力消長、均衡的論述上，因是名篇。

魏王問相國曰："今秦負憑靠強以無道陵凌駕天下，天下莫不患。寡人欲割國之半以親諸侯，求從事於秦，可乎？"子順對曰："以臣觀之，殆無益也。今天下諸侯畏秦之日久矣，數shuò多次被pī受其毒，無欲復之之志。心無所計，委國於游說之士指所謂縱橫家。游說之士挾強秦以為資，賣其國以收利，叉手一種禮儀，類似後世的作揖服從，曾竟然不能制。如君之謀，未獲其利而秖zhǐ同祇為名，適足以速加快秦之首誅秦伐諸侯，魏國首當其衝，則無以得之，不如守常以須等待其變也。"王曰："秦其遂有天下乎？"對曰："必然焉。雖然，取不以義，得不以道，自古以來，未有能終之者。"

五國約而誅秦。子順會正好之秦，未入境而還。諸侯留兵於成皋古代軍事重鎮，在今河南滎陽。子順謂市丘子市丘國君曰："此師楚爲之主，今兵罷停止而不散，殆有異意，君其備之。"市丘子曰："先生幸而教之，願以國寄先生。"子順許諾，遂見楚王曰："王約五國而西伐秦，事既不集不成功，又久師於市丘，謗君者或以君欲攻市丘以償兵費。天下之士且以是輕君而重秦，又且不義君之爲矣。王胡反問詞不卜交試探諸侯與楚相交的心意乎？"楚王曰："奈何？"子順曰："王今出令，使五國勿攻市丘。五國重王，則聽王之令矣；不重王，則且反王之令而攻市丘。以此卜五國交王之輕重，必明矣。"楚王敬諾而五國散。

趙間魏趙與魏本是盟國，將以求親於秦。子順謂趙王曰："此君之下吏計過也。比目之魚所以不見得於人者，以耦ǒu視雙目而視而俱走也。① 今秦有兼吞天下之志，日夜伺間機會，不忘於側息小憩也。趙、魏與之鄰接而強弱不敵，秦所以不敢圖并趙、魏者，徒以二國并目周旋也。今無故自離，以資強秦，天下拙謀，無過此者。故臣曰'君之下吏計過'也。夫連鷄綁在一起的鷄不能上或作"止"棲比喻互相掣肘，步調不一，亦猶二國構難結怨，不能自免於秦也。願王孰慮之。"趙王曰："敬受教。"

韓與魏有隙，子順謂韓王宣惠王韓康，韓國第七任國君曰："昭釐侯韓武，宣惠王之父，一世之明君也；申不害韓國名相，法家代表人物，一世之賢相也。韓與魏，敵伴móu力量相當之國，而釐侯執圭guī一種玉器，執圭是臣見君之禮見梁君魏又稱梁者，非好卑而惡尊，慮過而計失也。與嚴敵強敵為鄰，而動有滅亡之變，獨勁不能支二難，故降心平抑心氣以相從，屈己以求存也。申不害慮事而言，忠臣也；昭釐侯聽而行之，明君也。今韓弱於始之韓，魏均於始之魏，秦強於始之秦，而背先人之舊好，以區區之眾，居二敵之間，非良策也。齊、楚遠而難恃難以依靠，秦、魏呼吸而至，捨近而求遠，是以虛名自累而不免近敵之困者也。為王計者，莫如除小忿、全大好也。吳、越之人，同舟濟江，中流

---

① 舊說比目魚僅有一目，必結伴而行。參見《管子·封禪》、《史記·封禪書》裴駰集解、《爾雅·釋地》等。此處以比目魚結伴而行、互為警戒喻趙魏兩國的關係。

遇風波，其相救如左右手者，所患同也。今不恤所同之患，是不如吳、越之舟人也。"韓王曰："善。"吳、越有亡國之仇，互爲最主要的競爭對手。子順舉此例以強調順時權變的重要性。

秦兵攻趙，魏大夫以爲於魏便。子順曰："何謂？"曰："勝趙則吾因順秦軍的勝勢而服屈服焉，不勝趙則可承弊乘秦軍的敗勢而擊之。"子順曰："不然，秦自孝公嬴姓，趙氏，名渠梁。秦國第二十五任國君以來，戰未常通"嘗"，猶未曾屈。今皆良將，何弊之承？"大夫曰："縱其勝趙，於我何損？鄰之不修，國之福也。"子順曰："秦，貪暴之國也，勝趙必復他求，吾恐於時受其師也。先人有言：燕雀處屋，子母相哺，煦xù煦然和樂貌其相樂也，自以爲安矣。竈zào突灶上的煙囪炎上火苗躥起，棟宇房屋的正中和四垂，此泛指房屋將焚，燕雀顏色不變，不知禍之將及己也。今子不悟趙破患將及己，可以人而同於燕雀乎！"

齊攻趙，圍廩lǐn丘地名，本屬齊，后屬趙。在今山東鄆yùn城。趙使孔青趙國將領帥五萬擊之，尅kè同"剋"齊軍，獲屍三萬。趙王詔"勿歸其屍"，將以困之。子順聘趙，問王曰："不歸屍，其困何也？"曰："其父兄子弟悲苦無已，廢其產也。"子順曰："非所以窮之也。死，一也。歸屍與不fǒu同"否"，悲苦胡異焉？以臣愚計，貧齊之術，乃宜歸屍。"王曰："何謂？"對曰："使其家遠來迎屍，不得事農，一費也；歸所葬，使其送死終事，二費也；一年之中，喪卒三萬，三費也。欲無困貧，不能得已。"王曰："善。"既而齊大夫聞其或無"其"字子順之謀，曰："君子之謀，其利博此指能兼顧雙方需求哉！"

子順相魏凡九月，陳大計輒不用，乃喟然曰："不見用，是

論勢第十五

吾言之不當也。言不當於主,而居人之官、食人之祿,是尸利也。尸利素餐不勞而食,吾罪深矣。"退而以病致事辭官。魏王遣使入其館,謝曰:"寡人昧於政事,不顯明是非,以啟罪於先生,今知改矣。願先生爲百姓故,幸起而教之。"辭曰:"臣有犬馬之疾對自己疾病的謙稱,不任國事,苟得從四民士、農、工、商之列,子弟供魏國之征賦稅、徭役,乃君惠也。敢哪裡敢辱君命,以速刑書指耽誤國事,招致刑罰。"人謂子順曰:"王不用子,子其行乎?"答曰:"吾將行,如之山東,則山東之國將并於秦。秦爲不義,義所不入。"遂寢休息於家。

　　秦急攻魏,王魏景湣王、姬姓、魏氏、名增,又名午。魏國第七任國君恐。或謂子順曰:"如之何?"答曰:"吾私有計,然豈能賢於執政?故無言焉。"魏王聞之,駕如來到孔氏親問焉,曰:"國亡矣!如之何?"對曰:"夫棄之不如用之之易也,死之不如棄之之易也。人能棄之,弗能用也;能死之,不能棄也。此人過也。今王亡失地數百里、亡城數十而患不解,是王棄之,非用之也。秦之強,天下無敵,魏之弱甚矣,而王是以質秦景湣王當太子時,曾做秦國人質,此王能死,不能棄之也,是重過也。若能用臣之計,則虧地不足傷國,卑體不足苦身,患解而怨報矣。今秦四境之內,執政以下,固常常曰:'與嫪 lào 氏嫪毐ǎi,原爲呂不韋門下舍人,復與秦始皇母私通,權傾一時乎?與呂氏呂不韋,秦國權臣、商人乎?'雖門閭里巷的大門之下,廊廟指朝廷之上,猶皆如是。今王誠能割地賂秦,以爲嫪毐功,卑身尊秦,以固或作"因"嫪毐,王是以國贊嫪毐也,則嫪毐勝矣。於是太后之德王也,深如骨肉,王之交最爲天下之上矣。孰不棄呂氏而從嫪毐?天下皆然,則王怨必報矣!"

執節第十六

[題解]本篇共十四章，雜録子順與趙、魏二國時人間的對話。篇名"執節"，指篤執節操，宋咸以爲是指"臣節"，基本符合本篇的主要内容。

趙孝成王嬴姓，趙氏，名丹。趙國第八任國君問曰："昔伊尹爲臣而放其君太甲，商湯嫡長孫，太丁之子，其君不怨，何行而得乎此也？"子順答曰："伊尹執人臣之節，而弼其君以禮，亦行此道而已矣。"王曰："方以放君爲名，而先生稱禮，何也？"子順曰："以禮括規束其君，使入於善也。"曰："其説可得聞乎？"答曰："其在《商書》。太甲嗣立而干冢宰之政，伊尹曰：'惟王舊久行不義，習與性成養成習性，予不狎xiá輕視於不順不放縱（太甲的）逆行。'王始即到桐地名，在今河南虞城，遹於先王，其訓罔以後人迷指直接接受湯的教誨，王往居憂居喪，允誠然、果真，或説爲發語詞思厥指示代詞，猶"其"祖之明德。《商書·太甲》是言太甲在喪，不明乎人子之道，而欲知主管政，於是伊尹使之居桐，近湯之墓，處憂哀之地，放之不俾bǐ使。宋本作"得"知政，三年服竟完成，然後反之返還王權，即所以奉禮執節事太甲者也。率此指引導其君以義，强强迫其君以孝道，未有行此見怨也。"王曰："善哉，我未之聞也。"

魏安釐王問子順曰："馬回之爲人，雖少才文，梗梗剛强正直貌亮直，有大丈夫之節。吾欲以爲相，可乎？"答曰："知臣莫若君，何有不可？至於亮直之節，臣未明也。"王曰："何故？"答曰："聞諸孫卿荀子，本名荀况。漢宣帝前稱"荀卿"，後爲避宣帝諱改稱

"孫卿"云：'其爲人也，長目而豕視眼神迷離者，必體方而心員通"圓"，外貌方正而内心圓滑。'每以其法相省視人，千百不失。臣見回非不偉其體幹也，然甚疑其目。"王卒用之，三月果以諂得罪。

新垣 yuán 固魏國大夫謂子順曰："賢者所在，必興化致治。今子相魏未聞異政優異的政績而即自退，其有或作"意者"，皆表推測。或作"其行"志不得乎？何去之速也？"答曰："以無異政，所以自退也。且死病無良醫。今秦有吞食天下之心，以義事之，固不獲安。救亡不暇，何化之興？昔伊摯伊尹在夏，吕望姜尚在商，而二國不理不得治理，豈伊、吕之不欲哉？勢不可也。當如今日，山東之國弊而不振，三晉由晉國而出的韓、趙、魏割地以求安，二周公元前四世紀，東周、西周分治，後爲秦所滅折節而入秦，燕、齊、宋、楚已屈服矣。以此觀之，不出二十年，天下盡爲秦乎！"

季節見於子順，子順賜之酒，辭。問其故，對曰："今日，家之忌日也。故不敢飲。"子順曰："飲也。禮，雖服衰 cuī 麻用粗麻布製成，披在胸前的喪服，見於君及先生，與之梁肉泛指美食，無辭，所以敬尊長而不敢遂其私也。忌日方於有服與穿喪服（服喪）相比，則輕矣。"

魏安釐王問天下之高士，子順曰："世無其人也。抑可以爲次，其魯仲連齊國名賢乎？"王曰："魯仲連，强勉强作振作之者，非體自然也。"答曰："人皆作之。作之不止，乃成君子。文、武欲作堯、舜而至達成（君子）焉，昔我先君夫子欲作文、武而至焉。作之不變堅持不懈，習與體成。習與體成，則自然矣。"

虞卿游说之士著書，名曰《春秋》。魏齊魏國相國曰："子無然不要這樣也。'春秋'，孔聖所以名經也。今子之書大抵談説而已，亦以爲名何？"答曰："經者，取其事常也。可常，則爲經矣。且不爲孔子，其無經乎？"齊問子順，子順曰："無傷也。魯之史記曰《春秋》，《春秋經》因以爲名焉，又晏子之書亦曰《春秋》。吾聞泰山之上，封禪者七十有二君，其見稱述，數不盈十，所謂貴賤不嫌同名也。"

邯鄲之民以正月之旦初一獻雀小鳥於趙王，而綴之以五絲五色絲，趙王大悦。申叔趙國人以告子順，子順曰："王何以爲也？"對曰："正旦正月初一放之，示有生也。"子順曰："此委巷之鄙事爾，非先王之法也，且又不令不好。"申叔曰："敢問何謂不令？"答曰："夫雀者，取其名焉"雀"音同"爵"，則宜受之於上，不宜取之於下，下人非所得制爵也。而王悦此，殆非吉祥矣。昔虢公虢公醜，姬姓，周惠王卿士，虢國末代國君祈神，神賜之土田，是失國而更受田之祥也。① 今以一國之王，受民之雀，將何悦哉？"

申叔問曰："犬馬之名，皆因其形色而名焉，唯韓盧韓國良犬、宋鵲宋國良犬獨否，何也？"子順答曰："盧，黑色；鵲，白黑色白黑相間之色。非色而何？"

---

① 祥，徵兆。公元前662年秋，"有神降於莘"，莘即虢地。當時虢國正趨於衰亡，而虢公醜命人祈禱，神許之以土田。對於此事，周内史過評價道："國之將興，明神降之，監其德也；將亡，神又降之，觀其惡也。""虢必亡矣。不禮于神而求福焉，神必禍之；不親于民而求用焉，人必違之。"内史過認爲虐於民而求福於神，神賜之土田，是國家將要滅亡的征兆。詳參《左傳·莊公二十三年》，《國語·周語上》。之後，虢公醜果然爲晉所滅。

執節第十六 75

魏公子無忌信陵君死，韓君將親弔焉。其子榮之無忌子名以告子順，子順曰："必辭推辭拒絕之。禮，鄰國君弔，君之主君主之，或作"君爲之主"。今君不命子，則子無所沒有理由受其君也。"其子辭韓，韓君乃止。

子高以爲趙平原君霸世之士，惜其不遇時也；其子子順以爲衰世之好事公子，無霸相之才也。申叔問子順曰："子之家公，有道先生，既論之矣。今子易之，是非焉在？"答曰："言貴盡心，亦各其所見也。若是非，則明智者裁之。"

申叔問子順曰："禮，爲人臣三諫不從，可以稱其君之非乎？"答曰："禮所不得也。"曰："叔也昔者逮事有道先生指子高，問此義焉，而告叔曰：'得稱其非者，所以使天下人君不敢遂其非也。'"子順曰："然，吾亦聞之。是亡考亡父起時因時勢權變之言，非禮意也。禮，受放被流放之臣不說人以無罪不向人訴說自己無罪。先君夫子曰：'事君，欲須要諫(向君主)進諫不欲陳(向別人)陳說。'言不欲顯君之非也。"申叔曰："然則晏子、叔向皆非禮也。"答曰："此二大夫相與私燕私下宴飲，言及國事，未以爲非禮也。晏子既陳'屨jù鞋賤而踊yǒng受刖刑者的鞋貴'晏子以市集中踊貴於屨，暗諷齊景公刑罰過重於君，其君爲之省刑。然後以及叔向，叔向聽晏子之私，又承其問所宜，亦答以其事也。"晏嬰與叔向關於齊、晉季世的著名對話，詳《左傳·昭公三年》。

魏王問子順曰："寡人聞昔者上天神異意動用法后稷，而爲之下嘉穀小米，亦泛指五穀，周以遂興。往者中山古國名，春秋末年鮮虞人所建，後爲趙國所滅。在今河北定縣、唐縣一帶之地，無故有穀，非人所爲,云天雨降下之,反亡國,何故也?"答曰:"天雖至神,自古及今,未聞下穀與人也。《詩》美后稷能大教民種嘉穀,以利天下。故《詩》曰'誕降嘉種'《詩·大雅·生民》,猶《書》所謂'稷降播種,農殖嘉穀'《尚書·吕刑》,皆説種之,其義一也。若中山之穀,妖怪之事,非所謂天祥也。"

趙王問相於平原君,平原君曰:"鄒文趙國賢人可。"王曰:"其行如何?"對曰:"夫孔子高,天下之高士也。取友以行,交游以道,文與之游,稱曰'好義'。王其用之。"王卒不用。後以平原君言問子順,且曰:"先生知之乎?"答曰:"先父之所交也,何敢不知?"王曰:"寡人雖失之在前,猶願聞其行於先生也。"答曰:"行不苟合無原則地迎合,雖賤貧窮不渝變節,君子人也。"王遂禮之,固堅定、固執以老辭。

趙王謂子順曰:"寡人聞孔氏之世,自正考甫宋國大夫,孔子八世祖以來,儒林相繼。仲尼重之以大聖,自茲以降,世業不替廢,天下諸侯咸資禮焉。先生承其緒,作二國趙國、魏國師,從古及今,載德流聲,未有若先生之家者也。先生之嗣,率循由前訓,將與天地相敵矣。"答曰:"若先祖父,并廩通"稟 bǐng"聖人指孔子之性,如君王之言也。至如臣者,學行不敏勤勉、敏捷,寄食於趙,禄仕於魏。幸遇二國之君,寬以容之。若乃'師'也,未敢承命。假令賴君之願,後世克祚zuò 有福,不忝辱前人,不泯喪失祖業,豈徒一家之賜哉?亦天下之慶也。"王曰:"必然。必然。"

詰墨第十七

[題解]本篇共十章,逐一反詰墨家對孔子的負面評價。根據末章的記載,本章中"詰墨"者是孔鮒,他把論述的重點放在孔子和晏子的關係上。

墨子稱:"景公問晏子以孔子而不對,又問三,皆不對。公曰:'以孔子語寡人者眾矣,俱以爲賢聖人。今問子而不對,何也?'晏子曰:'嬰聞孔子之荆楚國稱荆,知主持白公楚平王之孫,叛亂囚禁楚惠王,後被殺謀,而奉之以石乞白公手下的勇士。勸下亂上,教臣弑君,非賢聖之行也。'"

詰之曰:"楚昭王芈姓,熊氏,名壬,後改名軫(或珍)。楚平王之子之世,夫子應聘如荆,不用而反,周旋乎陳、宋、齊、衛。楚昭王卒,惠王立。十年,令尹子西楚國令尹公子申乃召王孫勝以爲白公,是時魯哀公十五年也,夫子自衛返魯,居五年矣。白公立一年,然後乃謀作亂。亂作在哀公十六年秋也,夫子已卒十旬矣。墨子雖欲謗毀聖人,虛造妄言,奈此年世不相值對應何?"

墨子曰:"孔子之齊,見景公。公悦之,封之以尼豀 xī 齊國地名。晏子曰:'不可。夫儒,浩居①而自順不讓於人,立命而怠事。崇喪重視喪禮遂哀哀傷不止,盛用繁禮。其道不可以治國,其學不可以導家。'公曰:'善。'"

詰之曰:"即如此言,晏子爲非儒惡禮,不欲崇喪遂哀也。

---

① 原作"法居",難解。作"浩居",讀爲"傲倨",參于省吾《雙劍誃諸子新證》解《墨子·非儒下》。

察傳記，晏子之所行，未有以異於儒焉。又景公問所以爲政，晏子答以禮云。景公曰：'禮其可以治乎？'晏子曰：'禮於政，與天地并。'此則未有以惡於禮也。晏桓子_{晏嬰之父}卒，晏嬰斬衰 cuī _{最重的喪服}，枕草_{枕臥於草，喪禮}，苴 jū 絰 dié _{喪帽和頭帶}、帶腰帶、杖、菅 jiān 菲_{草鞋}，食粥，居於倚廬_{居喪時居住的草屋}，遂哀三年，此又未以異於儒也。若能以口非之而躬行_{親自踐行}之，晏子所弗爲。"

墨子曰："孔子怒景公之不封己，乃樹鴟夷子皮_{人名，曾助田常作亂}於田常①之門。"

詰之曰："夫樹人，爲信己也。《記》_{儒家文獻，今已亡佚}曰：'孔子適齊，惡陳常而終不見，常病之，亦惡孔子。'交相惡而又任事，其不然矣。《記》又曰：'陳常殺其君，孔子齋戒沐浴而朝，請討之。'觀其終不樹子皮審矣。"

墨子曰："孔子爲魯司寇_{官名，主管司法、治安}，捨公家_{諸侯公室}而奉季孫。"

詰之曰："若以季孫爲相，司寇統受其管轄焉，奉之，自法也。若附意季孫，季孫既受女樂_{歌舞伎女}，則孔子去之；季孫欲殺囚，則孔子赦之。非苟順_{苟且奉迎}之謂也。"

墨子曰："孔子厄_{受困}於陳、蔡之間，子路烹豚，孔子不問肉之所由來而食之。剝人之衣以沽 gū 買酒，孔子不問酒之所由來而飲之。"

―――――――――――

① 田氏專權齊國，即由田常開始。田常，又稱陳常、陳恒、田恒。"田"與"陳"，"常"與"恒"，音義皆通。

詰之曰："所謂厄者,沽買無處,藜lí羹粗劣的食物不粒顆粒無存,乏食七日。若烹豚飲酒,則何言乎厄？斯不然矣。且子路為人,勇於見義,縱有豚酒,不以義不取之可知也,又何問焉？"

墨子曰："孔子諸弟子,子貢、季路輔孔悝kuī魏國大夫,孔文子圉之子以亂衛,陽虎魯國孟孫氏族人,曾掌握魯國實權亂魯,弗肸bì肹xī即"佛肸",晉卿趙鞅的家臣,後投靠范氏、中行氏以中牟地名,在今河南鶴壁一帶。曾為趙國國都畔,漆雕開孔子弟子形殘。"

詰之曰："如此言,衛之亂,子貢、季路為之耶？斯不待言而了明了矣。陽虎欲見孔子,孔子不見,何弟子之有？弗肸以中牟畔,召孔子則有之矣,為孔子弟子,未之聞也。且漆雕開形殘,非行己之致,何傷於德哉？"

墨子曰："孔子相魯,齊景公患之,謂晏子曰：'鄰有聖人,國之憂也。今孔子相魯,為之若何？'晏子對曰：'君其勿憂。彼魯君魯定公,姬姓,名宋。魯國第二十五任君主,弱主也。孔子,聖相也。不如陰暗中重孔子,欲以相齊為齊國相國,則必強諫魯君。魯君不聽,將適齊。君勿受,則孔子困矣。'"

詰之曰："案如此辭,則景公、晏子畏孔子之聖也。上而云非聖賢之行,上下相反,若晏子悖自相矛盾可也,不然則不然矣。"

墨子曰："孔子見景公,公曰：'先生素不見晏子乎？'對曰：'晏子事三君而得順焉,是有三心,所以不見也。'公告晏子,晏子曰：'三君皆欲其國安,是以晏得順也。聞'君子獨立不慙cán於景yǐng"影"的本字',今孔子伐樹①削跡匿跡,不自以爲辱;身窮陳、蔡,不自以爲約猶"困"。始吾望儒,貴之。今則疑之。'"

詰之曰:"若是乎孔子、晏子交相毀也,小人有之,君子則否。孔子曰:'靈公汙wū骯髒,此指道德敗壞,而晏子事之以整;莊公怯,而晏子事之以勇;景公侈chǐ,而晏子事之以儉:晏子,君子也。'梁丘據問晏子曰:'事三君而不同心,而俱順焉,仁人固多心乎?'晏子曰:'一心可以事百君,百心不可以事一君。故三君之心非一也,而嬰之心非三也。'孔子聞之曰:'小子記之:晏子以一心事三君,君子也。'如此則孔子譽晏子,非所謂毀而不見也。景公問晏子曰:'若人之眾,則有孔子乎?'對曰:'孔子者,君子行有節者也。'晏子又曰:'盈成匡人名,《晏子春秋》作"盆成适",父之孝子、兄之悌tì敬愛兄長弟也。其父尚爲孔子門人,門人且以爲貴,則其師亦不賤矣。'是則晏子亦譽孔子可知也。夫德之不修,己之罪也。不幸而屈於人,己之命也。伐樹削跡,絕糧七日,何約乎哉?若晏子以此而疑儒,則晏子亦不足賢矣。"

墨子曰:"景公祭路寢天子、諸侯的正殿,聞哭聲,問梁丘據。對曰:'魯孔子之徒也。其母死,服喪三年,哭泣甚哀。'公曰:'豈不可哉!'晏子曰:'古者聖人非不能也,而不爲者,知其無補於死者,而深害生事故也。'"

詰之曰:"墨子欲以親死不服,三日哭而已。於意安者,卒自行之,空用晏子爲引而同於己,適證其非耳。且晏子服父

---

① 《史記·孔子世家》記載,孔子在宋國時,與弟子在大樹下習禮。宋國的司馬桓魋tuí追殺孔子,伐(或說拔)去了大樹,孔子逃走。

禮,則無緣沒有理由非行禮者也。"

曹明問子魚孔鮒,字子魚,孔子八世孫曰:"觀子詰墨者之辭,事義相反,墨者妄矣。假使墨者復起,對之乎?"答曰:"苟得其禮,雖百墨,吾亦明白焉。失其正,雖一人,猶不能當前也。墨子之所引者,矯稱詐稱、僞稱晏子。晏子之善吾先君,先君之善晏子,其事庸盡豈能說得盡乎?"曹明曰:"可得聞諸?"子魚曰:"昔齊景公問晏子曰:'吾欲善治,可以霸諸侯乎?'對曰:'官未具具備也。臣亟以聞,而君未肯然也。臣聞孔子聖人,然猶居處勌juàn同"倦"惰、廉隅yú棱角,比喻端正不苟的行爲、品性不修,則原憲xiàn孔子弟子,清高貧寒之士、季羔高柴,字子羔,孔子弟子侍;一食或無"一食"二字血氣不休不好,今所謂氣鬱、志意不通,則仲由、卜商侍;德不盛、行不勤,則顏、閔閔損,字子騫。孔子弟子,以德行著稱、冉雍孔子弟子侍。今君之朝臣萬人,立車千乘,不善之政加於下民者衆矣,未能以聞者,臣故曰官未備也。'此又晏子之善孔子者也。子曰:'晏平仲善與人交,久而敬之。'此又孔子之貴晏子者也。"曹明曰:"吾始謂墨子可疑,今則決妄不疑矣。"

獨治第十八

［題解］本篇共六章，雜録子魚與季則、張耳等人間的對話，突出子魚身在亂世，能夠"獨治其身"，持守家學，爲後世存續學脈。篇名"獨治"，即從此出。

子魚生於戰國之世，長於兵戎之間，然獨樂先王之道，講習不倦。季則魯國三桓的後人謂子魚曰："丈夫不生則已，生則有云爲有作爲於世者也。今先生淡泊世務，修無用之業，當身自身當下不蒙其榮，百姓不獲其利，竊爲先生不取也。"子魚曰："不如子之言也。武者可以進取，文者可與守成。今天下將擾擾焉，終必有所定。子修武以助之取，吾修文以助之守，不亦可乎？且吾不才，無軍旅之任，徒能保其祖業，優游閒適以卒歲度過歲月者也。"

秦始皇東并向東兼吞諸國，子魚謂其徒叔孫通①曰："子之學可矣，盍仕乎？"對曰："臣所學於先生者，不用於今，不可仕也。"子魚曰："子之材能見時變，今爲不用之學，殆非子情也。"叔孫通遂辭去，以法仕秦。

尹曾謂子魚曰："子之讀先王之書，將奚以爲？"答曰："爲

---

① 秦漢時期名臣，曾先後爲秦博士、項羽部下，後降漢，亦爲博士，受封"稷嗣君"。叔孫通是漢初儒生的代表，漢初禮儀制度的首倡者和設計師。他的行事作風和禮學思想都十分重視因時權變，在當時曾招致一些儒生的非議，但其行事往往有成，能讓眾人心服。《孔叢子》認爲，正是這一優點使他能夠肩負起在亂世承續儒學學脈的重任。

治也。世治則助之行道,世亂則獨治其身,治之至也。"

陳餘魏國名士,秦末漢初自立爲代王,後被韓信俘虜并斬首謂子魚曰:"秦將滅先王之籍指秦始皇焚書事,而子爲書籍之主,其危矣。"子魚曰:"顧發語詞有可懼者,必或助動詞求天下之書焚之,書不出則有禍。吾將先藏之以待其求,求至無患矣。"

子魚居衛,與張耳魏國名士,曾與陳餘爲至交,後反目。他曾被項羽封爲常山王,後被劉邦封爲趙王、陳餘相善。耳、餘,魏之名士也。秦滅魏,求耳、餘。懼,走。會陳勝、吳廣起兵於陳,欲以誅秦。餘謂陳王曰:"今必欲定天下、取王侯者,其道莫若師賢而友智。孔子之孫今在魏,居亂世能正其行,修其祖業,不爲時變。其父相魏,以聖道輔戰國,見利不易操,名稱諸侯,世有家法。其人通材足以幹天下爲天下之骨幹;博知足以慮未形。必宗此人,天下無敵矣。"陳王大悅,遣使者齋 jī 帶着千金、加束帛,以車三乘聘焉。耳又使謂子魚曰:"天下之事已可見矣,今陳王興義兵,討不義,子宜速來,以集成其事。王又聞子賢,欲諮 zī 同"咨",徵詢良謀,虛意相望虛心以待也。"子魚遂往。陳王郊迎而執其手,議世務,子魚以霸王之業勸之,王悦其言,遂尊以博士①,爲太師官名,三公中之最尊者諮度商議焉。

子魚名鮒甲,陳人或謂之子鮒,或稱孔甲。陳勝既立爲王,其妻之父兄往焉,勝以眾賓待之,長揖不拜彎腰拱手而不跪拜,無加其

---

① 古代學官名,戰國時出現,秦漢因之而設。漢文帝時設置一經博士,武帝時設置五經博士,職責是教授、課試或奉使、議政,後世博士之名目漸多,職責亦稍有不同。

禮不加施(其應行的)跪拜磕頭之禮。其妻之父怒,曰:"怙 hù 亂乘亂取利僭號指自封爲王而傲長者,不能久矣!"不辭而去。陳王跪謝道歉,遂到最後(也)不爲顧回頭看。王心愍焉,遂適博士太師之館而言曰:"予雖丈夫哉,然塞不明白於禮義,以啟得罪於姻婭 yà 姻親,唯先生幸訓誨之,使免於戾過錯,可乎?"子魚曰:"王所問者,善也。敢固無辭而對乎!今以禮言耶,則禮無不拜,且宗族婚媾 gòu 即嫁娶,又與眾賓異敬異於敬賓客之禮者也,敬而加親,自古以然也。"王曰:"雖已失之於前,庶欲收之於後也。願先生修明其事,必奉遵焉。"對曰:"昔唐指堯之内親九族,外協萬邦,禮以婚爲昆弟婚媾之禮級別等同於兄弟禮,妻之父母爲外舅姑,由是明之,則拜之可知。夫婚親之義,非宗賢之類也。雖自已臣即使已然是(自己的)臣子,莫敢不敬。昔魏信陵君嘗以此質臣之父,臣之父曰:'於諸母之昆弟、妻之諸父,則以親配;德年①以上,雖拜之可也;幼於己者,揖之可也。此出於人情而可常者也。'"王曰:"善哉!請問同姓而服不及者,其制何耶?"對曰:"先王制禮,雖國君,有合族之道同姓合序長幼,宗人掌管宗族之官掌其列,繼之以姓而無別,酹 zhuì 灑酒於地的祭祀。或作"綴",連綴之義之以食而無殊,各隨本屬之隆殺高低。屬近,死則爲之免 wèn 同"絻",喪服的一種;屬遠,則弔之而已。禮之政通"正"也。是故臣之家哭孔氏之別姓於弗父弗父何,孔子的始祖之廟,哭孔氏則於夫子之廟,此有據而然也。周之道,雖百世,婚姻不通,重先君之同體也。"王跪曰:"先生之言,厥義博哉!寡人雖固見識淺陋,敢不盡心。"

---

① 或讀作"……則以親配德;年以上……","年"字前後或有"齊"字。"齊年以上"或"年齊以上",指年齡長於己者。今案:不當讀爲"則以親配德"。"諸母之昆弟、妻之諸父",其禮當如父母,故曰"以親配"。"德年"猶"得年","得",適宜、和順之義,意謂年齡相仿者。"德年以上",指年齡長於己者。

問軍禮第十九

[題解]本篇共一章,依據文義分爲四段,記述陳涉與孔鮒(子魚)關於軍事行動中祭祀和禮儀方面的問答。

陳王問太師曰:"行軍之禮,可得備完整地聞乎?"答曰:"天下有道,禮樂征伐自天子出。自天子出,必以歲之孟秋晚秋。古人以秋、冬爲刑殺之季,合征伐之義。又古人製弓用膠,至秋方能牢固,賞軍,帥武人於朝,簡選擇練訓練傑俊,任用有功,命將選士,以誅不義指即將討伐的對象。於是孟冬以級授軍,司徒此指教官搢jìn扑將刑具插於腰間,以示軍法嚴明,北面而誓。誓於社,以習重復其事。先期五日,太史官名,主管典籍和曆法筮shì用蓍草占卦於祖廟。擇吉日,齋戒,告告神於郊、社稷、宗廟都是祭祀場所。既筮,則獻兆卜筮結果於天子。天子使有司以牲特告社,告以所征之事而受命焉。舍shì通"釋"奠釋奠,一種祭祀儀式於帝學國立學校以受成聽受出師成功的稟告,然後乃類一種即事而行的祭祀於上帝、柴於郊以出。以齋車齋戒時所用之車載遷廟之主新近從昭穆遷入祧廟的神主及社主社稷神或土地神行,大司馬官名,主管軍政職奉之。無遷廟主,則以幣、帛、皮、圭告於祖、禰,謂之'主命'出征前向廟主請命,詳《禮記·曾子問》,亦載齋車。凡行主隨軍的神主,皮、圭、幣、帛,皆每舍奠焉,而後就館。主車止於中門之外、外門之内,廟主居於道左,社主居於道右。其所經名山大川,皆祭告焉。及至敵所,將戰,太史卜戰日,卜右御古者乘車,右爲武士之位,象徵戰爭。先期三日,有司明以敵人罪狀告之史。史定誓命、戰日。將帥陳列車甲卒伍於軍門之前,有司讀誥誓,使周定全部確定三令五申此指出征軍紀。既畢,遂禱戰,祈克勝於上帝,然後即敵。將士戰,全保全己克敵。史擇吉日,復禡 mà 行軍祭名於所征之地,柴於上帝,祭社,奠祖,以告克者不頓通"鈍"兵損壞兵器傷士也。戰不克,則不告也。凡類、禡,皆用甲、丙、戊、庚、壬之剛日這幾日都是單日,古者以單數屬陽,陽爲剛,利於征戰。有司簡功行賞,不稽於時不限於這些時間上的忌諱。其用命者則加爵,受賜於祖奠之前;其奔北逃跑犯令者則加刑罰,戮於社主之前。然後鳴金敲鑼,收兵的信號振旅整隊班師,有司徧告捷於時所有事之山川當時(行軍之前)祭祀過的山川。既至,舍於國外三日,齋,以特牛親格至、到於祖、禰,然後入,設奠以反主送返神主。若主命,則卒奠結束祭奠歛收斂埋藏玉,埋之於廟兩階間。反社主如初迎之禮,舍奠於帝學,以訊質詢俘虜馘 guó 割取陣亡敵兵左耳計功告。大享於羣吏,用備樂完整的樂曲,饗有功於祖廟,舍放下爵飲酒器策勳 xūn 記錄功勛焉,謂之'飲至'猶言"飲酒慶功的時候到了",天子親征之禮也。"

陳王曰:"其命將出征,則如之何?"太師曰:"古者大將受命而出則忘其國,即戎師陣則忘其家。故天子命將出征,親絜 jié 同"潔"齊盛服,設奠於祖以詔之。大將先入,軍吏畢全都從,皆北面再拜,稽首而受。天子當階南面,命授之節鉞 yuè 符節和斧鉞,軍權的象徵。大將受,天子乃東回西面而揖之,亦或作"示"弗御表示不制約出征的大將也,然後告太社。冢宰執蜃 shèn 一種禮器,宜祭名於社之右,南面授大將。大將北面稽首,再拜而受之,承所頒賜於軍吏。其出不類,其克不禡,戰之所在有大山川則祈焉,禱克於五帝。捷則報之,振旅復命。簡檢閱異出眾的功勤功勞,親告廟、告社而後適朝,禮也。"

王曰:"將居軍中之禮,勝敗之變,則如之何?"太師曰:

"將帥尚左,士卒尚右。① 出國先鋒使刃向前,入國後刃。介胄在身,執銳在列持兵器在隊列中,雖君父不拜。若不幸軍敗,則駲rì騎驛馬赴告告凶事叫"赴",不載櫜gāo韔chàng裝弓箭的袋子。天子素服哭於庫門天子宮室最靠外的門之外三日;大夫素服哭於社,亦如之。亡將失城,則皆哭七日。天子使使迎於軍,命將帥無請罪,然後將帥結草自縛用草把自己綁起來,袒tǎn露右肩而入,蓋喪禮也。

王曰:"行占禮如何?"大師曰:"古之禮固爲於今也。有其人行其禮則可,無其人行其禮,則民弗與也。"

---

① 《老子》:"吉事尚左,凶事尚右。偏將軍居左,上將軍居右……戰勝以喪禮處之。"

答問第二十

[題解]本篇共五章,主要記載孔鮒與武臣、陳涉間的問答和對話。末章高度評價叔孫通,説他"學儒術而知權變",暗示他是亂世中儒家學術的優秀繼承人。

陳人有武臣或説爲陳涉部下,謂子鮒曰:"夫聖人者,誠高材美稱也。吾謂聖人之知,必見未形尚未成形,指尚未發生之前,功垂於身後,立教而戾夫凶惡之人弗犯,吐言而辯士不破也。子之先君,可謂當之矣。然韓子立法,其所以異夫子之謂者,紛如衆多貌也。予每探其意而校 jiào 查證其事,持久歷遠,遏 è 阻止姦勸善。韓氏未必非,孔氏未必得也。吾今而後乃知聖人無世不有爾。前聖後聖,法制固不一也。若韓非者,亦當世之聖人也。子以爲奚若?"子鮒曰:"子信之爲然,是固未免凡俗也。今世人有言高者必以極天爲稱,言下者必以深淵爲名,是資勢或作"世"之談而無其實者也,好事而穿鑿 záo 比喻強行解釋也。必言經以自輔,援聖以自賢,欲以取信於羣愚而度其説使其説有度也。若諸子之書,其義皆然都是這樣,吾先君之所自志①也。請略説一隅而吾子審其信否焉。"武臣曰:"諾。"子鮒曰:"乃者從前趙、韓共并知智氏②,趙襄子之行,賞先加其臣而後有功。韓非書云'夫子善之',引以張本作爲伏筆,然後難之。

① 冢田虎本"志"作"惡"。觀下文孔鮒之言,此"志"當作"惡"。
② 晉國世族,在公元前453年的晉陽之戰中,被韓氏、魏氏、趙氏三家大夫合攻,敗亡,宗族被夷滅。趙、魏、韓、范、智、中行氏六家,稱爲晉國的"六卿",是春秋晚期晉國政局的主要掌控者。

豈有不似哉？然實詐也。何以明其然？昔我先君以春秋哀公十六年四月己丑卒，至三十七年，荀瑤知氏領主。知氏出於荀氏，因此知瑤又稱荀瑤，亦稱智瑤與韓、趙、魏伐鄭，遇陳恆而還，是時夫子卒已十一年矣，而晉四卿皆在也。後悼公十四年，知氏乃亡。此先後甚遠，而韓非公稱之，曾無怍 zuò 慙愧意。是則世多好事之徒，皆非韓非之罪也。故吾以是默口緘口不言於小道，塞耳於諸子久矣。而子立尺表測日影的一種儀器以度天，直寸指以測淵用一寸長的手指探測深淵，指學問、見識之淺，矇 mēng 昏暗不明大道而不悟，信誣説以疑聖，殆非所望不是我所希望的，委婉的否定也。"武臣叉手跪謝，施施緩行貌而退。遂告人曰："吾自以爲學之博矣而可吞於孔氏"吞"，或作"屈"，或作"否"。指反駁孔鮒，使之辭屈，方知學不在多，要在精之也。"

陳王問太師曰："寡人不得爲賢所推讚許、尊崇，而得南面稱孤稱王、稱帝，其幸多矣。今既賴二三君子，且又欲規久長之圖，何施而可？"答曰："信王之言，萬世之福也，敢稱古以對。昔周代殷，乃興滅復興已經消滅的繼絶繼承已經斷絶的，以爲政首。今誠法之，則六國之不攜不懷叛離之心，抑副詞，表推斷，也算是久長之本。"王曰："周存二代，又有三恪 kè①，其事云何？"答曰："封夏、殷之後以爲二代，紹虞帝之胤 yìn 後嗣，備爲三恪。恪，敬也，禮之如賓客也。非謂特有二代，別有三恪也。凡所以立二代者，備王道、通三統也。"王曰："三統者何？"答曰："各自用其正朔，二代與周，是謂三統。"王曰："六國之後君，吾不能

---

① 周初分封前代子孫爲王侯，稱"三恪"。恪，敬也。關於"三恪"，除了本書之外，還有《左傳》襄公二十五年記載封虞、夏、商之後人於陳、杞、宋；《詩·陳風譜》孔穎達疏引《樂記》以爲封黃帝、堯、舜之後人於薊 jì、祝、陳。

封也。遠世之王，於我何有？吾亦自舉_{自知、自度}不及於周，又安能純法之_{完全效法周制}乎？"

陳王涉讀《國語》言申生_{晉獻公之子，重耳之兄}事_{申生賢，爲太子，被寵妃驪姬害死}，顧博士曰："始予信聖賢之道，乃今知其不誠也，先生以爲何如？"答曰："王何謂哉？"王曰："晉獻惑聽讒 chán，而書又載驪 lí 姬夜泣公而以信入其言。人之夫婦夜處幽室之中，莫能知其私焉，雖黔首_{平民}猶然，況國君乎？予以是知其不信，乃好事者爲之辭，將欲成其説以誣愚俗也，故使予并疑於聖人也。"博士曰："不然也。古者人君外朝_{天子、諸侯處理政務之所}則有國史_{國之史官}，内朝①則有女史_{女官名，主管後宮禮儀等}。舉行動則左史_{周代官名}，記事書之，言則右史_{周代官名}，記言書之，以無諱_{隱晦、顧忌}示後世。善以爲式_{範式}，惡以爲戒，廢而不記，史失其官。故凡若晉侯、驪姬床笫 zǐ _{床上的竹席}之私、房中之事，不得掩焉。若夫設教之言，驅羣俗，使人入道而不知其所以者也。今此皆書實事，累累若貫珠_{一個接一個像珠串一樣完整}，可無疑矣。"王曰："先生真聖人之後風也！今幸得聞命，寡人無過焉。"

陳王涉使周章_{周文，陳勝的將軍，后戰敗自殺}爲將，西入關，將以誅秦，秦使將章邯_{秦名將}距通"拒"之。陳王以秦國之亂也，有輕之之意，勢若有餘而不設敵備。博士太師諫曰："章邯，秦之名將，周章非其敵也。今王使章_{指周章}需 pèi 然自得_{從容得意}

---

① "内朝"與"外朝"相對而言，是天子、諸侯處理政務、休息之所。處理政務在路門外，稱"治朝"；休息在路門内的路寢，稱"燕朝"。又指中宫，皇后住處。

貌而不設備,臣竊惑焉。夫雖天之所捨①,其禍福吉凶,大者在天,小者由人。今王不修人利以應天祥,若跌而不振,悔之無及也。"王曰:"寡人之軍,先生無累與先生無關也,請先生息慮也。"又諫曰:"臣聞兵法:'無恃敵之不我攻,恃吾之不可攻也。'今恃敵而不自恃,非良計也。"王曰:"先生所言,計策深妙,予不識也,先生休矣。"已而告人曰:"'儒者可與守成,難與進取',信哉!"博士他日復諫曰:"臣聞國大兵眾,無備難恃;一人善射,百夫決鉤弦的扳指拾護臂的套袖,此指效仿善射者。以上古諺語。章邯梟將猛將,卒皆死士也。周章若懦猶"弱懦",使彼席卷來前,莫有當其鋒者。"王曰:"先生所稱,寡人昧昧不明貌焉,願以人間近事喻之。"答曰:"流俗之事,臣所不忍也。今王命之,敢不盡情?願王察之也。臣昔在梁,梁人有陽由者,其力扛鼎,伎通"技"巧武藝過人,骨騰肉飛,手搏貛 chán 動作敏捷獸,國人懼之。然無治室治家之訓,禮教不立,妻不畏憚,浸不斷、越來越相泄瀆猶褻瀆,輕慢不敬。方乃積怒,妻坐於床笞竹墊焉,左手建 qián 通"搴",舉杖,右手制其頭。妻亦奮恚 huì 恨,因授以背用背部面對(陽由),使杖擊之而自撮 cuō 抓取其陰,由乃仆地,氣絕而不能興。鄰人聞其凶凶喧鬧貌也,窺而見之,趣而救之,妻愈戇 zhuàng 通"戇",愚愣忿,莫肯舍旃 zhān 助詞,相當於"之"、"之焉",或發掀起其裳 cháng 衣裙,然後乃放。夫以無敵之伎力武術與力量而劣於女子之手者何?以輕之無備故也。今王與秦角 jué 較量強弱,非若由之夫妻也,而輕秦過甚,臣是以懼。故區區微不足道之心,欲王備慮之也。"王曰:"譬類誠佳,然實不同也。"弗聽。周章果敗而無後救,邯遂進兵擊陳王,師大敗。

---

① "夫"或作"秦","捨"宋本作"舍",或作"命"。此句作"夫雖天之所命"或"秦雖天之所捨"亦通。

博士凡仕六旬，老於陳。將没 mò 通"殁"，死，戒其弟子"子"或作"襄"。孔鮒之侄有孔襄；又有孔騰，字子襄曰："魯，天下有仁義之國也。戰國之世，講頌講習、誦讀不衰，且先君之廟在焉。吾謂叔孫通處濁世而清其身，學儒術而知權變，是今師也。宗於有道爲有道明君所尊用，必有令圖深遠的謀劃、美好的前程，歸必事焉。"

連叢子上第二十一

[題解]《連叢子》與《孔叢子》其他篇章體制不類，當爲傳世本編纂者所合。《漢書·藝文志》儒家有孔臧十篇，詩賦家有孔臧賦二十篇。《連叢子·敘書》篇道："（孔臧）先時嘗爲賦二十四篇，四篇別不在集。"編者將《藝文志》未收錄的孔臧作品收錄於此，恐怕《連叢子》中的其他一些材料亦屬此類。除了《敘世》以外，本篇的內容與《孔叢子》中的其他篇章和《孔子家語》《說苑》《儒家者言》都有相同的性質，即以記錄未見於主流文獻的孔氏材料爲目的。《連叢子》上篇分爲八部分，其主體是孔臧的四《賦》、二《書》。開頭的《敘書》交代孔臧的身世及其四《賦》、二《書》的相關背景，《敘世》記載自孔臧之子孔琳至孔僖的孔氏族胤以及他們的事蹟，《〈左氏傳義詁〉序》則是孔氏族人子通爲孔奇的《左氏傳義詁》所作的序言。

敘　書

家之族胤，一世相承，以至九世相魏①，居大梁魏國都城，在今河南開封，始有三子焉：長子子魚之後承殷統爲宋公周建國后封殷商後裔於宋，爲孔氏所出，中子子襄之後奉夫子祀爲褒bāo成侯漢時孔子後裔的專有封號，小子子文之後產孔冣jù，宋本"產"作"彥"，《孔子家語》"子文生冣，字子產"，據改以將士作動詞高祖有功，封蓼liǎo侯。

----

①　宋咸注曰："孔子生鯉，字伯魚；鯉生伋，字子思；伋生白，字子上；白生求，字子家；求生箕，字子京；箕生穿，字子高；穿生子順，相魏。自叔梁紇至子順，凡九世。"

其子臧嗣焉,歷位九卿①,遷御史大夫官名,主管彈劾和圖書,地位僅次於丞相。辭曰:"臣世以經學爲業,家傳相承,作爲訓法。② 然今俗儒繁説遠本,雜以妖妄,難可以教。侍中安國孔安國,字子國,孔子第十一世孫。西漢大學者,歷任都尉、諫議大夫、臨淮太守等職受詔,綴集古義,臣乞爲太常③。臣家業與安國紀綱古訓,使永垂來嗣後代。"孝武皇帝漢武帝劉徹,西漢第七任皇帝重違難違,顏師古《漢書注》:"重,難也。"其意,遂拜太常,其禮賜如三公。在官數年,著書十篇而卒。先時嘗爲賦二十四篇,四篇別不在集,似其幼時之作也。又爲書《與從弟》及《戒子》,皆有義,故列之於左古書自右而左,此猶"列之於下"。

諫格虎賦

帝使亡諸猶"無之乎",暗示爲虛擬人物大夫問乎下國。下國之君,方帥將士於中原。車騎駢pián 闐tián 聚集貌,被pī 行崗巒luán 連綿的山。手格擊打猛虎,生縛貙chū 犴àn 傳説中的猛獸。昧爽黎明而出,見星而還。國政不恤關心,惟此爲歡。乃誇於大夫曰:"下國鄙固僻陋、不通達,不知帝者之事。敢問天子之格

---

① 九個高級中央官職的總稱,具體職務、稱謂歷代稍有不同。在漢代爲太常、光禄勳、衛尉、太僕、廷尉、大鴻臚、宗正、司農和少府。

② 宋本作"臣世以經學爲家轉相承作訓法"。

③ 官名,主管宗廟禮儀,兼管選試博士。"太常",宋本及諸本作"太常典",司馬貞《史記索隱》引作"太常典禮"。今案"太常""太常典禮",歷代無此官名。《漢書·百官公卿表》載太常六丞"太樂、太祝、太宰、太史、太卜、太醫",《詩話總龜》《揮麈録》等載徐幹曾"以知音律爲太常典樂",或以"太常典樂"爲官名,然典樂之官《漢書》作"太樂",《律歷志》言及鐘樂稱"職在大樂太常掌之","太常"二字後置。"太常典某某"爲古書習語,下文"遂拜太常,其禮賜如三公",《索隱》改"其"爲"典",斷作"遂拜太常典禮,賜如三公"。

虎,豈有異術哉?"

大夫未之應,因又言曰:"下國褊biǎn 偏狹陋,莫以虞通"娛"心。故乃闢pì 開闢四封四面邊疆以爲藪sǒu 湖澤,圍境内以爲林。禽鳥育之,驛驛旺盛貌淫淫增進貌。晝則鳴嚾huān(群鳥)喧鳴,夜則嗥háo 吟(野獸)吼叫。飛禽起而翳yì 遮蔽日,走獸動而雷音發出雷鳴般的聲音。犯之者其罪死,驚之者其刑深。虞候掌管山林的官員苑令,是掌厥禁。於是分幕通"募",募集將士,營遮榛叢叢生的草木。戴星入野,列火求蹤蹤迹。見虎自來,乃往尋從。張罝jū 捕獸的網網,羅刃鋒。驅檻jiàn 車籠車,裝載囚犯或猛獸,聽鼓鐘。猛虎顛遽倉皇逃竄,奔走西東。怖駭内懷,迷冒怔zhēng 忪zhōng 驚恐不安。耳目喪精失神,值網而衝向網而入。局然屈身貌自縛,或隻或雙。車徒車馬僕從抃biàn 鼓掌讚,咸都稱曰工好。亦乃縛以絲組,斬其爪牙。支pū 同"扑",輕擊。諸本作"支",支撑。"支"、"支",古書常用作異體字輪登較車上的横木。收獲的野獸觸到車輪、登滿横木,形容數量之多,高載歸家。孟賁bēn 戰國勇士被通"披"髮嗔chēn 目瞪眼,躁猾紛亂貌紛華。故都邑城市百姓,莫不於邁猶"征"、"行",出動。陳列路隅,咸稱萬歲。斯亦畋tián 打獵獵之至樂也。"

大夫曰:"順君之心,樂矣!然則樂之至也者,與百姓同之謂。夫兕虎泛指猛獸之生,與天地偕。山林澤藪,又其宅也。被有德之君,則不爲害。今君荒於游獵,莫恤國政。驅民入山林,格虎於其廷。妨害農業,殘夭民命。國政其必亂,民命其必散。國亂民散,君誰與處?以此爲至樂,所未聞也。"

於是下國之君乃頓首曰:"臣實不敏,習反復的行爲之指代畋獵荒樂日久矣!幸今承誨,請遂改之。"

楊柳賦

嗟茲楊柳！先生後傷。二句嘆楊柳之生死。蔚茂炎夏，多陰可涼。伐之原野，樹之中塘。溉 gài 浸灌溉以時，日引生長月長。巨本根洪大枝，條修遠揚。夭繞纤柔貌連枝，猗 ē 那 nuó 柔美、盛美貌其房萌芽。或拳句音義同"踡曲"以逮下土，或擢 zhuó 挺拔跡而接穹蒼。綠葉累疊，鬱茂翳沈。蒙籠交錯，應風悲吟。鳴鵠 hú 天鵝集聚，百變其音。爾乃觀其四布，運其所臨。南垂太陽，北被宏陰五行說以南爲陽、北爲陰，"太陽""宏陰"猶至南、至北。西掩梓園觀賞樹園，東覆果林。規方猶輪廓冒乎超過半頃，清室屋舍莫與比深。於是朋友同好，几几案筵 yán 坐席列行。論道飲燕，流川流動的河水浮觴 shāng 酒器。殽 xiáo 核食器、酒器紛雜，賦詩斷章。各陳厥志，考以先王。賞恭罰慢，事有紀綱。洗觶 zhì 酒器酌樽，咒觥 gōng 酒器并揚。飲不至醉，樂不及荒。威儀抑抑軒昂貌，動合典常。退坐分別，其樂難忘。惟萬物之自然，固神妙之不如。意此楊樹，依我以生。未經一紀十二年。古代以木星爲歲星，一紀是歲星繞地球一周的時間，我賴以寧。暑不御箑 shà 不用扇子，淒而涼清。內蔭我宇屋簷，指房屋，外及有生蠹及鳥蟲。物有可貴，云何不銘？乃作斯賦，以敘厥情。

鴞 xiāo 貓頭鷹賦

季夏夏末，農曆六月庚子，思道靜居。爰 yuán 發語詞有飛鴞，集我屋隅。異物之來，吉凶之符證兆。觀之歡然，覽考經書。在德爲祥通"常"，棄常爲妖。尋氣而應，天道不踰通"渝"，變。

昔在賈生賈誼，西漢文學家，有識之士。忌茲服鳥即鵩，卒用喪己①。咨發語詞我令考父親，常指亡父，信道秉真。變怪生家，謂之天神。修德滅邪，化及其鄰。禍福無門，唯人所求。聽天任命，慎厥所修。栖遲游息養志保養志氣，指隱居，老氏指老子之疇chóu 範疇。祿爵之來，秖通"只"增我憂。時去不索，時來不逆。庶幾中庸，仁義之宅。何思何慮？自今勤劇勤苦辛勞。

蓼一種草本植物蟲賦

季夏既望一般指十六，暑往涼還。逍遙諷誦，遂歷東園泛指園圃。周旋覽觀，憩乎南藩南面的籬笆。覿茲茂蓼，結葩花吐榮花。猗那隨風，綠葉紫莖。爰有蠕蟲，厥狀似螟míng 一種蛾的幼蟲。羣聚其間，食之以生。於是悟物託事，推況乎人。幼長斯蓼，莫或知辛。膏粱之子，豈曰不云？惟非德非義或作"惟非德義"，不以爲家。安逸無心，如禽獸何？逸必致驕，驕必致亡。匪唯辛苦，乃丁遭遇大殃yāng 災難。

與從弟孔安国書

臧報侍中孔安国曾任侍中：

相知或作"相如"忿俗儒淫辭冒義冒充真義，有意欲校亂反正，由來久矣。然雅達博通，不世而出。流學俗雜之學守株"守株待兔"的簡稱，比肩皆是。衆口非非猶言不正確，正將焉立？每獨念至此，夙夜反側。誠懼仁弟道未信於世，而以獨知爲愁

---

① 賈誼著有《鵩鳥賦》。他被貶於長沙地區，屬於楚地，楚人稱貓頭鷹爲"鵩"或"服"。賈誼以見鵩鳥爲不祥而自哀，認爲壽命不得長久。賈誼去世時年僅三十三歲，所以這裡説他忌諱鵩鳥的不祥，但還是"卒用喪己"。

也。

人之所欲，天必從之。舊章潛於壁室①，正於紛擾之際，欻xū爾忽然貌而見。俗儒結舌，古訓復申。豈非聖祖之靈欲令仁弟讚明其道以闡chǎn說明其業者哉？且曩雖爲今學當今之學，指當時盛行的今文經學，亦多所不信。唯聞《尚書》二十八篇取象二十八宿，謂爲至然最爲正確也，何圖古文乃自百篇邪？如《堯典》説者，以爲堯、舜同道，弟常以爲雜有《舜典》，今果如所論。及成王道通"導"，或作"遇"，或説當作"遭"風雷，周公信自在參見《周書・金縢》。俗儒羣驅，狗吠雷同，不得其髣fǎng髴fèi约略的形迹，惡能明聖道之真乎？知以今讎chóu校對古，以宋本作"之"隸篆隸書、篆書推科斗戰國文字形似蝌蚪，故又稱"蝌蚪文"，已定五十餘篇，并爲之《傳》云。其餘錯亂文字，摩滅磨損湮滅不可分了分辨明了，欲垂待後賢，誠合先君"闕疑"②之義。顧惟世移，名制變改。文體義類，轉益難知隨着時代、名制的變更，古義愈發難以知曉。以弟博洽學識廣博温敏温厚聰敏，既善推理，又習其書，而猶尚絶意，莫肯垂留三思。縱使來世亦有篤古碩儒古學造詣極深的大儒學家，其若斯指孔安國何？

嗚呼！惜哉！先王遺典，闕而不補。聖祖之業，分半而泯。後之君子將焉取法？假令顔顔回、閔閔子騫不殁，游子游、夏子夏更生，其豈然乎？其豈然乎？不能已已(遺憾之情)不能休止，貴復申之。

---

① 西漢時期，曾在孔氏舊宅和河間獻王住宅中發現許多由戰國文字寫成的典籍，包括《尚書》《禮》《論語》《孝經》等多種經典。這些典籍因爲與當時已立於學官的經文不同，被稱爲"古文經"，後者則被稱爲"今文經"。

② 《論語・爲政》篇道："多聞闕疑，慎言其餘，則寡尤。"指暫時擱置疑問，不强加解釋。

與子琳書

告琳：

頃來聞汝與諸友生講肄 yì 講學書傳典籍，滋滋晝夜，衎衎 kàn 和樂貌不怠，善矣。

人之進道，唯問其志。取必以漸，勤則得多。山霤 liù 山中細泉至柔，石爲之穿；蝎蟲至弱，木爲之弊壞。夫霤非石之鑿，蝎非木之鑿，然而能以微脆微小柔弱之形陷堅剛之體，豈非積漸之致乎？

訓大概是古訓、家訓之類曰："徒學知之未可多稱讚，履而行之乃足佳足夠好。"故學者，所以飾 chì 通"飭"，整頓百行也。侍中子國明達淵博，雅好或作"學"絶倫。言不及利，行不欺名。動遵禮法，少小長操。故雖與羣臣并參近侍或作"少小及長，操行如故。雖與羣臣并參近侍"，見待崇禮，不供褻 xiè 事不莊重的事，獨得掌御唾 tuò 壺痰盂，此指傳達、草擬詔命之職。朝廷之士，莫不榮之。此汝親所見也。

《詩》不云乎："無念爾祖，聿修厥德。"《詩·大雅·文王》又曰："操斧伐柯，其則不遠。"《詩·豳風·伐柯》遠則尼父對孔子的尊稱，孔子字仲尼，近則子國。於以立身，其庶矣乎！

敘　世

臧子琳。位至諸吏對郡府曹吏的統稱，亦傳學問。

琳子黃或作"璜"。厥德不修，失侯爵。大司徒光孔光，孔子十四世孫以其祖有功德而邑土廢絶，分所食邑三百户，封黃弟茂爲關内侯爵位名，在秦、漢二十等爵位中列第十九等。

茂子子國非孔安國，爲另一子國，生子卬 áng。爲諸生生員，特善《詩》《禮》而傳之。

子卬生仲驩huān。爲博士弘農_{地名,在函谷關附近}守_{太守},善《春秋》三傳_{《左傳》《公羊傳》《穀梁傳》},《公羊》①《穀梁》②訓諸生。

仲驩生子立。善《詩》《書》,少游京師,與劉歆③友善。嘗以清論_{公正的評論}譏貶史丹_{西漢大臣},史丹諸子并用事,爲是不仕。以《詩》《書》教於關里數百人。

子立生子元。以郎_{官名}校書。時歆大用事,而子元校書七年,官不益,故或譏以爲不恤_{不用心於進取},唯揚子雲_{揚雄,西漢大學者、文學家}善之。

子元生子建。與崔篆④幼相善、長相親也。篆仕王莽,爲

---

① 《春秋公羊傳》,或稱《公羊春秋》。相傳爲戰國時期齊人公羊高所著,專門闡釋《春秋》,成書於西漢。《公羊傳》是今文經學的重要典籍,採用問答體解説《春秋》,重點在闡述經義即《春秋》的政治意義,盛行於漢武帝、宣帝之間。王莽新政後,古文經學大盛,《公羊傳》漸少人研究。晚清莊存與、劉逢禄、龔自珍、魏源、康有爲等人力主復興今文學,以《公羊傳》"微言大義"議論時政,對當時學術界、思想界影響很大。

② 《春秋穀梁傳》。相傳爲子夏所傳、春秋時魯人穀梁赤所著,成書於西漢。《穀梁傳》是今文經學的重要典籍,體裁、内容均與《公羊傳》相似,但在具體義理和考據問題上,二書多有歧異。一般來説,《穀梁傳》的解經風格比較平實,而《公羊傳》慣説高言大義。漢宣帝重用《穀梁》學者,立爲學官。王莽新政以後,《穀梁》學日漸衰落。

③ 劉歆,字子駿,西漢大學者,劉向之子。跟隨其父劉向整理宫中秘書,在古代典籍分類整理方面作出重要貢獻,并當時積極推行古文經學。

④ 宋本"崔篆"作"崔義",《後漢書·儒林列傳》:"子建少游長安,與崔篆友善。及篆仕王莽爲建新大尹,嘗勸子建仕。對曰:'吾有布衣之心,子有袞冕之志,各從所好,不亦善乎!道既乖矣,請從此辭。'"據改。宋咸注以爲"崔義"當作"崔毅"。崔毅,崔篆之子,崔駰之父,《後漢書》説他"以疾隱身不仕"。宋咸據"義"、"毅"文近認爲《後漢書》將崔毅與子建的交往事蹟誤歸於崔篆,但只此孤證。考《連叢子》後文,崔駰與子和相善,子和是子建的曾孫,而崔駰是崔毅之子,若據宋説,年歲似難以相值。

建新郡名，西漢稱千乘，新莽時期稱建新。治所在今山東高清、博興一帶。大尹新莽時期改"太守"爲"大尹"，數以世利勸子建仕。子建答曰："吾有布衣之心，子有袞冕謂登朝入仕之志。各從所好，不亦善乎？且習與子幼同志，故相友也。今子以富貴爲榮，而吾以貧賤爲樂，志已乖不和矣。乖而相友，非中情心中真誠的感情也。請與子辭。"遂歸鄉里。光武中興①，天下未悉從化，董憲、彭豐等部衆暴於鄒地名，在今山東鄒城、魯之間，郡守上黨鮑府君漢代對郡相、太守的尊稱長患之。是時闕里孔子故里無故荆棘叢生，一旦一天之間自闕蕃衍生长，廣千數百步兩足各跨一次後行進的距離，從舊講堂坦然至里門。府君大驚，謂子建曰："豈卿先君欲令太守行饗禮、助太守誅惡邪？"子建對曰："其然。"府君曰："爲之奈何？"對曰："庠 xiáng 序地方學校之儀，廢來久矣。今誠修之，民必觀焉。且憲、豐爲盜，或聚或散，非有堅固部曲古代軍隊編制，此泛指軍隊也。若行饗射之禮宴飲射箭之禮，內爲禽通"擒"之之備，外示以簡易簡陋、不完備，憲等無何不在意，依衆觀化，可因借此而縛也。"府君從之，用猶"用此法"格憲等。

子建生子仁。以文學爲議郎官名博士南海地名，在今廣東番禺、四會一帶太守。生子豐。子豐以學行學問德行聞，三府三公，泛指最高行政官交命，委質通"贄 zhì"，官員所執之物司空官名，主管工程，拜高第御史。建初東漢章帝劉炟 dá 的年號元歲元年，大旱，天下憂之，問羣臣政教得失。子豐乃上疏曰："臣聞爲不善而災，報得其應也；爲善而災，至遭遇時運也。陛下即位日新日日增新，視民如傷指愛惜人民，而不幸耗旱，時運之會逢、遇爾，非政教之

① 東漢開國皇帝劉秀諡號"光武"。他推翻王莽后實行休養生息的國策，使東漢初年出現了社會安定、經濟恢復、人口增長的局面，史稱"光武中興"。

所致也。昔成湯遭旱，因自責省 xǐng 反省，故散積散積財、滅御減少用度、損膳減少食膳而大有年倒裝，猶"有大年"，遇豐年。意者陛下未爲成湯之事焉？"天子納其言而從之，三日，雨即降。轉拜黃門侍郎近侍官名，主管宮門內事、傳達詔令等、典東觀東漢宮廷儲藏典籍之處事。

子豐生子和。

太中大夫官名，主管議論鮑彥曰："人之性分本性、資質、氣度不同。有體貌亢疏剛強貌、色厲矜莊面色嚴厲莊重、儀容冰栗嚴肅、似若能斷而當事少決、不遂成、終其爲者，或性玄靜清静、不與俗競、氣不勝辭、似若無能而涉事不顧、臨危不撓不屈者。是爲似若強焉而不能勝量，似若弱焉而不可奪也。君子觀之，以表推內，察容而度心，所以得之也。若是似類相亂，如何取實乎？"子豐曰："夫人者，患在不察也。人之所綜物方志也，慮協於理①，固以守之，此之謂強。知足以通變，明足以破僞，情足以審疑，果足以必動詞，堅定志，固可以先事而功成矣。即所謂寬柔內思，不報無道之強，豈待依靠形氣之助乎？若乃貌濟內荏 rěn 軟弱、高氣亢戾、多意志意不專倨跡行爲倨傲、理不充分性分、業從事不一定、執志不果，此謂剛愎 bì 固執任性，非強者也。是故君子欲必其行。由是論之，強弱之分不取於氣色明矣，必也察志，在觀其履事乎！非定計於內而敏發於外，孰能稱此'強'名乎哉！"

子豐曰："夫物有定名，而論有一至極點。是故有可一言而得其極，雖千言之不能奪者，唯析理即實爲得，不以濫麗說辭爲賢好也。然而世俗之人聰達明辨通達者寡，隨聲者衆。持

---

① 或作"人之於物所綜理也，志合慮協"，人對待事物時的志願，應該合於理。理，客觀正確的事理、物理。

論無主没有原則,俯仰爲資濫用論據和修辭。因貴勢而附從,託浮説以爲定。不求之於本,不考之於理。故冗 rǒng 拖沓長潪 hùn 殽即"混淆"之言,而衆莫能折其中發現真實內涵,所以爲口費而無得也。夫論辨者,貴其能別是非之理,非巧説之謂也。當要者訥言得理,此乃辨也,聽者由通"猶"弗之察。辭氣支離雜亂,取喻多端,幸通"倖",非分、不合理地較以類,理不應實,而聽者因形根據(上述)表面現象飾僞裝假作僞,指讚同巧舌者的詭辯,從讚讚同然肯定之,是所謂以巧辭多喻爲辨,而莫識一言之別實者也。人皆欲剖析分理,揆度真僞,固不知所以精之。如自爲得其謬,惑莫之甚焉。是故舉多敗事,而寡特孤立無援之知困於羣醜指上文所説不知精要的眾人也。夫聰聽力好者不可惑以淫聲,明者不可眩 xuàn 使眼迷亂以邪色,而世人不必聰明。故有氣、勢者,益得之半;無此二者,損得之半也。"

　　子豐善於經學,不好諸家書。鮑彥與子豐名齊而業殊,故謂子豐曰:"諸家書多,才辭莫過《淮南》也。讀之令人斷氣,方自知爲陋爾。"子豐曰:"試説其最工不可及者。"彥曰:"'君子有酒,小人鼓缶 fǒu 盛酒的瓦器。雖不可好,亦不可醜。'此語何如?"子豐曰:"不急不算很好爾。"彥曰:"且効作此語。"子豐曰:"'君子樂醼 yàn 同"宴",小人擊抃。雖不足貴,亦不可賤。''君子舞象象舞,一種武舞,小人擊壤古代一種投擲遊戲。上化使然,又何足賞?'吾能作數十曲,且無益於世,故不爲爾。"鮑子於是屈而無辭。

《左氏傳義詁》序

　　先生名奇,字子異,其先魯人,即襃成君次儒孔霸字次儒第二子孔捷之後也。家於茂陵地名,在今陝西興平,以世學之門未嘗就遠方異師也。唯兄君魚〔人名〕，少從劉子駿〔劉歆〕受《春秋左氏傳》，於其講業最明，精究其義，子駿自以才學不若也。其或訪《經》〔春秋〕《傳》〔左傳〕於子駿，輒曰："幸問孔君魚，吾已還從之諮道矣〔反過來向他學習〕。"由是大以《春秋》見稱當世。王莽之末，君魚避地至大河〔黃河〕之西，以大將竇融〔新莽末至東漢初名將、名臣〕爲家，常爲上賓，從容以論道爲事。是時先生年二十一矣，每與其兄議學，其兄謝服焉。及世祖〔帝王廟號，一般用於開國君主，此指光武帝劉秀〕即祚〔登基即位〕，君魚乃仕。官至武都〔地名，在今陝西隴南〕太守關內侯，以清儉聞海内。先生雅好儒術，淡忽〔不看重〕榮祿，不願從政，遂刪撮《左氏傳》之難者，集爲《義詁》，發伏〔闡幽伏、幽隱含的意義〕，讚明聖祖之道以袪〔qū〕後學〔以資後學〕。著書未畢而早世〔早逝不永〕，宗人子通〔此序的作者，孔氏宗人，字子通〕痛其不遂，惜茲大訓〔大作〕不行於世，乃校其篇目，各如本第〔本來的順序〕，并序答問，凡三十一卷。將來君子儻〔tǎng〕肯游意〔猶留意〕，幸詳錄之焉。

連叢子下第二十二

[題解]《連叢子》下篇主要記載孔季彥的事蹟。孔季彥是《孔叢子》詳細記載的最後一位孔氏族人。有學者認爲，《孔叢子》的最終成書與孔季彥及其同輩有密切關聯。

元和二年三月，孝章皇帝_{漢章帝劉炟，東漢第三任皇帝}東巡，過魯_{或作"還，過魯"}，幸闕里，以太牢祠聖師，作六代之樂①。天子升廟，西面；羣臣在庭，北面。皆再拜。天子進爵而後坐，乃召諸孔，丈夫年二十以上者六十三人，臨_{居高向下爲"臨"}賜酒飯。子和自陳曰："臣草莽_{雜草，引申爲僻陋的鄉間}所蔽，才非幹時_{猶治世}，行非絕倫_{自謙語}，德行不出衆，託備先聖遺嗣，世名家學，陛下謬加拔擢微臣蘭臺_{漢代宮廷典籍庫令史蘭台尚書的屬官，居郎官之下，主管文書事務}。會值車駕東巡，先禮聖師，猥多以餘福，惠及臣宗，誠非碎首所能報謝。"詔曰："治何經？"對曰："爲《詩》《書》，頗涉《禮》《傳》。"詔曰："今日之會，寧難道於卿宗有光榮乎？"對曰："非所敢當也。臣聞明王聖主，莫不尊師而貴道。今陛下尊臣祖之靈，貴臣祖之道，親屈萬乘，辱臨弊里，此乃陛下所以崇聖也。若夫顧其遺嗣，得與羣臣同受釐_{xī 通"禧"}福_{福氣}，此乃陛下愛屋及烏，惠下之道，所以崇德作聖，臣宗弗與於光榮，非所敢承。"天子嘆曰："非聖者子孫，惡有斯言！"遂拜子和郎中_{官名}，詔隨車駕，賜孔氏男女錢帛。子和從還京

---

① 前代留傳的六部大型樂舞，可能包括相傳爲黄帝所作的《雲門》《大卷》，堯所作的《大咸》（或作《咸池》），舜所作的《大韶》，禹所作的《大夏》，商代的《大濩》和周代的《大武》。

師，遂校書東觀。其年十二月，爲臨晉地名，在今山西運城令。其友崔駰 yīn 西漢學者，文學家以其家《卦林》占卜之書占之，謂爲不吉，語子和曰："盍辭乎？"答曰："學不爲人，仕不擇官，所以爲吉也（這是）之所以能夠吉祥（的原因、辦法）。且卜以決疑，不疑何卜？吉凶由人，而由《卦林》乎？"徑往之官。三年秋八月，天子巡后土漢代有河東后土之祠，在今山西萬榮，登龍門地名，在今山西河津和陝西韓城一帶。子和自請從，行在所天子行宮，天子識其狀貌，燕見帝王在朝下召見臣子移時，賜帛十端。還而九月既望，寢疾臥病，浸而不瘳 chōu 久病不愈，乃命其二子留葬焉。二子長曰長彥，年十有二；次曰季彥，年十歲。父之友西洛地名，在今山西壽陽人姚進先有道，徵朝廷徵用，不就，養志於家，長彥、季彥常受教焉。既除喪，則苦身勞力以自衣食。家有先人遺書，兄弟相勉，諷誦不倦。於時蒲阪地名，在今山西永濟與陝西大荔間令汝南地名，在今河南上蔡許君然造其宅，勸使歸魯，奉車二乘。辭曰："載柩 jiù 裝着屍體的棺材而返，則違父遺命。捨墓而去，則心所不忍。"君然曰："以孫就祖指歸魯，於禮爲得，願子無疑。"答曰："若以死有知也，祖猶鄰宗族，父獨留此，不以劇過分乎？吾其定矣。"遂還其車。於是甘貧味體味道，研精墳典本指三墳、五典，後泛指古代典籍。十餘年間，會徒數百。故時人爲之語曰："魯國孔氏好讀經，兄弟講誦皆可聽。學士來者有聲名，不過孔氏那通"哪"得成。"長彥頗隨時，爲今學。季彥壹專注、堅持其家業，兼修《史》《漢》，不好諸家之書。

華陰在今陝西渭南張太常問如何斯可謂備德君子，季彥答曰："性能沈邃 suì 深遠則不可測，志不在小則不可度，砥厲通"礪"廉隅則不可越，行高體卑則不可階不可像上階梯那樣達到（他的境界）。興事教業，與言俱立。捨己從善，不恥服人不以拜服他人爲恥。交友以義，不慕勢利。并立相下相互謙讓，不倡游言虛浮不實的言論。若此,可謂備德矣。"張生曰:"不有孝、悌、忠、信乎?"答曰:"別而論之,則應此條。總而目之,則曰孝、悌、忠、信。"張生聞是言,喜而書之。

魯人有同歲上計同年入仕而死者,欲爲之服,問於季彦。季彦曰:"有恩好,其緦乎!昔諸侯大夫共會事於王,及以君命同盟霸主,其死則有哭臨之禮。今之上計,并覲天子,有交燕同席宴飲之歡。同名綈 tí 素絲織品,此指書寫盟誓姓名的書帛,上紀先君,下錄子弟,相敦親密、和睦以好,相厲通"礪"以義。又數相往來,特有私親。雖比之朋友,不亦可乎!"

崔駰學於太學設於京城的最高學府而糧乏,鄧衛尉掌管宮禁的官名欲餼焉而未果。季彦年九歲,以其父命,往見衛尉,曰:"夫言不在多,在於當理;施不在豐,期於救乏。崔生,臣父之執執友,後寫作"摯友"也,不幸而貧。公許賑之,言既當理矣。從來有日,嘉貺未至,或欲豐之,然後乃致乎?"答曰:"家物少,須租入,當猥送多送。"季彦曰:"公顧眄 miàn 顧望、看重崔生,欲分禄以周周濟其無,君之惠也。必欲待君租入然後猥致,則於崔生爲贏得自他人以利己。非義,崔生所不爲也。且今已乏矣,而方須租入,是猶古人欲决江海以救牛蹄之魚牛蹄印坑積水里的魚之類也。"鄧公曰:"諾。"

梁漢朝諸侯國,在今河南商丘人取後妻,後妻殺夫,其子又殺之。季彦返魯,過梁,梁相漢朝諸侯國的實際執政者,由朝廷任命曰:"此子當以大逆論。禮,繼母如母,是殺母也。"季彦曰:"言'如母',則與親母不等,欲以義督之也。昔文姜魯桓公夫人,齊襄公異母妹與殺魯桓姬姓,名允,一名軌,《春秋》去其姜氏。《傳》曰:'不稱'姜氏',絕不爲親,禮也。'《春秋左氏傳》莊公元年絕不爲親,即凡人爾。且夫手殺親手殺害重於知情指文姜知殺桓公之情,知情猶不得爲親,則此下手之時,母名絶矣。方比較之古義,是子宜以非司寇而擅殺擅自殺人當之,不得爲殺母而論以逆也。"梁相從之。

弘農太守皇甫威明皇甫規,字威明。東漢名將、學者問仲淵孔扶,字仲淵,孔子十九世孫曰:"吾聞孔氏自三父子魚、子襄、子文,見《連叢子上·叙書》之後,能傳祖之業者,常在於叔祖指子襄。今觀《連叢》所記,信如所聞。然則伯、季之後子魚、子文的後人,弗克負荷不能承父祖之業矣。"答曰:"不然也。先君所以爲業者,非唯《經》《傳》而已。可以學則學,可以進則進,可以止則止,故曰'無可無不可'《論語·微子》也。蓋唯執行中庸,其於得道,非末嗣子孫所能及也。是以先父各取所能:能仕則仕,能學則學。自伯祖之子孫,世仕有位。季祖之子孫,或學或仕,或文或武,所統不壹,故學不稽古上溯古学,仕無高官,文非俎 zǔ 豆禮器,武非戢 jí 兵收起兵器,指不战而胜,軍事才能出眾,不專故也。"皇甫曰:"如高明對仲淵的敬稱之言,是故弗克負荷已。"答曰:"伯之子孫,今何其仕?季之子孫,何所能任?所以世得聞焉。且人之才聖,受天有分。若如君之論,則成王、伯禽雖致泰平,皆當以不聖蒙弗克負荷之罪乎?"皇甫笑曰:"善。"既而或謂仲淵曰:"以古人推之,自可如皇甫之言爾。而子矜之固持己見,何也?皇甫雖口與子,心實不與也。"答曰:"吾其然。然此君來言,頗欲相侵,故激至於此。豈曰得道合乎道理? 由不獲已不得已也。"

長孫或説即下文中的長孫子逸尚書官名,掌管文書奏章問季彥曰:"處士有才德而隱居不仕的人,此指孔季彥,聖人之後也。豈知聖人之德惡乎齊或説通"劑 jì",分?"答曰:"德行邈 miǎo 於世超脱於世俗,智達聰慧敏達秀於人,幾於如此矣。"曰:"聖人者必能聞於無聲,見於無形,然後稱聖爾。如處士所言,大賢則能爲之。"季彥曰:"君之論,宜若表推斷,似乎未之近也。夫有聲故可得而聽,有形故可得而見。若乃無聲,雖師曠春秋時晉國樂師,古人認爲他是樂人的典範側耳,將何聞乎?無形,雖離婁傳說中視力超人者并照,將何覩乎?《書》曰:'惟狂克念作聖。'《周書·多方》狂人思念道德,猶爲聖人。聖人,大賢之清 jīng 通"精"者也;賢人,中人之清者也。"

孔大夫孔昱 yù,字元世。孔霸七世孫謂季彥曰:"今朝廷以下、四海之內,皆爲章句内學①,而君獨治古義。治古義則不能不非批判章句内學,非章句内學則危身之道也。獨善固不容於世,今古義雖善,時世所廢也,而獨爲之,必將有患。盍固 gū 通"姑",姑且已乎?"答曰:"君之此言,殆非所望也。君以爲學,學知乎?學愚乎?"大夫曰:"學,所以求知也。"季彥曰:"君頻日往日聞吾説古義,一言輒再兩次稱善,善其使人知也。以爲章句内學,迂誕不通,即使人愚也。今欲使吾釋放棄善善之知業,習迂誕不通之愚學,爲人謀如此,於義何居?且君子立論,必折斷是非。以是易非,何傷?之如至於主上聰明,庸怎麼,豈知不欲兩聞其義、博覽古今、擇善從之以廣其聖乎?吾學不要禄,貴得正義爾。復以此受患,猶甘心焉。先聖遺訓,壁出古文,臨淮孔安國曾爲臨淮太守傳義,可謂妙矣。而不在科策設科射策,官方規定的取士科目之例,世人固因此(自然就)莫識其奇矣。斯業之所以不泯,賴吾家世世獨修之也。今吾猥苟且爲禄利之故,欲廢先君之道,此殆非所望也。若從君言,是爲先君之義滅於今日,將使來世達人見今文俗説指"章句内學",因嗤笑前

---

① "章句"指對經文進行詳細甚至繁瑣的剖章析句,是自漢代盛行的一種解經方式。"内學",或説即章句之學,或説指讖緯之學。讖緯是圖讖與緯書的合稱。圖讖之學萌芽於《河圖》《洛書》,是方士將古籍編著的預示吉凶的隱語與經學結合的結果。緯書與經書相對,是漢代以神話傳説附會經義的一種解經書籍。

聖。吾之力此,蓋爲先人也。物極則變,比百年之外,必當有明真①君子,恨不與吾偕世者。"於是大夫悵然失意貌曰:"吾意實不及此,敢謝不敏。"

楊太尉楊震,東漢名臣、學者問季彥曰:"吾聞臨晉君孔僖,曾爲臨晉令異才博聞,周洽羣籍,而世不歸大儒何世人爲何不(將他)歸入大儒?"答曰:"不爲禄學爲俸禄而做的學問故也。惡直醜正以正、直爲醜、惡,實繁有徒這類人實在很多;辨經説義,輒見憎疾。但以所據者正,故衆人不能害爾。免害爲幸,何大儒之見歸乎?"

季彥見劉公。客適有獻魚者,公孰視仔細看魚,歎曰:"厚哉!天之於人也。生五穀以爲食,育鳥獸以爲之肴。"衆坐僉 qiān 皆、全都曰:"誠如明公對有名位者的尊稱之教也。"季彥曰:"賤子愚意,竊與衆君子不同,以爲不如明公之教也。何者?萬物之生,各禀天地,未必爲人,人徒以知得而食焉。故《孝經》曰:'天地之性,人爲貴。'《孝經·聖治章》貴有知也。伏羲傳説中的古代首領、華夏祖先始嘗草木可食者,一日而遇七十二毒,然後五穀乃形出現,非天本爲人之生也。蚋蚋 ruì 會吸人血的小昆蟲食人,蚓蟲蚯蚓食土,非天故爲蚋蚋生人、蚓蟲生地也。知此不然,則五穀、鳥獸之生,本不爲人,可以爲無疑矣。"公良久曰:"辨明察哉!"衆坐默然。

永初東漢安帝劉祜 hù 的年號二年,季彥如京師,省看望宗人仲淵。是年夏,河南四縣雨下、降雹如棬 quān 杯即"杯棬",一種木質飲器,大者如斗,殺禽畜雉 zhì 野鷄兔,折樹木,秋苗盡。天子責躬省過反省自責,并令幽隱没有做官有道術有學識本領,此指通陰陽方術之士各得假因、循變事突發的變故,極陳厥故原因。季彥與仲淵

---

① 或作"明慎",或作"明德"。今案"明慎"古書多用以形容爲官、斷獄之審慎明察,作"明慎"、"明真"者疑爲"明悳 dé"之誤。"悳","德"之古字。

說道其意狀情況曰:"此陰乘凌駕陽也。貴臣顯貴之臣,又指宦官擅權,母后黨盛外戚黨派强盛,多致此異,然乃漢家大忌。"時下邳地名,在今江蘇睢寧長孫子逸止仲淵第住所,聞是言也,心善之,因見上說焉。上召季彥,季彥見於德陽殿東京洛陽的皇宫正殿,陳其事如與仲淵言也。曰:"陛下增修聖德,慮此二者而已矣。夫物之相感,各以類推。其甚者,必有山崩地震,白氣雲氣。或作"乖氣",指陰陽氣相乖逆相因,其事不可盡論。往者延平東漢殤帝劉隆的年號之中,鄧后太后鄧綏稱制指攝政,而東垣巨屋山大崩①,聲動安邑地名,在今山西夏縣,秦漢時爲河東郡治所,即前事之驗者。"帝默然,左右皆不善其言。季彥聞之曰:"吾豈容媚奉承諂媚勢臣而欺天子乎?"後子逸相魯,舉季彥孝廉孝悌、清廉。本爲兩種始於漢代的取士科目,後常并爲一科。固辭,不就。會遭兄長彥憂指長彥的喪事,遂止乎家。季彥爲人謙退愛厚,簡而不華,終不以榮利變其恬然之志。見不義而富貴者,視之如僕隸奴僕。其筆則典誥典章詔令之類的作品。古人常以"典誥"與"文賦"相對言,後者更接近今天所說的文學作品成章,吐言必正名務理,故每所交游,莫不推先以爲楷則楷模也。年四十有九《後漢書·儒林列傳》作四十七,延光東漢安帝劉祜的年號三年十一月丁丑卒。

---

① 事見《後漢書·孝殤帝紀》:"壬辰,河東垣山崩。"山西省境内黄河以東地區稱"河東",漢代有垣縣,屬河東郡,據説是王屋山的所在地。"東垣巨屋山"疑即垣縣王屋山。

佚文第二十三

[題解]《佚文》輯錄典籍中所引、傳世本所無的《孔叢子》文字。從來源上看，這些文字多出於唐、宋以來的類書。通過它們，我們可以一窺宋咸整理前《孔叢子》的文本形態。删重校訂之後，共有十七條收入本篇。其中，除《法苑珠林》所引一條外，餘皆略去"《孔叢子》曰"等標示引用的文字。

趙人公孫龍云："白馬非馬。馬者所以命形，白者所以命色。夫命色者非命形，故曰白馬非馬也。"（《世說新語·文學第四》注引）

夫子墓塋 yíng 墳墓方一里，在魯城曲阜曾爲魯國都，故又稱"魯城"北六里泗水上。諸孔氏封五十餘所，人名昭穆，不可復識。有銘碑三所，獸碣 jié 有獸形雕飾的石碑具存。（《水經·泗水》注引）

夫子墓方二里，諸弟子各以四方木來植之，今盤根猶存。（《藝文類聚》卷四十引，伍輯之《從征記》引）

儒有合志同方，營道同術。（《初學記》卷十八引）

《孔叢子》云："井里里巷鄉間之厥石塊。"又云："玉人琢之爲天下寶。"①（《法苑珠林》卷三十八引）

子思在衛，縕 yùn 袍窮人穿的亂麻長袍無表，田子方魏國名士，子貢的學生遺其狐白之裘用狐狸腋下白毛製成的名貴衣物。子思曰："吾聞遺人食物，不肯者受之，如棄物於溝壑中。吾雖無德，不敢以身爲溝壑。"遂不受，出。（《白孔六帖》卷十二引）

---

① 《荀子·大略》篇道："和之璧，井里之厥也。"說明和氏璧原本出身卑微，是經過有見識、有本領的人發現、雕琢才成爲名揚天下的寶物。其意與《法苑珠林》所引《孔叢子》的這兩句話相同。

子思居魯，穆公師而尊之。(《太平御覽》卷四百四引)

智伯欲伐仇qiú由春秋時國名，而道難不通，乃鑄大鐘遺仇由。仇由君悅，除道開闢、修治道路將內nà"納"的本字之。赤章曼màn支諫曰："不可。此小之所以事大，而今大以遺小，卒必隨之，不可內。"不聽，遂內之。曼支因以斷轂而馳至齊，十月而仇由亡。(《太平御覽》卷四百五十七引)

秦繆公即秦穆公。嬴姓，趙氏，名任好以女樂二八與良宰優秀的膳宰，掌管割牲畜及膳食之事的官員遺戎西部少數民族王。戎王喜，迷惑大亂。由余秦國名相，原為西戎大臣驟諫屢次進諫而不聽，因怒而歸繆公也。(《太平御覽》卷四百五十七引)

趙簡子曰："厥赦厥，趙鞅家臣也愛憐惜我，鐸尹鐸，趙鞅家臣也不我愛。厥諫我必於無人之所；鐸之諫我也，喜質我於人中，必使我愧丟臉。"尹鐸對曰："厥愛君之愧也，而不愛君之過也。鐸也愛君之過，而不憂君之愧也。"此簡子之賢也。人主賢則人臣之言直。(《太平御覽》卷四百五十七引)

越饑，請食於吳。子胥伍員yún，字子胥。春秋時楚國人，吳國名相諫曰："不可與也。夫吳之與越，仇讎仇敵對頭之國。非吳喪越，越必喪吳。若燕、齊、晉，山處陸居生活在山間、平原上，豈能踰五湖九江、越十地以有吳攻占吳哉？今將輸之粟，是長助長仇讎。財匱民怨，悔無及也。"(《太平御覽》卷四百五十七引)

竇皇后西漢文帝劉恒的皇后，名諱不詳弟廣國竇廣國，西漢名臣曰："姊zǐ同"姊"去我西時離開我西行的時候，與我訣於傳舍猶旅館中，沐我為我洗髮而去①。"(《太平御覽》卷四百八十九引)

---

① 《漢書·外戚列傳》："姊去我西時，與我決傳舍中，匄gài沐沐我，已飯fǎn我，乃去。""匄"同"丐"，乞求之義。謂求洗髮用具為我洗髮，又為我求飯食，之後才離去。

成帝劉驁ào，漢元帝之子。西漢第十二任皇帝遣定陶王劉康，漢成帝胞弟之國去定陶國，劉康封地，在今山東菏澤，王辭去，上與相對涕泣而訣。（《太平御覽》卷四百八十九引）

田騈齊國著名學者、辯士以道術説齊王。王曰："願聞國之政。"騈對曰："臣之言無政而可以爲政。譬若林木，無林而可以爲林。願王察其所謂而自取齊國之政焉。天地之間，六合之内，可陶冶而變化也。齊國之政，何足問哉？"（《淵鑒類函》卷一百二十五引）

法之生也，以輔仁義。重法而棄義，是貴其冠履而忘其頭足也。故仁義者，爲厚基者也。不益其基而張其廣者毁，不益其基而增其高者覆覆滅。（《淵鑒類函》卷一百二十五引）

昔者五帝三王之涖lì臨政施教，必用參伍數學。數由現象總結而得，古人以爲包含了世間萬物的規律。何謂參伍？仰取象於天，俯取度於地，中取法於人。（《淵鑒類函》卷一百二十五引）

昔西域國苑中有柰nài蘋果的一種，今稱"沙果"樹，生果，中有一女子，王收爲妃。乃以苑地施佛，爲伽qié藍佛教僧侶居住的僧院和庭園，後指代佛寺，故曰"王柰苑"。（《淵鑒類函》卷三百十六引）

附錄

小爾雅

[題解]《漢書·藝文志》載《小爾雅》一篇,是一部類似解經字書《爾雅》的小學著作,其書久佚。今傳本爲《孔叢子》第十一篇,或以爲孔氏舊作,或以爲漢晉間晚出之作。今考《小爾雅》之内容,除對度量衡的解釋較有特色外,亦多涉《孔叢子》中出現的文字。由於其題材和文獻性質的特殊性,本書將其析出,作爲附錄後綴於此。

廣詁第一

淵、懿、邃、賾 zé 或説當作"嘖 zé",深也。

封、巨、莫、莽、艾、祁,大也。

頒、賦、鋪、敷,布也。

蓋、戴、燾 dào、蒙、冒,覆也。

鐘、崇、府、冣、積、灌、聚、樸,叢也。

閲、搜、履 或説當作"屣"、庀 pǐ,具也。

攻、爲、詁 或作"話",或説當作"詰"、相、甸 或説當作"佃"、宰、營、匠,治也。

蠲 juān、祓 fú、禋、屑,潔也。

勿、篾、微、曼 或無、末、没,無也。

隆、巢、岸、峻,高也。

逼、尼 或作"昵"、附 或説當作"坿"、切、扃 jiōng 或作"局"、鄰、傅、戚,近也。

邵、媚、旨、伐,美也。

賢、袌 póu、繁、優、饒、夥 huǒ,多也。

幾、蔡、模、臬 niè,法也。

爰、換、變、貿、交、更,易也。

生、造、奏、詣,進也。"生"後或有"主"字。

索、寒或作"搴 qiān"、探、袌 póu 或作"裒"、鉤、掠、採、略也。"略也"或作"略,取也"。

開或作"聞"、徹、接、通,達也。

固、歷、彌、宿、舊、尚,久也。

彌、愈、滋、強,益也。

赫、斁 yì 或作"燡 yì"、爽、曉、昕 xīn、著、讃或説當作"贊"、曙,明也。

皆或作"階"、附、襲、就,因也。

封、畛 zhěn、際、限、疆、略或作"路",界也。

承、第、班、列,次也。

戶、悛 quān、格、扈 hù,止也。

幽、瞖 yì、闇、昧,冥也。

最、凡、目、質,要也。

疆、窮、充,竟也。

而、乃、爾、若,汝也。

控、彎、挽或作"輓",引也。

承、贊、涼或作"凉"、助,佐也。

尋、由、以,用也。

要、捷、集、載,成也。

肆、赴、捷,疾也。

造、之、如,適也。

掇 duō、督或作"叔"、撫或作"摭 zhí",拾也。

肄、孑 jié、燼 jìn，餘也。
拓、斥、啓、闢，開也。
杜、實、充、牣 rèn，塞也。
實、牣 rèn，滿也。
獎、率、厲，勸也。
勤或作"勸"、勉、事，力也。
經或作"淫"、屑、省，過也。
闕、缺、間或作"閒"，隙也。
迭、遞 dì、交，更也。
熸 jiān、剗 chǎn、没，滅也。
玄、黔、驪、黝 yǒu，黑也。
縞 gǎo、皓、素，白也。
彤、騂 xīng、赬 chēng、緼 wēn，赤或作"朱"也。"緼，赤也"或作"緼、朱、赤也"。
淫、溢也。
沉、滅，没也。
載、功、物，事也。

廣言第二

晏、明，陽也。
旰 gàn、晏，晚也。
筭 suàn、麗，數也。
叟 sǒu、艾，老也。
僉 qiān、皆，同也。
交、校，報也。
舒、布，展也。

揚、翥 zhù，舉也。
索、略，求也。
獲、干，得也。
奚、害，何也。
里、度，居也。
周、浹 jiā、匝 zā 也。
充、該或說當作"晐 gāi"，或說當作"賅 gāi"，備也。
列、厥或說當作"㰦 xīn"，陳也。
轓 fān、輈，輿也。
廢、揩，置也。
駕、乘、凌或作"陵"，或作"淩"，或作"夌 líng"也。
收 shōu、戢 jí，斂也。
禁或說當作"麓"，錄也。"禁"前或有"囚"字。
掌、司，主也。
偏、贅，屬也。
麗、著，思也。
載、略，行也。
沓 tà、襲，合也。
抵、享，當也。
庚、徹，道或作"近"，或作"通"也。
脩、柷 zhù，長也。
校、戰，交也。
謁 yè、復，白也。
勑 chì、質，正也。
襼 yì 或作"商"，或說當作"裔"、箴，末也。
延、衍，散也。
末、没，終也。

仳 pǐ 或無、辨，別也。"辨、別也"或作"辨、詰，別也"。

菲、涼，薄也。

復、旋，還也。

祖、翼，送也。

走、卬，我也。

姓、命、孥，子也。或說無"命"字，或說當作"姓，命也。孥，子也"。

諧、籲 yù，和也。

俊、寤，覺也。

憾、猜，恨也。

艾、盡，止也。

撊 xiàn，忿也。

奸，犯也。

汩 gǔ、猾或作"滑"，亂也。

縮、繽或作"紬 chōu"，或說當作"讀"，抽也。

暨、捷，及也。

苞、跂，本也。

肆、臬，極也。

睇 dì、題，視也。

犯、肆，突也。

束、縻 mí，縛也。

肆、從，逐或作"遂"也。

放、投，棄也。

莽、蕪，草也。

暴、暎 yìng，曬也。

焮 xìn 也。晞 xī、烯 xī 或作"燥 zào"，乾也。或作"焮也。晞、燥，乾也。"或作"欣、晞、烯、乾也。"或作"焮、晞、乾也。"或作"焮、晞也。烯、乾也。"或說當作"焮、晞也。燥、乾也。"末二說近是。

迪、跡,蹈也。

衍、演,廣也。

袤 mào、從或作"縱",長也。

荷、揭或作"揚",擔也。

仍,再也。

徇 xùn,歸也。

工,官也。

稽,考也。

顛,殞也。

隮 jī,陞 shēng 或説當作"升"也。

戕,殘也。

勦 jiǎo 或作"剿 jiǎo",截也。

辟,除也。

慁 hùn,患也。

謫,責也。

閒或作"間",非也。

順,退或説當作"遜"也。

抗,禦也。

靳 jìn 通"蘄 qí",取或説當作"恥"也。

蚩,戲也。

褊,狹也。

惎 jì 或説當作"萅 jī",忌也。

沮或説當作"阻",疑也。

虧,損也。

毀,壞也。

判,散也。

蔽或作"獘 bì",斷也。

交，俱也。
俘或作浮，罰也。
夷，傷也。
枳 zhǐ 或作"疷 zhǐ"，害也。
適，閑也。原本無
締，閉也。
靡，細也。
辨或説當作"辯"，使或説當作"便"也。
牧，臨也。
嘗，試也。
賴，贏或作"羸"也。
若，乃也。
嗟，發聲也。
奏，爲也。
振，救也。
庸，償也。
賈，價也。
贍，足也。
曹，耦也。
麗或作"灑"，兩也。
驟，數也。
逞，快也。
越，遠也。
姑，且也。
哿 gě，可也。
釋，解也。
庸，善也。

荐,重也。
登,升也。
勵,勉也。
赫,顯也。
韙 wěi,是也。
丕,莊也。
佞,才也。
暨 jì 或作"塈 xì",息也。
話,善或作"言"也。
愿,謹也。
丰,豐也。
都,盛也。
腆,厚也。
肆,緩也。
競,逐也。
紀,基也。
惎 jì、心或作"忌",或無,教也。
懇俗"整"字,願也。
憖俗"整"字,強也。
慗,且也。
薄,迫也。
燀 chǎn,炊也。
資,取也。
質,信也。
餼,饋也。
憑,依也。
籍,借也。

際,接也。
襲,外也。
閡,限也。
廬,寄也。
萃,集也。
篒 zào(又讀 chòu)或説當作"䒵 chòu",倅 cuì 或説當作"萃 cuì"也。
尤,怪也。
瞢 měng,慙也。
素或作"索",空也。
素,故也。
視,比也。
偟 huáng,往也。
矜 jīn 或作"矜",惜也。
狃 niǔ,忕 shì 也。
覬 jì,望也。
何,任也。
御,侍也。
殿,慎或作"填",或説當作"鎮"也。
選,擇也。
宣,示也。

廣訓第三

諸,之也,乎也。諸,之乎也。
旃 zhān,之也。旃,焉也。旃,之焉也。
惡、乎、於,何也。
烏乎,吁嗟也。吁嗟,嗚呼也。

有所歎美,有所傷痛,隨事有義_{或作"爲義"}也。

無念,念也。

無寧,寧也。

無顯_{或作"不顯"},顯也。

不承,承也。

不肖,不似也。

繩《廣雅》《玉篇》《廣韻》作"譝 shéng"之,譽之也。

詰朝,明旦也。

"遐不黄耇 gǒu"《詩·小雅·南山有臺》,言壽考也。

"公孫碩膚,德音不瑕"《詩·豳風·狼跋》,道成王大美,聲稱遠也。

"鄂不韡 wěi 韡"《詩·小雅·常棣》,言韡韡_{光明美麗貌}也。

"我從事獨賢"《詩·小雅·北山》,勞事獨多"賢"有"多""勞"之義也。

"魴 fáng 鱧魚鱮 xù 鰱魚甫甫_{大貌}",語其大也;"麀 yōu 母鹿鹿麌 yǔ 麌_{羣聚貌}",語其衆也。

"海物維錯"《尚書·夏書·禹貢》,錯,雜也。

雜毛曰氂 máo,雜彩曰繪,雜言曰厖 máng。

廣義第四

凡無妻無夫通謂之寡。寡夫曰煢 qióng _{或作"嫈",或作"㷀"},寡婦曰嫠 lí _{或作"嫠 lí",或作"釐 lí"},妾婦之賤者謂之屬婦。屬,逮也。逮婦"屬婦"、"逮婦",皆妾之別名之名,言其微也。

非分而得謂之幸,詰責以辭謂之讓,男女不以禮交謂之淫。上淫_{與比自己身份高的人淫亂}曰烝,下淫曰報,旁淫曰通。不直失節謂之慙。慙,愧也。面慙曰赧 nǎn,心慙曰恧 nǜ,體慙曰逡 qūn。

廣名第五

諱死謂之大行_{不再返回},死而復生謂之大蘇,疾甚謂之阽 diàn _{瀕臨險境}。

請天子命曰未可以戚近先王_{始祖以下通稱},請諸侯命曰未可以近先君,請大夫命曰未可以從先子。

空棺謂之櫬 chèn,有屍謂之柩,饋死者謂之賵 fèng,衣服為_{逝者穿衣}謂之襚 suì,埋柩謂之殔 yì,_{殔或説當無"殔"字}坎謂之池_{埋柩、棄餘物之處,又叫"填池""奠彻"},壙墓穴謂之窀 cuì _{挖墓穴},下棺謂之窆 biǎn,填窀謂之封。宰,冢也。壟,塋也。無主之鬼謂之殤。

廣服第六

治絲曰織。織,繒 zēng 也。

麻紵 zhù 葛曰布。布,通名也。

纊 kuàng,綿也。

絮之細者曰纊,繒之精者曰縞 gǎo,縞之麤 cū 同"麤""粗"者曰素,葛之精者曰絺 chī、麄者曰綌 xì。

在首謂之元服_{指冠}。弁 biàn 髦 máo,太古_{上古時期}布冠,冠而敝_{丟棄}之者也。_{古代男子行冠禮,先加緇布冠,次加皮弁,最後加爵弁,隨即棄緇布冠不用,并剃去垂髦}。

題,由或作"定",或作"頭"。宋咸注:"題,顉 dìng 也。顉,額也。"也。顛、顏、顙 sǎng,額也。

璽 xǐ 謂之印,紱 fú _{系印的絲繩}謂之綬 shòu。

襜 chān 褕 yú _{一種長衣}謂之童容,布褐 hè _{粗布衣}而紩 zhì 縫之

謂之藍縷，袴 kù 謂之裳，蔽膝圍於衣前蔽護膝蓋的大巾謂之袡 rán，帶之垂者謂之厲，大巾謂之幂 mì，覆帳謂之幄 wò。幄，幕也。

簀 zé 本指竹編床席、牀 chuáng 坐臥器具，第 zǐ 本指竹編床席也。

大扇謂之翣 shà，杖謂之挺，鍵謂之籥 yuè，棊 qí 同"棋"局謂之奕 yì 或作"弈"。

在足謂之履，履尊者曰達履，謂①之金舄 xì 雙層底的鞋，亦泛指鞋而金絇 qú 鞋頭上的裝飾也。

廣器第七

射有張布或作"皮"謂之侯即獸侯，畫有獸形的射靶，侯中者貼在獸侯當中的(彩畫)謂之鵠，鵠中者謂之正，正方二尺。正中者謂之槷 niè 同"臬"，槷方六寸。

棘荊棘多分枝，故指有分枝的兵器，戟也。

鏚 qī、鉞 yuè，斧也。

干、瞂 fá，盾也。

戈，句 gōu 孑戟古兵器名也。

刃之削 qiào 裝刀劍的套子，"鞘"的本字謂之室，室謂之鞞 bǐng。鞛 běng 鞘上部的裝飾琕 bì 鞘下部的裝飾，鞞之飾也。

矢服箭袋子謂之弢 tāo 囊，套子。

小舩 chuán 同"船"謂之艇，艇之小者曰艀 fú。舩頭謂之舳 zhú，尾謂之艫 lú，楫 jí 划船用具謂之橈 náo 船槳。

車轅車前駕牲畜用的兩根直木上者謂之朧 lóng 或說當作"龐"，轅謂之輈，軫 zhěn 謂之枕，較車後的橫木謂之幹。衡，扼 è 駕車時攔在牛馬頸上的曲木也。振或作"扼"上者謂之烏噣 huì。

---

① "謂"前或有"達"字，或說"謂"前當有"達履"二字。

纍 léi、綆 gěng、繘 jú 汲井水用的繩索也。綯 tāo，索也。大者謂之索，小者謂之繩，詘而戾彎斜之爲絑 zhēng 或作"繻"，或説亦作"綪 zhēng"，樛 jiū 彎曲、糾結而紾 zhěn 扭之爲索或作"緤 xiè"。

墉、城，地也。或作"坰 jiōng，地也"，或説當作"墉，城也"。墉墙謂之陴 pī 城上的矮墙。

高平謂之太原。

汪，池也。水之北謂之汭 ruì 古人以面向南的視角將河水的北面視爲内、南視爲外，澤之廣者謂之衍。

廣物第八

藁 gǎo 謂之秆 gǎn，秆謂之芻 chú。生曰穀，謂之粒。菜謂之蔬，禾穗謂之穎，截穎謂之銍 zhì 割稻穗。

拔心曰掗 yà，拔根曰擢 zhuó。

把謂之秉，秉四曰筥 jǔ，筥十曰稯 yōu 或説當作"稯 zōng"。"稯"下或有"十稯曰秅 chá"四字。

棘酸棗樹之實謂之棗，桑之實謂之葚 shèn，柞 zuò 之實謂之橡。

廣鳥第九

去陰就陽者謂之陽鳥，鳩或説當作"鴻"鴈 yàn 本義爲鵝，此同"雁"是也。

純黑而反哺者謂之烏，小而腹下白、不反哺者謂之鴉或作"雅"烏。白項或作"脰"而羣飛者謂之燕烏。燕烏，白脰 dòu 脖頸烏也。鴉烏，鸒 yù 也。

廣獸第十

豕,彘也。彘,豬也。其子曰豚。豕之大者謂之豜 jiān,小者謂之豵 zōng。

鳥之所乳謂之巢,鷄雉或作"之"所乳謂之窠 kē。

鹿之所息謂之場,兔之所息謂之窟,魚之所息謂之潛或作"槏 qián"。潛,槮 sēn 也。積柴水中而魚舍焉。

度

跬 kuǐ,一舉足也。倍跬爲或作"謂"之步,四尺謂之仞,倍仞謂之尋。尋,舒兩肱也。倍尋謂之常,五尺謂之墨,倍墨謂之丈,倍丈謂之端,倍端謂之兩,倍或說無"倍"字兩謂之疋 pǐ 同"匹"。疋有或作"疋有有",或作"疋有五",或作"疋有半",或作"疋二有半",或說當作"兩有五",或說當作"兩五",或說當作"疋五"謂之束。

量

一手之盛謂之溢,兩手謂之掬。掬,一升也。掬四或說當作"二"謂之豆,豆四謂之區,區四謂之釜 fǔ,釜二有半謂之藪,藪二有半謂之缶,二缶謂之鍾,二鍾謂之秉。秉,十六斛 hú。

衡

二十四銖曰兩,兩有半曰捷,倍捷曰舉,倍舉曰鋝 lüè,鋝謂之鍰 huán,二鍰四兩謂之斤,斤十謂之衡,衡有半謂之秤,秤二謂之鈞,鈞四謂之石,石四謂之鼓。

小爾雅佚文

[題解]《〈小爾雅〉佚文》主要基於清代學者對《小爾雅》的輯佚工作,刪重校補之後,共得以下十七條。

固,亦故也。(《一切經音義》卷二十四引)
分,次也。(《文選·魯靈光殿賦注》引)
碩,遠也。(《一切經音義》卷三引)
迕 wǔ,犯也。(《文選·運命論注》引作《小雅》)
暴,乾也。(《一切經音義》卷二十二引)
廣,橫也。(《一切經音義》卷二引)
區,域也。(《後漢書·方術傳注》引)
盥 guàn,澡也,灑也。(《莊子·寓言篇釋文》引)
祭山川曰祈沈。(《周禮·考工記釋文》引)
桑土,桑根也。(《詩·鴟鴞釋文》引作《小雅》)
通五色皆曰繒。(《一切經音義》卷六引作《爾雅》)
縞,皓也。(《後漢書·順帝紀注》引作《爾雅》)
杽 chǒu 謂之梏 gù,械謂之桎 zhì。(《易·蒙卦釋文》引)
所以飼獸曰芻。(《一切經音義》卷十七引作《爾雅》)
淫,過也。(《文選·上林賦注》引作《小雅》)
大而白項者,謂之蒼鳥。(《水經·漯水注》引)
嗟,發聲也。(《文選·西京賦注》引作《小雅》)

《孔叢子》中的《尚書》學案

緒 論

"子所雅言,《詩》、《書》、執禮,皆雅言也。"(《論語·述而》)這裡的"《書》",指的就是《尚書》之類的典籍。《尚書》之於孔子,地位可與《詩》、禮相提并論。可惜的是,在關於孔子最可靠的傳世文獻《論語》中,我們只能看到兩處關於具體《尚書》文本的運用和討論。其一,《爲政》篇:

> 或謂孔子曰:"子奚不爲政?"子曰:"《書》云:'孝乎惟孝、友于兄弟,施於有政。'是亦爲政,奚其爲爲政?"

孔子借用經典文獻中的話來闡明己意,甚至通過"斷章取義"的方式取得更具表現力的效果,最著名的例子是對《詩》"思無邪"的評論,這裡也是如此。其二,《憲問》篇:

> 子張曰:"《書》云:'高宗諒陰,三年不言。'何謂也?"子曰:"何必高宗?古之人皆然。君薨,百官總己以聽於冢宰三年。"

子張是孔子學術的重要繼承人,僅《論語》就記載了十餘次他與孔子之間的問答。像這樣圍繞某一具體《尚書》學問題的討論,是《論語》中唯一的一次。而在《孔叢子》中,相同題材、相似文本形態的文字則多達十數段。有趣的是,子張既是《論語》中這唯一一條《尚書》學問題的提問者,也是《孔叢子》中向孔子提出《尚書》問題最多的弟子。這一綫索是否在提示我們,作爲孔氏家族學案的《孔叢子》,可以在孔氏《尚書》學方面作爲《論語》的補充?

在《論語》等受認可程度較高的文獻中,關於孔子論《書》的材料少之又少，而材料的缺乏直接影響到學界探索相關問題的興趣。《孔叢子》中孔子論《書》材料之豐富，爲人所知已逾千年。但因種種原因，以是書爲依據作出的研究，總是被扣上"文獻不實"的帽子，久而久之，也就鮮有君子願意爲此不堪之事了。當然，這種普遍的反感情緒除了宋代以來疑古思潮的持續影響以外，也與一些願"冒天下之大不韙"的古代學者言必稱先聖的做法不無關聯。

雖然上述情況在今天的學術界仍未徹底扭轉，但將如此豐富的文獻材料擱置一旁，實在讓人有暴殄天物之哀。建國至今，以《孔叢子》或其中《書》學問題爲中心的研究成果可謂鳳毛麟角。因此，雖然學力不濟，筆者仍願在此展示幾篇圍繞《孔叢子》中《尚書》學問題展開的、零散的研究論文和讀書筆記，希望能爲今後更深入的研究提供一些參考。

在本書呈獻給讀者的這十幾篇互無關聯的論文和讀書筆記中，大部分篇幅都用於討論《孔叢子·論書》篇中的《尚書》學專題，其中不乏一些聚訟千古的公案。如果説本書收錄的這些論文和筆記中有一個一以貫之的綫索，那就是《孔叢子》一書鮮明的家學性質——即便是在進入具體問題之後，遇到與《孔叢子》幾乎完全無關的問題時，也請不要忘記《孔叢子》在這些專題討論中的位置——所有專題的問題意識都直接來自《孔叢子》，它們體現的是由《孔叢子》承載的、孔氏家學層面的特殊意義。

許多學者都曾指出，《孔叢子》中的文獻性質十分複雜。雖然前五章已基本公認爲周秦材料，但涉及具體的文字名物，仍可能牽扯到後世的竄入和改動問題。就目前學界對《孔叢子》的研究進程看來，勉強定位是書中文獻的性質和時代顯然是不明智的。雖然搞清楚上述問題才是整體推進《孔叢子》研究的關鍵所在，但既然力所不逮，就應該從更基本的研究開始。本書研究中的一部分就可以算作是爲達到上述目標而作的前期準備——梳理一些專題的闡釋史，重點辨析其中影響較大的觀點。爲了盡量避免可能因爲誤用材料而導致的錯誤,本書更多地徵引其他屬性已經比較明確的文獻作爲參照。

除此之外的討論則比較自由。對一些專題的討論可能會沿着某一問題進入與《孔叢子》或者《尚書》完全無關的領域。"雖小道,必有可觀",這完全是由於筆者的個人興趣所致,當然也包含一種隱含的期待——即便本書對《孔叢子》或《尚書》學的探索完全是"誤入歧途",也希望能引發讀者探索其它問題的興趣。

總之,這些不成熟的論文或筆記只是研究《孔叢子》和《尚書》的初步嘗試。筆者學齡尚淺,文獻功夫和思維能力都有待提高,期待得到讀者的批評指正。

一、《尚書》與《孔氏傳尚書》的基本情況

《尚書》是我國最古老的一部歷史文獻。早在先秦時期,《尚書》就是儒家最重視的經典文獻之一。孔子對《尚書》的重視程度并不亞於《詩》。西漢流傳孔子删《書》三千篇、爲《書》作《小序》的説法,雖然不盡確實,但亦可見自孔子開始,儒家就對《尚書》十分重視。

孔氏後學以《尚書》聞名者,莫過於西漢的孔安國,今人索隱他的《尚書》學説,只能求諸《孔氏傳尚書》。而這部書也是在孔氏家學綫索中與《孔叢子·論書》篇最具比較價值的文獻之一。宋代以後,《孔叢子》和《孔氏傳尚書》都被認爲是僞書。這兩個"僞書"公案關係密切,讓我們先從孔安國和《孔氏傳尚書》談起。

孔安國爲孔子十一世孫,生活在西漢景、武二帝年間,他師從當時"碩果僅存"的《書》學大師伏勝學《尚書》,後來成爲著名的《尚書》學者。孔安國治《尚書》最著名的事件是所謂"古文《尚書》"公案。據《漢書·儒林傳》記載,司馬遷曾從孔安國學古文《尚書》,還在《史記》中引用"今文"《尚書》所無的"古文"文本和"古文"學説。

關於孔安國所治"古文《尚書》"的來源，主要有兩種説法。其一，劉歆在《移讓太常博士書》中説，魯恭王劉餘爲修建宫殿拆除孔子故居，發現了四十五篇用戰國文字寫成的《尚書》，是爲孔安國之後進獻的"古文《尚書》"。其二，《漢書·儒林傳》記載孔安國家藏有古《尚書》逸文，孔安國"因以起其家逸《書》，得十餘篇"。古時認可"古文"説的人多以爲孔氏家藏逸《書》即魯恭王壞孔子宅所得。但魯恭王拆毁孔子宅獲得古文經書是大事，所得之書似不應由孔安國於日後進獻。晁公武在《郡齋讀書志》中首次提出這個問題，筆者在此暫且將其析爲兩説，供讀者參考。

孔安國得到這種篇幅大大超過"今文"的"古文"本之後，就開始解讀這種"古文"本，并形成了一個與時學不同的新的《尚書》學派。① 他還一度想把這種被後人稱爲"古文尚書學"的解經學問立於學官，最終因爲種種原因没能成功。此後，依據孔安國的講述漸漸形成了坊間"古文尚書學"派與官方"今文尚書學"派角力的形勢——這種對立在很大程度上是由於政治和權利的鬥争被人爲造成的，種種證據表明，兩種"學派"的分歧其實并没有那麽針鋒相對，所謂今古文本的差異也不過幾百個字而已——并因爲劉歆將各種經文立於官學的倡導，引爆了關於今古文的大論争。西漢以後，"古文"説曾在王莽、杜林、馬融、鄭玄等人的提倡下興盛過一段時間。不過，"古文"經傳的文本在經歷了多次失而復得之後，終於還是在東漢末年的戰火中和"今文"《尚書》一道從公共視域中銷聲匿跡了。

今傳孔安國《尚書》經傳的出現，經歷更爲傳奇。

歷史上第一部以完整著作面貌示人的孔安國《尚書傳》（後被稱爲"前僞《孔傳》"）出現在魏末晉初。由於原始今古文的相繼失

---

① 當然，如果這裏所説的"古文《尚書》"本就是孔氏家藏，那麽後人認爲出自孔安國的古文《尚書》説就很可能還有更早的家族傳習源頭。

傳和新莽之後對古文學派的推崇，當時新興的王肅學派和已經擁有極高聲譽的鄭玄學派各自擁有自己的"古文"《尚書注》。這部孔安國《尚書傳》的出現，與王肅學派關係密切。由於《孔子家語》《孔叢子》和孔安國的《論語注》都在這一時期出現，攻擊王肅的人懷疑是王肅學派偽造了這一系列冠以"孔"字名號的書籍。王肅學派在當時的學界和政界都有很大影響，并且與同被稱為古文學派的鄭玄學派針鋒相對，他們被指利用這幾種假文獻互相回護，專門用來反對鄭玄，并為司馬氏篡位提供理論依據。實際上，這幾部書中確實有很多文獻能夠互相印證，鄭派對王派的攻擊，主要依據的就是這一現象。王派式微之後，鄭玄學派重新奪回了權威地位。但由王肅而出的這部《尚書傳》憑藉其內容的精審，依託當時通行的賈、馬、鄭、王四家《尚書》的三十四篇經文，附以號稱孔安國傳授的名號，仍得以長期留存。

南朝梁武帝時期，出現了第二部孔安國《尚書傳》，這個本子號稱真正的孔安國"古文"本，恐怕是經歷了不為人知的傳承和損益之後才得以於梁武帝時期流行，這就是今傳《孔氏傳尚書》（後被稱為"偽《孔傳》"）的祖本。《孔氏傳尚書》主要包括四部分內容：一、五十八篇經文；二、百篇《書序》；三、孔安國作的《傳》；四、孔安國作的《孔傳序》。後來辨偽家主要攻擊的，是五十八篇經文中超出鄭本三十三篇的那二十五篇、孔安國作的《傳》和《孔傳序》。這個本子與鄭注本、"前偽《孔傳》"等當時已經流傳的本子都有很大不同，但由於經文完備、注解精闢，被陸德明用作《經典釋文》的底本。後來，又有北朝大儒劉炫、劉焯為之作疏，成為影響最大的一種本子。加之其標稱為孔安國所傳，最終為《五經正義》採用，成為唯一的官方定本。

宋代疑古思潮興起，相當一部分古書開始受到質疑。首先對《孔氏傳尚書》提出質疑的，是南宋學者吳棫。他在《書裨傳》中指出，《孔氏傳尚書》多出的二十五篇比原來的三十三篇要文從字順得多,因此懷疑這二十五篇是晚出之作。他的觀點得到了朱熹、吳澄的支持。明人梅鷟在《尚書譜》和《尚書考異》中首度開啓《孔氏傳尚書》文本層面的辨僞工作。清康熙年間,閻若璩作《古文尚書疏證》,列舉了一百二十八條"僞證","揭發僞書的工作已經取得決定性的勝利"①。此外,還有惠棟作《古文尚書考》、程廷祚作《晚書訂疑》,都是《孔氏傳尚書》辨僞工作的重要成果。

這些辨僞著作主要從四個方面論證此書之僞:其一,名物典制問題,閻若璩等人在著作中有大量論述。其二,二十五篇文本來源問題,辨僞家在二十五篇中找到了許多可能是從其他文獻中竊取的文句;其三,文體不類問題,吳棫最早以文體古奧爲標準考察《尚書》經文,懷疑二十五篇的真實性。其四,晚出問題,程廷祚指出《孔氏傳尚書》最早被引用是在裴駰的《史記集解》中,故此書的出現不會早於劉宋元嘉年。

《孔氏傳尚書》究竟"僞"到什麼程度,"作僞人"的目的和方法是什麼,其中又有多少"真"的東西,都是很值得仔細辨析的問題。惜乎清代以來的"辨僞家"們大都被"辨僞"的成就沖昏了頭腦,真正對這些問題作出有價值思考的學者比較少。《孔氏傳尚書》即非官學,又遭戰亂。名物典制的錯訛,很有可能是傳抄整理中出現的失誤,而非刻意作僞。如果"作僞者"有能力作出文從字順、文傳俱佳的"僞書",又有什麼理由説他或者他們會忽略這些千年之後的學者們都能發現的錯誤?可見,這四種辨僞標準中的第一條,實在不值一駁。而關於第四條中的"晚出問題",自然是所有經歷過"失而復得"的古書受到懷疑的最直接原因。可是,單以"晚出"并不能直接證明其僞。因此這一條意見雖然足以作爲辨僞標準,但其"證僞"力度則稍顯薄弱。

這裡主要談一談關於二十五篇文本來源和文體不類的問題,

---

① 馬雍:《〈尚書〉史話》,中華書局,1982年,第66頁。

因爲這兩個問題真正關係到文本内容,并揭露出今傳《孔氏傳尚書》中的許多問題,值得細加分析。惠棟曾將二十五篇中文句可徵於他書者都列舉出來,説明《孔氏傳尚書》較鄭本多出的這二十五篇,是後人依據早期文獻敷衍而成。但閻若璩所舉出的另一條"僞證"卻使得這一辨僞思路自相矛盾,恰恰證明了該書的"不僞"。閻氏在《古文尚書疏證》第六條中指出:劉歆力主立古文博士,他一定見過孔安國手中的真古文本,而他曾引用過的古文《伊訓》"誕資有牧方明"一句,卻不見於今傳《孔氏傳尚書》的《伊訓》。惠棟和閻若璩的推論形成了一個矛盾:如果二十五篇是被人刻意作僞,作僞者還從許多文獻中精心摘抄文句,使其酷似古文,他怎麽會忘記在"古文《尚書》"公案中至關重要的劉歆?假使作僞者有驚天之才,能夠游刃有餘地利用其他文獻僞造古書,還能讓與其時代接近的晉宋隋唐學人深信不疑,又怎麽會放過劉歆曾經引用的確實的古文《尚書》文句?

辨僞家們提供的"僞證"在很多時候不能互相圓通,反倒在無意間攻破了《孔氏傳尚書》是由人刻意僞造的説法。不過,這個例子只是爲了指出前輩學人在"辨僞"時常有邏輯上的不嚴密,并非全盤否認《尚書》文本考證取得的巨大成就及其留給後學的豐富資料。閻氏説二十五篇不是孔安國所獻原本,言之鑿鑿,爲不刊之論。便似吴棫認爲二十五篇文體不類,亦足以提出它曾經過後人大幅改筆的可能性。二十五篇既非原始的"古文",又不似刻意僞造,那麽它究竟由何而來呢?它是否有一個"作者"?諸多材料都表明孔安國確曾傳習古文經,新出的《孔氏傳》究竟與孔安國傳授的古文説有何淵源?這些問題都是辨僞思維無法解決的。

按《漢書·儒林傳》,孔氏家藏《尚書》文字古奥難通,孔安國"以今文字讀之",還留下了"古文説",但未能立於學官。那麽,所謂前後"僞《孔傳》"是否有可能是這一傳習脈絡的餘音?將《孔氏傳尚書》與《孔叢子》、《孔子家語》以及《禮記》等其他文獻來源的較早的典籍對比，可以發現其中觀點大都相合。惜乎後世掌握話語權的學者，基本上都認爲被王肅學派推崇的這些孔氏著作，是被用來互相迴護的僞書。這種偏頗的理解，使得主流學界在很長一段時間內忽視了這幾部書的重要性。

王肅說他發現的孔氏書，都從孔氏後人家中獲得，這是完全有可能的。我們只要稍稍跳出王、鄭之爭的思維模式，就能輕易發現：孔安國家藏《尚書》，《孔叢子》中有《小爾雅》，證明孔氏家學的生命力十分頑強，從《連叢子》中也可以看到孔氏後輩傳續家學的自覺。既然如此，孔安國的"古文說"作爲漢代孔氏家學的重要成就，當然有可能像同樣經歷戰亂的古文《尚書》那樣以殘留的方式流傳後世。古代辨僞家可以懷疑《孔氏傳尚書》的最終成書年代，卻說不清楚二十五篇文字和孔傳的確切來源或"作者"，更不曾落實從孔安國開始的孔氏《書》學傳承究竟落腳於何處。而要辨明《孔氏傳尚書》文獻來源與孔氏《書》學的關係，《孔叢子》就是最重要的佐證之一。

由於《孔叢子》與《孔氏傳尚書》的關係十分特殊，歷來對《孔叢子》真僞的討論，都與《孔氏傳尚書》的辨僞密切相關。《孔叢子》由於成書過程漫長，選材駁雜，不乏與史實不合甚至自相矛盾之處。宋代之後，這些訛誤就都成爲辨僞的證據。王肅的政治地位雖然使"王派"興盛一時，并留下了許多珍貴的文獻，但在這場真僞之辨中，他完全是個起"副作用"的"中間人"——《孔叢》和《家語》之"僞"往往用來旁證《孔傳》之"僞"，而《孔傳》之"僞"到清代已成定論，又反回來加強了衆人對《孔叢子》之"僞"的信心。其實清醒的學者如胡應麟早就指出《孔叢子》是"真僞疑者"，屬於材料駁雜型著作。朱熹也說《孔叢子》是孔氏後人集先世遺文而成之者。奈何"僞書"說影響太大，流毒太深，使得許多人對此書抱有不屑爲之或者不敢爲之的態度。直到當代衆多出土文獻重見天日，學界才開始漸漸注意到這些長期戴着"僞書"帽子的文獻。

今人研究《孔叢子》,已經可以依據文獻來源的時間,比較清晰地將其分爲幾個部分。其中前五篇關於孔子言行的記述,雖亦不乏留傳過程中的錯訛,但已屬全書文獻來源最早的部分。學界對這類"僞書"的辨析進展到這一步,不能不說是一個可喜的成就。但是,針對具體文本的深入辨析和研究仍然十分匱乏,可以說尚未正式起步。因此,本書主要選擇材料較爲可靠的《論書》和《刑論》篇作爲主要研究對象,希望起到抛磚引玉的效果。

二、《孔叢子》所載孔子論《書》與本書的研究方法

本書中收錄的幾篇論文或筆記,都在《論書》《刑論》篇中孔子論《書》文獻的基礎上展開。因此,這裡先對這些文獻在《孔叢子》中的情況作一介紹。

(一)《孔叢子》所載孔子論《書》概況

《孔叢子》所載孔子及其弟子對《尚書》文句的討論,主要集中在《論書》和《刑論》兩篇,他們徵引《尚書》文句共達 22 次(不包括只引篇名者),其中《論書》篇 12 次,《刑論》篇 10 次。在這 22 次引《書》中,稱"《周書》所謂"兩次,未說明引自《尚書》一次(都在《論書》篇),餘皆言"《書》云"、"《書》曰"(《論書》篇末章稱"《書》稱夔曰",亦同此類)。

《論書》篇和《刑論》篇對《尚書》的稱引,與《左傳》《論語》所載孔子的引《書》規律是一致的。《論書》篇中稱引最多的是《尚書·虞夏書》(統計表見下一小節),《左傳》記載了兩次孔子引《書》,共三句,分別在襄公二十三年和哀公六年,都稱《夏書》。《論語》引《書》、論《書》共三次,其中《憲問》篇記載了一段子張與孔子關於《尚書》的問答,其文本形態與《孔叢子》十分相似:

子張曰:"《書》云:'高宗諒陰,三年不言。'何謂也?"子

曰："何必高宗,古之人皆然。君薨,百官總己以聽於冢宰三年。"①

像這種以"某問《書》云"提問,繼以"子曰"對答的形式,在《孔叢子》中就有 7 次(不過《孔叢子》中"子曰"都作"孔子曰")。如果加上直接以"《書》云""《書》曰"開頭、繼以"孔子曰"對答的章節,就有 14 次。可見,《孔叢子》中的孔子論《書》文獻,足以作爲《論語》的補充。

在《憲問》篇中,子張與孔子談論關於"高宗諒陰"的問題,相似的敘述還見於《尚書大傳·殷傳》:

《書》曰:"高宗梁闇,三年不言。"何爲梁闇也?《傳》曰:"高宗居凶廬,三年不言,此之謂梁闇。"子張曰:"何謂也?"孔子曰:"古者君薨,世子聽於冢宰三年,不敢服先王之服,履先王之位,而聽焉。"②

《尚書大傳》中的這段記載不但文本形態與《論語》相似,且內容、觀點亦相同。與《論語》同爲孔氏文獻的《孔叢子》,與《尚書大傳》的關係十分密切。

單就《孔叢子》中的論《書》章節而言,與《尚書大傳》文字相涉的就有 14 章,對應《尚書大傳》中的 18 章。這些條目記載孔子對《尚書》文本的解釋,兩書觀點相同的有 10 章(對應《尚書大傳》中的 13 章),相異的有 2 章,僅文字話題相涉、觀點互不相關的有 2 章。茲將上述章節列於下表:

---

① 楊伯峻:《論語譯注》,中華書局,1980 年,第 158 頁。
② 鄭玄注、王闓運補注:《尚書大傳》,商務印書館,1938 年,第 28 頁。

《孔叢子》、《尚書大傳》論《書》章節比照表①

《孔叢子》	《尚書大傳》	觀點
"子張問曰聖人受命必受諸天"章(《論書》)	"正月上日受終於文祖"章(《唐傳》)	無關
"子張問曰禮丈夫三十而室"章(《論書》)	1."孔子對子張曰男子三十而後娶"章(《唐傳》) 2."老而無妻謂之矜"章(《周傳》)	同
"子夏問《書》大義"章(《論書》)	"廟者貌也"章(《周傳》)	同
"孔子曰《書》之於事也"章(《論書》)	"武丁祭成湯"章(《殷傳》)	同
"子張問曰堯舜之世"章(《論書》)	"子張曰堯舜之主"章(《周傳》)	異
"子夏讀《書》既畢而見於夫子"章(《論書》)	"子夏讀《書》畢見夫子"章(《略説下》)	同
"宰我問《書》云納於大麓"章(《論書》)	"堯爲天子丹朱爲太子"章(《唐傳》)	無關
"宰我曰敢問禋於六宗"章(《論書》)	"萬物非天不生"章(《唐傳》)	異
"《書》曰兹予大享於先王"章(《論書》)	"古者諸侯始受封"章(《殷傳》)	
"子張問《書》云奠高山"章(《論書》)	1."五嶽視三公"章(《虞夏傳》) 2."高山大川五嶽四瀆之屬"章(《虞夏傳》) 3."子張曰仁者何樂於山也"章(《略説下》)	同
"孟懿子問《書》曰欽四鄰"章(《論書》)	"天子衣服"章(《虞夏傳》)	同

---

① 表中文字與分卷依據傅亞庶《孔叢子校釋》(北京:中華書局,2011年)和鄭玄注、王闓運補注《尚書大傳》。

《孔叢子》	《尚書大傳》	觀點
"仲弓問古之刑教與今之刑教"章(《刑論》)	"聽獄之術"章(《周傳》)	同
"《書》曰非從惟從"章(《刑論》)	"君子之於人也"章(《周傳》)	同
"《書》曰哀敬折獄"章(《刑論》)	1. "子曰古之聽民者"章(《周傳》) 2. "子曰聽訟雖得其指"章(《周傳》)	同

若就《論書》《刑論》全篇之文與《尚書大傳》比較,則除上表所列外,另有《刑論》篇"孔子適衛"章對應《尚書大傳·周傳》"子曰吴越之俗"章,文字亦幾乎相同。

除《尚書大傳》外,《論書》篇還與《韓詩外傳》《説苑》等來源於先秦的儒家文獻有可互證之處。如《論書》篇"子夏讀《書》"章與《韓詩外傳》卷二"子夏讀《詩》"章,《論書》篇"子張問《書》云'奠高山'"章與《韓詩外傳》卷三"問者曰夫智者何以樂於水也"章、"問者曰夫智者何以樂於山也"章、《説苑·雜言》篇"夫智者何以樂水也"章等。

《論語》是關於孔子和早期儒家最可靠的材料,《尚書大傳》是張生、歐陽諸生輯故秦博士伏生授《書》之言,又附以己意而成,伏生所處時期與曾爲陳勝博士的孔鮒相近;《韓詩外傳》及《説苑》雖爲漢人所輯,但仍以先秦以來的材料爲主。《孔叢子》與上述文獻的密切關聯,是其珍貴史料價值的旁證。

《孔叢子》對《尚書》的徵引都出現在《論書》篇和《刑論》篇中。《論書》篇是記載孔子解釋《尚書》問題的專題,《刑論》篇則以孔子論"刑"爲主題。《刑論》篇引《書》多達 10 次,但其目的在於用《尚書》之文作爲論述刑罰問題的依據,與《論書》篇的就《書》而論《書》有很大差别。既然兩篇的引《書》、用《書》有這種性質上的區别,針對它們的研究也就有必要採取不同的方法。

(二)《孔叢子》中《尚書》問題的研究方法

《論書》篇以對具體《尚書》文句及其相關問題的解釋爲主體，篇中孔子對十二條《尚書》文本進行了逐一解釋，包括：

《虞夏書》：《舜典》 "受終於文祖"
　　　　　　　　　　"有鰥在下曰虞舜"
　　　　　　　　　　"納於大麓烈風雷雨弗迷"
　　　　　　　　　　"禋於六宗"
　　　　　　　　　　"於予擊石拊石百獸率舞庶尹允諧"
　　　　　　《益稷》 "欽四鄰"
　　　　　　《禹貢》 "奠高山"

《商書》：《盤庚》 "兹予大享於先王爾祖其從與享之"

《周書》：《康誥》 "庸庸祇祇威威顯民"
　　　　　　　　　 "明德慎罰"
　　　　　《無逸》 "其在祖甲不義惟王"

《尚書》佚文　"維高宗報上甲微"

其中如"受終於文祖""大麓""禋於六宗"等話題，在《尚書》學史上都是聚訟千年的著名公案。除此之外，在"子夏問《書》大義"章及其後一章中，孔子還對《尚書》中多個篇目的主旨進行了概括和評説，這些經典性概括以先秦時期對《尚書》的徵引日益增多，對《尚書》學問題的探討日益集中、深入的趨勢爲背景，以徒承師説爲基礎，從文本形式上證明了《論書》篇繼戰國學術之脈、啓漢代《尚書》學之端的學術地位。這種分篇概括式的評説還與上博簡《孔子詩論》和《孔叢子·記義》篇中的"孔子論《詩》"章節具有相似的文本形態，是研究早期孔氏家學傳習問題的重要參考資料。

總之，《論書》篇就《書》而論《書》，是一部純粹的《尚書》學著作。篇中涉及的《尚書》學話題和相關闡釋，大都有重要的學術史價值，是本書主要的探討對象。

《刑論》篇集結了孔子對"刑罰"的論述，是一部記載孔子論"刑"言論的專題式著作。該篇共九章，有六章引用了《尚書》文字，其中四章以"《書》曰"爲首，完全依託《尚書》文本立言。在全部10次引《書》中，有9次引自《周書·康誥》和《吕刑》。

《刑論》篇中以"書《曰》"起首的四章文字，似乎可以看作孔子對《尚書》文本的直接解讀。但在這四章文字中，孔子的解釋有三章涉及"古今之別"的問題（"《書》曰非從惟從"章除外）。其中"《書》曰若保赤子"章最爲明顯：

《書》曰："若保赤子。"子張問曰："聽訟可以若此乎？"孔子曰："可哉！古之聽訟者，惡其意不惡其人；求所以生之，不得其所以生，乃刑之，君必與眾共焉，愛民而重棄之也。今之聽訟者，不惡其意，而惡其人，求所以殺，是反古之道也。"①

在這裡，引《書》提問的目的是引出孔子對古今刑罰觀念之別的討論。可見，這類引《書》的目的在於借《書》之古說諷今之刑政。這種"論《書》"帶有鮮明的目的性，與《論書》篇性質不同。

《論書》篇和《刑論》篇中的孔子論《書》既然存在上述差異，對這兩篇的研究也就要採取不同的方法。除"子夏問《書》大義"章和"孔子曰《書》之於事也"章之外，《論書》篇的每個章節基本上都各自獨立、互不相涉。對此，本書將採用逐條辨析的方法，提取相關

---

① 傅亞庶：《孔叢子校釋》，第79-80頁。

章節中有價值的論題,把重點放在梳理和解釋相關《尚書》文本上,同時盡量明晰《孔叢子》在闡釋史中的位置,使讀者在參考本書時能有更清晰的思路。

《刑論》篇有貫徹通篇的理論框架和核心觀點,是孔氏儒學刑論方面的重要著述。本書將其作爲一個整體加以研究,在總結主要觀點、分析理論建構的同時,還將其與相關早期文獻進行比較研究。這樣,讀者就能在隨本書梳理該篇刑罰思想的同時,更準確地理解《孔叢子》刑罰觀論的歷史背景,以及被引《尚書》文本在這一思想體系建構中的作用。

《論書》篇中的《尚書》學案

　　《論書》篇專門記載孔子及其弟子關於《尚書》的問答，與其他篇目相比，這篇文字的專題性非常强。這種專論性篇目，在《孔叢子》全書中也只有《論書》《刑論》《詰墨》等少數幾篇；專門討論經典文獻的，更是只有《論書》一篇。《孔叢子》是一部孔氏家學性質的著作，以《尚書》爲對象的專題式論述見於該書，提示我們，在孔氏家學的發展過程中，有一些問題是始終受到關注的。

　　《論書》篇對《尚書》的討論，最常採用的是師生問答的形式，且多是對某一語句的具體解答。這種形式與《孟子·萬章下》中萬章與孟子關於《尚書》的問答形式類似，反映的是前經學時期《尚書》學的講授情況。除此之外，《論書》篇的第三、四章還記載了兩段孔子對《尚書》具體篇章的評論。這些評論不同於其他先秦文獻對《尚書》進行總體概括和評論的形式，而是分別概括和解説多個篇目的要旨。這些經典性概括以先秦時期對《尚書》的徵引日益增多、對《尚書》學問題的探討日益集中和深入的趨勢爲背景，以徒承師説爲基礎，最終形成全新的著作形態。

　　從《論語》中可以看出，《尚書》研究自孔子起已是孔氏學術中的重要部分。《論書》篇是難得的孔子論《書》專章，可以作爲《論語》所缺乏的孔子論《書》文獻的補充。《論書》篇的記載，雖然未必都是孔子的原話，但其爲孔氏《尚書》學傳承發展的成果則毋庸置疑。該篇所載孔子對《尚書》的解釋，不但在語言形式、論述習慣上符合孔子的講學風格，還有多處涉及祭祀、禮樂等典型的儒家話題。加之其與《尚書大傳》《韓詩外傳》《孔氏傳尚書》等儒家著作在文獻和觀點上的諸多相契，對這篇專論文獻價值的認識，應肯定其作爲孔氏《尚書》學集大成作、漢初《尚書》學甚至《尚書》研究史開山之作的地位。

"受終於文祖"辨

《孔叢子·論書》篇道：

> 子張問曰："聖人受命,必受諸天,而《書》云:'受終於文祖。'何也?"孔子曰:"受命於天者,湯、武是也;受命於人者,舜、禹是也。夫不讀《詩》《書》《易》《春秋》,則不知聖人之心,又無以別堯、舜之禪,湯、武之伐也。"

"受終於文祖",見今《尚書·舜典》。子張以舜"受終於文祖"與湯武"受諸天"不同,孔子則認爲聖人受命有"受命於天"和"受命於人"的區別。關於這句經文本身意義的爭論,主要集中在對"文祖"的理解上。歷代學者對"文祖"的解釋,大致可以分爲兩種。

第一種解釋以"文祖"爲堯之祖先或祖廟。《孔氏傳尚書》稱:"文祖者,堯文德之祖廟。"[①]《尚書正義》先解釋經文,說"舜既讓而不許,乃以堯禪之。明年正月上日,受堯終帝位之事於堯文祖之廟",以"文祖"爲廟,其義已明。繼而又對《孔氏傳尚書》做出了詳細解釋:

> 受終者,堯爲天子,於此事終,而授與舜。故知"終",謂堯終帝位之事。"終"言堯終舜始也。禮,有大事,行之於廟,況此是事之大者,知'文祖者,堯文德之祖廟也'。且下云:"歸,格於藝祖。""藝""文"義同。知"文祖"是廟者,《咸有一德》云:"七世之廟,可以觀德。"則天子七廟,其來自遠。堯之文

---

① 孔安國:《尚書孔氏傳》,《四部要籍注疏叢刊·尚書》,中華書局,1998年,第6頁。

祖,蓋是堯始祖之廟,不知爲誰也。《帝系》及《世本》皆云:"黄帝生玄嚚,玄嚚生僑極,僑極生帝嚳,帝嚳生堯。"即如彼言,黄帝爲堯之高祖,黄帝以上不知復祭何人,充此七數,況彼二書未必可信,堯之文祖不可强言。①

孔穎達認爲"文祖"即堯之祖廟,而所祭者爲誰,則不可强言。《孔氏傳尚書》所說的"文德之祖廟",雖然被王先謙批評爲"語義含混"②,但其以"祖"爲廟的說法,是没有問題的。所謂"文德",或可以《尚書正義》所引《咸有一德》篇"七世之廟,可以觀德"的文句來解釋。孔穎達認爲"文祖"是堯的"始祖之廟",《史記·五帝本紀》對"文祖"也做出了相似的解釋:

舜受終於文祖。文祖者,堯大祖也。③

段玉裁推測"堯大祖,蓋謂黄帝"④。楊筠如則從文字的角度對"文祖""大祖"進行了辨析:"文疑當作大,形近而誤,說文祖,始廟也。大祖即太祖。"⑤可見,司馬遷也把"文祖"看作堯之先祖或是祖廟。

另一種解釋認爲"文祖"不是祖廟,而是"天"或祭奠神靈、報告天帝的廟宇。這一說本自馬融"文祖,天也。天爲文,萬物之祖"⑥和《尚書大傳》鄭玄注"文祖者,五府之大名,猶周之明堂"。江聲依據《史記正義》,詳細闡述了鄭玄的說法:

---

① 孔穎達:《尚書正義》,《四部要籍注疏叢刊·尚書》,第 156 頁。
② 王先謙:《尚書孔傳參正》,《四部要籍注疏叢刊·尚書》,第 2561 頁。
③ 司馬遷:《史記》,中華書局,1982 年,第 22 頁。
④ 段玉裁:《古文尚書撰異》,《四部要籍注疏叢刊·尚書》,第 1792 頁。
⑤ 楊筠如:《尚書覈詁》,陝西人民出版社,1959 年,第 18 頁。
⑥ 孔安國:《尚書孔氏傳》,第 6 頁。

五府者,五帝之廟。蒼曰靈府,赤曰文祖,黄曰神升,白曰顯紀,黑曰元榘。……文祖者,赤帝熛怒之府。名曰文祖,火精光明。文章之祖,故謂之文祖。

鄭玄認爲當時的"文祖"就是"五府"的統稱,等同於周代的"明堂"。那麽祭告"文祖",就是祭告五帝。江聲繼續闡釋道:

　　蓋禪位之事,必告於天,五帝即天也。帝堯火德,赤帝之所感生。"受終於文祖",告感生之帝也,即是告天也。①

《説文解字·示部》:"禪,祭天也。"②可見"禪位之事,必告於天",本身没有問題。但他據此將馬融的"天"與鄭玄的"五帝"統一起來,認爲"受終於文祖"是"告感生之帝"的活動,則失之甚遠。同持此論的還有孫星衍,他引《荀子·禮論》"王者,天太祖"之説,認爲"堯之祖黄,亦必以配天",繼而得出"馬説與史公合也"的結論。③他把"大祖"理解爲先祖黄帝,認爲馬説"文祖"爲"天",與史公"大祖"之説并無實質區别。

上述"五府""五帝"之説,出自《尚書帝命驗》等緯書。鄭玄是東漢末年的經學家,他治學的特點,在於兼容并蓄,因此也常受到緯書的影響。江聲、孫星衍等因爲迷信鄭玄,又強爲之説。皮錫瑞看到了這一點,認爲"緯書多同今文,鄭君據以爲説也"。但他又是今文學説的擁躉,便順着孫星衍的思路繼續解釋道:

---

① 江聲:《尚書集注音疏》,《四部要籍注疏叢刊·尚書》,第1503頁。
② 段玉裁:《説文解字注》,上海古籍出版社,1981年,第7頁。
③ 孫星衍:《尚書今古文注疏》,《四部要籍注疏叢刊·尚書》,第2092頁。

明堂乃尊祖配天之處,故史公以爲太祖,馬以爲天,各舉一偏言之,其實一也。

并舉出王充的例子,作爲他的論據:

《論衡·譴告篇》曰:"受終於文祖,不言受終於天,堯之心知天之意也。堯授之,天亦授之。"是以文祖爲天,與馬氏同。史公與王仲任皆用歐陽《尚書》,而一以爲太祖廟,一以爲天,足徵二説之異而不異矣。①

他認爲司馬遷與王充都學習歐陽《尚書》,并據此把大相徑庭的兩種説法統合起來。司馬遷作《史記》"用歐陽《尚書》",至多只能是就其所用之字而言,與經義無關;王充身處東漢古文經學大發展的時期,兼學諸説,《論衡》引用經義,視野開闊,往往依據文意,取其所需。皮錫瑞機械地將二人歸入同一學派,并以此爲據得出二説一致的結論,是不能成立的。

回到《論書》篇的原文。"聖人受命,必受諸天"的説法,是子張提問的前提。傅亞庶先生認爲這一觀點來自《尚書·咸有一德》篇的"克享天心,受天明命",并引《孔氏傳》"所征無敵,謂之受天命"來解釋。②《咸有一德》篇説:"爲尹躬及湯咸有一德,克享天心,受天明命。以有九有之師,爰革夏正。"其語境確實與征戰討伐,改朝換代有關。雖然《咸有一德》篇不見於伏生所傳二十八篇經文之中,但"受天命"多用於"湯武之伐",在《尚書》中還可以找到許多旁證。如《湯誓》:"有夏多罪,天命殛之。……爾尚輔予一人,致天之罰。"《泰誓中》:"天乃佑命成湯,降黜夏命。"《泰誓下》:"爾其孜

---

① 皮錫瑞:《今文尚書考證》,《四部要籍注疏叢刊·尚書》,第 2366 頁。
② 傅亞庶:《孔叢子校釋》,第 22 頁。

孜奉予一人,恭行天罰。"湯伐夏、武伐商,可能都曾以"天命""天乃佑命"的説辭來證明其發動戰爭的合法性。這也符合先民畏天、敬天的信仰,於情理可通。

不過,"受終"與"受命"在文字上畢竟不同。子張既有此問,孔子又別之以"堯舜之禪、湯武之伐",説明他們是默認了"受終"與"受命"的意義相同之後,再進行討論的。他們的這種認識,可以從《孔氏傳尚書》中的《大禹謨》一篇中找到依據。

《大禹謨》中有"正月朔旦,受命於神宗,帥百官若帝之初"的記載,與"正月上日,受終於文祖"場景相似。《大禹謨》的"受命",證明了子張、孔子以"受命"釋"受終"的可能性;"文祖"指廟而不指祖先,亦可借助與"受命於神宗"的對應來論證。《説文解字·示部》:"祖,始廟也。""宗,尊祖廟也。"段注:"當云'尊也,祖廟也。'……尊莫尊於祖廟,故謂之宗廟。"那麼"祖""宗"的本義都是廟。又:"神,天神引出萬物者也。"①"神"引出萬物,有萬物之始的意思。是以"神宗"之義,與"始廟"亦同:"文祖""神宗",都是祖廟、宗廟的意思。另外,《舜典》中還有"歸於藝祖,用特"和"舜格於文祖"②的内證。"歸"是回歸,"格"是到達,亦説明"藝祖""文祖"當是祖廟本身,而非某位被祭祀的對象。據此,《史記》所謂"大祖",亦當以楊筠如"太廟"之説爲確。

文祖是祖廟,并且是開國君主或與之功業相近的太祖之廟,還可以從出土文獻中找到依據。對這一問題的進一步認識,需要明晰"文"字的一種特殊含義。甲骨文有"文室",趙誠先生解釋道:"文室……從辭的内容無法確定是否祭祀之室,但從辭例來看似爲於文室祭祀。"他的推斷是有道理的。甲骨卜辭所説的文室,與《堯典》所説的文祖應屬於同一系列,都是祭祀祖先的宗廟。文祖、文

---

① 段玉裁:《説文解字注》,第4、342、3頁。
② 李民:《尚書譯注》,上海古籍出版社,2004年,第14、18頁。

室,都用"文"字來修飾"祖"和"室",與"文"字的特殊含義直接相關。殷商先王有武丁,是商朝的第二十三位君主。武丁,甲骨卜辭又稱作"文武丁":"文武丁……'文'字有時寫作㸜。商代直系先王。或稱作㸜帝(文武帝),或簡稱作㸜(文武)。"①武丁,或稱文武丁,或稱文武帝,或簡稱文武,在他的名字前面均冠以"文"。武丁是殷商王朝的中興之主,《史記·殷本紀》稱:"武丁修政行德,天下咸歡,殷道復興。"②武丁中興,對方國征伐頗多,甲骨卜辭有一系列記載。

   武丁卜辭所記征伐的方國甚多……武丁時代所征伐的方國,似在今豫北之西、沁陽之北,或漢河東郡、上黨郡;易言之,此等方國皆在今山西南部,黃土高原的東邊緣(晉南部分)與華北平原西邊緣(豫北部分)的交接地帶。③

  武丁對方國發動多次征伐,很大程度上是靠武力使殷王朝中興。但是,對他的稱謂卻在前面冠以"文"字。那麼,這裡所説的"文",並非如後代所謂文德,而是暗示武丁有開啟之功,是一位具有開創性的君主。

  "文"指開創,是它在上古時期的特殊含義,往往用於帝王謚號。周文王期間,周族有伐密、伐崇之戰,爲武王滅商奠定了基礎。稱姬昌爲文王,指的是他對周王朝有奠基開創之功。同理,《堯典》中的文祖指太祖廟,其中的"文"字,亦指開啟、奠基。文祖,指爲本族建功立業,有開啟、奠基意義的祖先之廟。《史記·夏本紀》稱:

---

① 趙誠:《甲骨文簡明詞典——卜辭分類讀本》,中華書局,1988年,第215、27頁。
② 司馬遷:《史記》,第103頁。
③ 陳夢家:《殷虛卜辭綜述》,中華書局,1992年,第269頁。

"夏禹,名曰文命。"①這裡所説的"文命",也是指開啟、奠基的使命。禹是夏王朝的奠基和開創者,故對他的稱謂冠以"文"字。

"文"的開啟之義,與這個字的生成方式直接相關。《説文解字·彡部》:"文,錯畫也,象交文。"段玉裁注:"皇帝之史倉頡,見鳥獸蹄迒之跡,知分理之可相別異也,初造書契,依類象形,故謂之文。象兩紋交互也。紋者,文之俗字。"②文,最初指文字。早期的文字筆劃交錯,《周易·繫辭》稱:"物相雜,故曰文。"③不同的筆劃錯雜組合而成文字,這是文的基本含義。早期的文字刻在甲骨或竹簡上,這種書寫方式使得"文"又有契刻、開啟之義。後人往往熟知"文"的錯畫交互之義,卻忽略了它的開啟之義。

關於"文"字的這一特殊義項,還可參考以下這種關於"文"字源流的考察:

> 文,甲骨文作乂,與小篆同。這是由兆字截取的一個細部,即兆字的一個X,爲了不使它和其他符號(如乂)相混,其上加蓋作乂。兆只是龜甲裂紋,而文是泛指裂紋。故文可從兆變體指事。文就是紋的初文。④

按照這種説法,"文"是由"兆"字分化而來。"兆"指龜甲裂紋,而它的裂紋又是人工契刻加熱的結果。這樣看來,"文"字在生成期就包含了契刻、開啟之義,這一義項應該可以説是它的原始意義。《藝文類聚》卷二十二收錄東漢末年應瑒的《文質論》,其中寫道:

---

① 司馬遷:《史記》,第49頁。
② 段玉裁:《説文解字注》,第425頁。
③ 朱熹撰、廖名春點校:《周易本義》,中華書局,2009年,第258頁。
④ 尹黎云:《漢字字源系統研究》,中國人民大學出版社,1998年,第276頁。

至乎順天應民、撥亂夷世、摛藻奮權、赫奕丕烈、紀禪協律、禮儀煥別。覽墳丘於皇代、建不刊之洪制、宣仲尼之典教、探微言之所蔽……言辨國典、辭定皇居、然後知質者之不足、文者之有餘。①

應瑒之"文"主要是辨析文、質何者爲先的問題。他從功能、效應方面肯定"文"的重要性，指出它有建洪制、顯典、探微言的開創性、建設性功能。他對"文"所作的概括，與這個字的原始意義相合。

"文"的開啟之義是由早期文字的書寫方式而來，或與鑽契龜甲占卜有關。《堯典》稱太祖廟爲文祖，就是取"文"字的這種特殊意義。夏代首位君主稱"啟"，殷商男性祖先爲"契"，與稱太祖廟爲"文祖"的用法有相通之處。從這個角度看來，馬融"文祖，天也，天爲文，萬物之祖"的解讀，似乎也包含了"文"的開啟之義。

在《論書》篇中，孔子清晰地區別了湯、武"受命於天"和舜、禹"受命於人"的不同。其對"文祖"的解讀，同《孔氏傳尚書》《史記》是一致的。

論"有鰥在下曰虞舜"

《孔叢子·論書》篇道：

子張問曰："禮，丈夫三十而室者。昔舜三十徵庸，而《書》云：'有鰥在下曰虞舜。何謂也？曩師聞諸夫子曰：'聖人在

---

① 歐陽詢撰、汪紹楹校：《藝文類聚》，上海古籍出版社，1982年，第411-412頁。

上,君子在位,則内無怨女,外無曠夫。'堯爲天子而有鰥在下,何也?"孔子曰:"夫男子二十而冠,冠而後娶,古今通義也。舜父頑母嚚,莫能圖室家之端焉,故逮三十而謂之鰥也。《詩》云:'娶妻如之何?必告父母。'父母在,則宜圖婚;若已殁,則己之娶必告其廟。今舜之鰥,乃父母之頑嚚也,雖堯爲天子,其如舜何?"

子張向孔子提出兩個問題:其一,按照禮節,男子三十歲正是立室成婚的年齡,舜在三十歲時被徵用,《尚書》卻把他稱爲"鰥",這是什麼原因呢?其二,子張曾從孔子那裡得到"聖人在上,君子在位,則内無怨女,外無曠夫"的教誨,堯是聖人,他在君位,卻"有鰥在下",又是爲什麼呢?孔子的回答,先説明"男子二十而冠",之後就當娶妻。這是"古今之通義",理所當然之事。舜年至三十被徵用時,還没有娶妻,所以確實可以被稱作"鰥"了。但舜爲"鰥",原因不在帝堯,而在於"父母之頑嚚",不能爲他謀劃婚娶之事。《詩經·齊風·南山》有"取妻如之何,必告父母"的詩句,孔子引之,用來説明父母在婚娶之事中的重要作用。

"有鰥在下曰虞舜",見《尚書·堯典》篇。《史記·五帝本紀》作"有矜在民間",與今見《尚書》文字不同。鰥,《説文解字·魚部》:"魚也。"段注:"鰥多假借爲鰥寡字。鰥寡字,蓋古衹作矜,矜即憐之假借。"① 皮錫瑞指出,不僅《史記》,《尚書大傳》也"於矜寡字多作矜"。② 可見"鰥""矜"作鰥寡之義時,是通用的。《尚書大傳》中有些内容也與《論書》篇的這段記載有關,如《毛詩正義·桃夭序》引《尚書大傳·唐傳》:

---

① 段玉裁:《説文解字注》,第576頁。
② 皮錫瑞:《今文尚書考證》,《四部要籍注疏叢刊·尚書》,第2363頁。

孔子曰:"舜父頑母嚚,不見家室之端,故謂之鰥。"①

《大戴禮·本命》篇盧辨注引《尚書大傳》:

男三十而娶,女二十而嫁。《書》曰:"有鰥在下曰虞舜。"②

關於《尚書大傳》"舜父頑母嚚,不見家室之端,故謂之鰥"和"男子三十而娶"的説法,江聲的解釋與《論書》篇中孔子的觀點略有不同。他在《尚書集注音疏》中寫道:

云"不見室家之端,故謂之矜"者,《禮記·王制》云:"老而無妻者謂之鰥。"舜年未老而謂之矜,故説其誼如此。男子三十而娶,正也。舜年三十,正當娶之期。以遇頑嚚之父母,而未見室家之端兆,執將終不得有妻,故謂之矜也。③

江聲依據《禮記·王制》篇,認爲"矜"之稱謂,專指老而無妻者。"舜年未老而謂之矜"是"未見室家之端兆,執將終不得有妻"的緣故。那麼,舜之"鰥"是舜父母頑嚚可能造成的結果,而不是已經成立的事實。孔穎達在《尚書正義》中也引用了同一段材料,并解釋道:

《詩》云:"何草不玄,何人不鰥。"暫離室家,尚謂之鰥,不

---

① 鄭玄注、孔穎達疏:《毛詩正義》,《十三經注疏》,上海古籍出版社,1997年,第219頁。
② 皮錫瑞:《尚書大傳疏證》,《續修四庫全書》,上海古籍出版社,影印和珍本,1995年,卷一,第6—7頁。
③ 江聲:《尚書集注音疏》,《四部要籍注疏叢刊·尚書》,第1501頁。

獨老而無妻始稱鰥矣。《書傳》以舜年尚少,爲之説耳。①

孔穎達認爲,"鰥"之稱謂不獨用於"老而無妻"者。舜雖"年尚少",但稱"鰥"本身没有問題,《尚書大傳》説他"父頑母嚚",只是爲之解説罷了。《論書》篇中,孔子説"男子二十而冠,冠而後娶"。男子二十歲成年之後,即當圖謀婚娶。舜到了三十歲還没有圖謀婚娶之事,已經可以稱作"鰥"了。《論書》篇還有"今舜之鰥"之文,證明"舜之鰥"是既成的事實,這是討論"父母之過""堯之過"的前提。子張説"堯爲天子而有鰥在下",孔子没有否定,而是直接辨析"鰥"的原因在誰,也説明子張和孔子都没有把"舜之鰥"當成隱喻,而是看作對事實的陳述。

關於經文中"鰥"的解釋,《孔氏傳尚書》曰"無妻曰鰥"②,《書集傳》曰"鰥,無妻之名"③,都止於其鰥寡、無妻的基本意義。而"無妻曰鰥"在實際的運用中,往往還要加上年齡的限制。陸德明《經典釋文》解釋《詩經·周南·桃夭序》、《毛傳》解釋《詩經·小雅·鴻雁》都説"老無妻曰鰥",江聲所依據的《禮記·王制》篇也説"老而無妻者謂之鰥……天民之窮而無告者也"④。可見"鰥"的稱謂,是要突出無妻者年老的特徵。孔穎達解釋了這種用法的内在理路,他在《尚書正義》中寫道:

> 鰥者,無妻之名,不拘老少。少者無妻,可以更娶;老者即不復更娶,謂之'天民之窮',故《禮》舉老者耳。⑤

---

① 孔穎達:《尚書正義》,《四部要籍注疏叢刊·尚書》,第150頁。
② 孔安國:《尚書孔氏傳》,《四部要籍注疏叢刊·尚書》,第5頁。
③ 蔡沈等:《書經傳説彙纂》,《四部要籍注疏叢刊·尚書》,第553頁。
④ 朱彬撰、饒欽農點校:《禮記訓纂》,《十三經清人注疏》,中華書局,1996年,第207頁。
⑤ 孔穎達:《尚書正義》,《四部要籍注疏叢刊·尚書》,第150頁。

那麼,"鰥"本是無妻者的通稱。將老而無妻者稱作"鰥",是爲了突出其"無告"的困境。稱年當婚娶之期的舜爲"鰥",也是有意突出其所處的困境。《堯典》寫道:

> 帝……曰:"明明揚側陋。"師錫帝曰:"有鰥在下,曰虞舜。"帝曰:"俞!予聞,如何?"嶽曰:"瞽子,父頑,母嚚,象傲,克諧,以孝烝烝,乂不格奸。"①

"瞽子"的出身和"父頑,母嚚,象傲"的家庭環境,正是對舜所處困境的描述。眾臣向堯推舉舜時稱其爲"鰥","鰥"字作爲舜身份的一個標籤,一定是既成的事實。王充在《論衡·吉驗》篇中寫道:"舜未逢堯,鰥在側陋……卒受帝命,踐天子祚。"②也是強調舜在被堯啟用之前的困境,及其面對困境時表現出的卓越才能。那麼,"鰥"的稱謂就不像江聲說的那樣,是一種未來的可能。

《大戴禮記·本命》篇道:"中古男三十而娶,女二十而嫁。……太古男五十而室,女三十而嫁。"③唐虞之世已爲中古,中古之後的風俗禮儀,與太古不同。三十之年,確應如江聲所言屬於"正當娶之期"。《禮記·內則》篇也說:"三十而有室,始理男事。"④舜年三十卻被稱爲"鰥",與"父頑母嚚"有直接的關係。子張第一個問題的提出,也是因爲舜雖無妻,而年齡未老,"鰥"之稱謂,又本是用來指稱老而無妻者。江聲以爲舜尚未老,不能以"鰥"相稱。而孔穎達在《尚書正義》中,已將"鰥"字慣用於老而無妻者的原因辨

---

① 李民:《尚書譯注》,第9頁。
② 黃暉:《論衡校釋》,中華書局,1990年,第85頁。
③ 王聘珍撰、王文錦點校:《大戴禮記解詁》,《十三經清人注疏》,中華書局,1983年,第251頁。
④ 朱彬撰、饒欽農點校:《禮記訓纂》,第440頁。

明。江聲之説，雖有助於經義的理解，卻不甚確切。

"帝典"考

《孔叢子·論書》篇道：

> 子夏問《書》大義。子曰："吾於'帝典'，見堯、舜之聖焉；於《大禹》《皋陶謨》《益稷》，見禹、稷、皋陶之忠勤功勳焉；於《洛誥》，見周公之德焉。故'帝典'可以觀美，《大禹謨》《禹貢》可以觀事，《皋陶謨》《益稷》可以觀政，《洪範》可以觀度，《泰誓》可以觀議，五《誥》可以觀仁，《甫刑》可以觀誡。通斯七者，則《書》之大義舉矣。"

其中"帝典"的説法，不見於先秦文獻。在傳世的兩漢文獻中，則一共出現了六次，分別見於《禮記》《漢書》和《後漢書》。最早使用這一説法的是《禮記·大學》篇：

> "帝典"曰："克明峻德。"

"克明峻德"是《堯典》中的句子，鄭注寫道："'帝典'，《堯典》，亦《尚書》篇名。"《漢書·敘傳下》：

> 於惟"帝典"，戎夷猾夏。

《舜典》有"蠻夷猾夏"之文，顔師古注："'帝典'，《虞書·舜典》也。"①《後漢書·肅宗孝章帝紀》：

---

① 班固撰、顔師古注：《漢書》，中華書局，1962年，第4267頁。

> "五教在寬","帝典"所美。

李賢注:"《舜典》曰:汝作司徒,敬敷五教,在寬。"①以上"帝典"所包含的内容,都在今見《堯典》和《舜典》的範圍之内。《後漢書·馮衍傳》:

> 訊夏啟於甘澤兮,傷"帝典"之始傾。

"夏啟於甘澤",説的是夏啟在甘之野與有扈氏作戰的故事。孔安國注《夏書·甘誓序》説"有扈與夏同姓"②,李賢注寫道:"啟既德薄,同姓相攻,故傷'帝典'之傾也。"③在這裡,"帝典"被看做君王德行的模範。《後漢書·律曆志》:

> 臣伏惟聖王興起,各異正朔,以通三統。漢祖受命,因秦之紀,十月爲年首,閏常在歲後。不稽先代,違於"帝典"。

王先謙在《後漢書集解》中引錢大昕之説道:"古法子、丑、寅月,迭爲三統,無以建亥爲歲首者。《堯典》云'閏月正四時成歲',是四時皆可置閏。而秦法置閏,常在歲終。此二事皆違經而背古也。"④也用"帝典"指稱《堯典》的内容,視爲律例建制的標準。

可見,漢人所稱"帝典"的内容,與今《堯典》《舜典》相當,記載的都是堯和舜的事蹟。"帝典"中堯、舜的德行和唐虞之世的種種思想、制度,都被漢人視爲神聖的教誨。這些文獻對"帝典"的使用

---

① 范曄撰、李賢等注:《後漢書》,中華書局,1965年,第133頁。
② 孔安國:《尚書孔氏傳》,《四部要籍注疏叢刊·尚書》,第26頁。
③ 范曄撰、李賢等注:《後漢書》,第354頁。
④ 王先謙:《後漢書集解》,中華書局,1984年,第1071頁。

情況與《論書》篇中孔子"堯、舜之聖"、"可以觀美"的觀念是一致的。

在上引《論書》篇中，還有孔子關於《洛誥》的論述，可以在《尚書大傳》中找到綫索：

> 故《周書》自《大誓》就《召誥》而盛於《洛誥》也。……孔子曰："吾於洛誥，見周公之德光明於上下。勤施四方，旁作穆穆。至於海表，莫敢不來服，莫敢不來享。以勤文王之鮮光，以揚武王之大訓，而天下大治。"故曰聖之與聖也，猶規之相周，矩之相襲也。①

《尚書大傳》記載的孔子針對《洛誥》的這一段論述，與《論書》篇有相同之處，但要詳盡得多。在《論書》篇中，子夏提問的是《書》之大義，孔子的回答也確實是取各篇的大義言之。那麼，《論書》篇和《尚書大傳》所引的孔子言論，既有可能來自不同的原始材料，也有可能是由相同的文獻增删而得的。

孔子關於《尚書》各篇大義的議論，《通鑒外紀》所引《尚書大傳》亦有記載：

> 孔子曰："……六《誓》可以觀義，五《誥》可以觀仁，《甫刑》可以觀誠，《洪範》可以觀度，《禹貢》可以觀事，《皋陶謨》可以觀治，《堯典》可以觀美。"②

在這一段記載中，孔子泛論《尚書》各篇大義，與《論書》篇相比，除了缺少《大禹謨》和《益稷》、《泰誓》作"六《誓》"、"帝典"作

---

① 皮錫瑞：《尚書大傳疏證》，卷五，第16頁。
② 皮錫瑞：《尚書大傳疏證》，卷七，第22頁。

《堯典》這三處不同外，基本上只有順序上的差別。根據前輩學人對《尚書》篇目的考據成果，《大禹謨》可能出自《孔氏傳尚書》的編著者之手。《益稷》則可能是《孔氏傳尚書》編著者由今文《尚書》中的《皋陶謨》一篇析出而成，內容相當於今文《皋陶謨》的後半部分。《舜典》篇名，亦不見於伏生今文二十八篇，但漢末的趙岐注《孟子》有"《逸書》有《舜典》之敘，亡失其文"，鄭玄注《舜典序》說"《舜典》逸，未詳"，說明古文《舜典》確實存在，但也證明其內容至遲在漢末就已經亡佚。今之《舜典》，一般認爲是由後人分割了王肅的《堯典注》和范甯《尚書》中《堯典》的下半篇後，竄入《孔氏傳尚書》以補原《舜典》之缺的後出之作。那麼，漢代傳習的《堯典》或"帝典"，其內容應與今之《堯典》和《舜典》相似，都是記載堯、舜言行事蹟的文獻。《大禹謨》《益稷》都屬於《孔氏傳尚書》系統。《孔叢子》取材與《孔氏傳尚書》相似，體現出其孔氏家學著作的特點。

《論書》篇的著作形態

《孔叢子·論書》篇道：

> 孔子曰："《書》之於事也，遠而不闊，近而不迫，志盡而不怨，辭順而不諂。吾於《高宗肜日》，見德之有報之疾也。苟由其道致其仁，則遠方歸志而致其敬焉。吾於《洪範》，見君子之不忍言人之惡而質人之美也。發乎中而見乎外以成文者，其唯《洪範》乎！"

這一段孔子論《書》，先總言"《書》之於事"的總體特徵，又分別闡釋了《高宗肜日》和《洪範》的意義和特點。根據皮錫瑞在《尚書大傳疏證》中的整理，關於孔子論《高宗肜日》，《後漢書》《御覽》

引《尚書大傳》"孔子曰吾於《高宗肜日》,見德有報之疾"的文字與《論書》篇相同。皮氏還在《疏證》中依據《藝文類聚》《御覽》等書對《尚書大傳》的引用,整理出如下兩段文字:

> 武丁祭成湯,有雉飛升鼎耳而雊。問諸祖己,曰:"雉者,野鳥也。不當升鼎。升於鼎者,欲爲用也。無則遠方將有來朝者乎。"故武丁内反諸己,以思先王之道三年。辮髮,重譯,至者六國。

> 武丁之時,桑穀俱生於朝,七日而大拱。武丁召其相而問焉,其相曰:"吾雖知之,吾不能言也。"問諸祖己,曰:"桑穀,野草也。野草生於朝,亡乎?"武丁懼,側身修行,思先王之政。興滅國,繼絕世,舉逸民,明養老之禮。重譯來朝者六國。

關於這裡的"雉飛升鼎"和"桑穀"之象寓意的吉凶和確切解釋,各家說法不一。但武丁因祖己之進言而"内反諸己,以思先王之道"、"側身修行,思先王之政",終於使國家復興、"來朝者六國"的說法,在漢代學者那裡已經十分常見。皮錫瑞說這兩種說法都是"古人特因變致警,而書其事以爲勸誡",可謂得之。① "由其道致其仁",說的是武丁"因變致警"、"思先王之道",終於成功;"遠方歸志而致其敬",則指武丁使商朝中興之後,六國來朝的偉大政績。《論書》篇對武丁的這兩句評價,與漢代學者對《高宗肜日》的解釋十分契合。

此外,在《論書》篇的這段文字中,孔子還有"君子之不忍言人之惡而質人之美"的言論,可與《論語·顏淵》篇中的"君子成人之美,不成人之惡"對看。《論語》是孔門儒學的經典,《孔叢子》的編

---

① 皮錫瑞:《尚書大傳疏證》,卷三,第17–19頁。

著者將這條以《論語》論《書》的材料收入其中,亦可見其著意發揚孔氏家學的創作意圖。

《論書》篇記載孔子對《尚書》諸多篇目的評論,是論《書》專章。這種情況在先秦時期是極其罕見的,從中可以看出漢初經學生成的軌跡。先秦時期評論古代經典,往往是把《尚書》和其他經典放在一起,每部經典用簡單的話語加以概括。最早對前代經典加以評論的是楚國的申叔時,具體說法見於《國語・楚語上》:

> 教之《春秋》,而爲之聳善而抑惡焉,以戒勸其心。教之《世》,而爲之昭明德而廢幽昏焉,以休懼其動。教之《詩》,而爲之導廣顯德,以耀明其志;教之禮,使知上下之則。教之樂,以疏其穢而鎮其浮。教之《語》,使明其德,而知先王之務,用明德於民也。教之《故志》,使知廢興而戒懼焉。教之《訓典》,使知族類,行比義焉。

韋昭注:"《訓典》,五帝之書。"①申叔時主要活動於楚莊王時期,所處年代早於孔子。他從教育貴族子弟的角度提到諸多典籍,其中的《訓典》,當即《尚書》類經典。在這段文字中,申叔時從典籍的功能方面進行立論,對每種典籍作簡要概括。

《禮記・經解》篇也是考察秦漢之際經典解釋情況的重要依據,是書記載:

> 孔子曰:"入其國,其教可知也。其爲人也,溫柔敦厚,《詩》教也。疏通知遠,《書》教也。廣博易良,《樂》教也。潔靜精微,《易》教也。恭儉莊敬,《禮》教也。屬辭比事,《春秋》教也。故《詩》之失愚,《書》之失誣,《樂》之失奢,《易》之失

---

① 徐元誥:《國語集解》,中華書局,2002年,第486頁。

賊,《禮》之失煩,《春秋》之失亂。"①

以上話語假託孔子之口説出,從教育功能的角度對"六經"加以定性,兼顧正反兩方面的效應。其中提到的《書》,指的是《尚書》。《禮記·經解》言稱孔子,并非空穴來風,已有學者考證其文獻淵源可溯至戰國。② 是書對六經所作的評論,仍是着眼於整部典籍,没有涉及具體篇目。

在《荀子·勸學》篇中也有對經典的概括性論説:

  故《書》者,政事之紀也。《詩》者,中聲之所止也。《禮》者,法之大分、類之綱紀也。……《樂》之中和也,《詩》《書》之博也,《春秋》之微也,在天地之間者畢矣。

《荀子》把上述典籍稱爲經,并且分别加以評述。他已經開始着眼於這些經典本身的内容、特點來評説,但還没有涉及各部經典的具體篇目。

綜上所述,先秦文獻對《尚書》所作的評論多是總體概括,没有涉及具體篇目的定性。而《孔叢子·論書》篇則對《尚書》中的多個篇目分别作出解説,是一種新的著作形態,也是漢初《尚書》學確立的標誌。《孔叢子·論書》篇這種著作形態的生成,與先秦儒家著作反覆徵引《尚書》有關。從《論語》到《孟子》,再到《荀子》,對《尚書》語句的徵引,呈現的是由少到多的趨勢,并且徵引的篇目逐漸集中。《孟子》徵引的篇目主要是《堯典》《舜典》《泰誓》,《荀子》徵引的主要是《康誥》《吕刑》,《禮記》徵引最多的是《大學》,主要篇目是《康誥》。對《尚書》的反覆徵引及徵引篇目的相對集中,必然

---

① 朱彬撰、饒欽農點校:《禮記訓纂》,第736頁。
② 參見王鍔:《禮記成書考》,中華書局,2007年,第206頁。

使得對《尚書》單個篇目的理解逐漸加深,有利於對各單篇進行定性。《孟子·萬章下》記載萬章反覆向孟子提出《尚書》中的問題,要求予以解答,主要涉及堯、舜、禹。這種師生之間的問答,反映了前經學時期對《尚書》的講授情況。正是在師徒傳承的過程中,知識階層形成了對《尚書》諸多篇目經典性的概括。《論書》篇所記載的孔子有關《尚書》篇目的解説,是儒家傳承《尚書》的結晶,其中恐怕不乏孔子的見解,但未必都直接出自孔子之口。

孔子的門室之喻

《孔叢子·論書》篇道:

> 子夏讀《書》,既畢而見於夫子。夫子謂曰:"子何爲於《書》?"子夏對曰:"《書》之論事也,昭昭然若日月之代明,離離然若星辰之錯行,上有堯舜之道,下有三王之義。凡商之所受《書》於夫子者,志之於心弗敢忘。雖退而窮居河濟之間,深山之中,作壤室,編蓬户,常於此彈琴以歌先王之道,則可以發憤慷慨,忘己貧賤。故有人亦樂之,無人亦樂之。上見堯、舜之德,下見三王之義,忽不知憂、患與死也。"夫子愀然變容,曰:"嘻!子殆可與言《書》矣。雖然,其亦表之而已,未睹其裏也。夫闚其門而不入其室,惡睹其宗廟之奥、百官之美乎?"

這段文字記録的是子夏與孔子討論《尚書》時的情形。類似的記載還見於《尚書大傳》和《韓詩外傳》。皮錫瑞整理《藝文類聚》等引《尚書大傳》道:

> 子夏讀書畢,見夫子。夫子問焉:"子何爲於《書》?"對曰:"《書》之論事也,昭昭若日月之明,離離若參辰之錯行。上有

堯舜之道,下有三王之義。商所受於夫子者,志之弗敢忘也。雖退而窮居河濟之間、深山之中,作壞室,編蓬户,於中彈琴,詠先王之道,則可發憤慷慨矣。

《通鑒外紀》等引《尚書大傳》道:

> 子夏讀書畢。孔子問曰:"吾子何爲於《書》?"子夏曰:"《書》之論事,昭昭若日月焉,所受於夫子者弗敢忘。退而窮居河濟之間,深山之中。壞室蓬户,彈琴瑟以歌先王之風。有人亦樂之,無人亦樂之。上見堯舜之道,下見三王之義,可以忘死生矣。"孔子愀然變容曰:"嘻!子殆可以言《書》矣。雖然,見表未見其裡,窺其門未入其中。"顔回曰:"何謂也?"孔子曰:"丘常悉心盡志以入其中,則前有高岸,後有大蹊,填填正立而已。"①

《韓詩外傳》卷二則作"子夏讀《詩》":

> 子夏讀《詩》已畢。夫子問曰:"爾亦何大於《詩》矣?"子夏對曰:"《詩》之於事也,昭昭乎若日月之光明,燎燎乎如星辰之錯行,上有堯舜之道,下有三王之義。弟子不敢忘。雖居蓬户之中,彈琴以詠先王之風,有人亦樂之,無人亦樂之。亦可發憤忘食矣。《詩》曰:'衡門之下,可以棲遲;泌之洋洋,可以樂飢。'"夫子造然變容,曰:"嘻!吾子始可以言《詩》已矣,然子以見其表,未見其裡。"顔淵曰:"其表已見,其裡又何有哉?"孔子曰:"窺其門,不入其中,安知其奥藏之所在乎?然藏又非難也。丘嘗悉心盡志已入其中。前有高岸,後有深谷。泠泠

---

① 皮錫瑞:《尚書大傳疏證》,卷七,第 21–22 頁。

然如此既立而已矣。不能見其裡,未謂精微者也。"①

雖然後人引《尚書大傳》的兩段文字,本身就有不少異文,它們同《韓詩外傳》和《孔叢子》相比,文字不同之處也很多,但這幾段記載的基本結構和內容都是一致的。《韓詩外傳》和《尚書大傳》的成書,都在西漢。那麼儒家學者關於子夏與孔子這段對答的流傳,雖然有不少訛誤,但至遲在西漢已經有了一個比較成熟的文獻基礎。關於其中孔子"窺其門""入其室"的説法,還可以從其他儒家文獻中找到依據。《論語‧先進》篇:

> 子曰:"由之瑟奚爲於丘之門?"門人不敬子路。子曰:"由也升堂矣,未入於室也。"

孔子評價子路時,就使用了"升堂""入室"的比喻。又《子張》篇:

> 叔孫武叔語大夫於朝,曰:"子貢賢於仲尼。"子服景伯以告子貢。子貢曰:"譬之宮牆,賜之牆也及肩,窺見室家之好。夫子之牆數仞,不得其門而入,不見宗廟之美,百官之富。得其門者或寡矣。夫子之云,不亦宜乎!"②

這一次使用這一比喻的是子貢。又《孟子‧盡心下》:

> 孔子曰:"過我門而不入我室,我不憾焉者,其惟鄉原乎!

---

① 屈守元:《韓詩外傳箋疏》,巴蜀書社,1996 年,第 211 頁。
② 楊伯峻:《論語譯注》,第 114、204 頁。

鄉原,德之賊也。"①

孟子引孔子之言,可作《論語·陽貨》篇"鄉原,德之賊也"的補充。可見,孔子及其弟子往往以門室之喻論學、評價人物。這種現象是由多方面原因造成的。其中有孔子治學的自身體驗,有教學場所的現實因素,還有禮儀規範作爲文化背景所起的作用。

《論書》篇載孔子語:"夫窺其門而不入其室,惡睹其宗廟之奧、百官之美乎?"孔子在這方面有自己的親身體驗,《論語·八佾》篇的下述記載即是有力的證明:

子入太廟,每事問。或曰:"孰謂鄹人之子知禮乎?入太廟,每事問。"子聞之,曰:"是禮也。"②

這裡的太廟指魯國的周公之廟。孔子進入太廟,可謂入其門。爲了"睹宗廟之奧",他遇事必問。就對太廟的了解而言,孔子確實是升堂入室,難怪他經常以門室爲喻勉勵弟子在求學方面不斷進取。

《論語·先進》篇記載孔子如下話語:"從我於陳蔡者,皆不及門也。"朱熹解説道:"孔子嘗厄於陳蔡之間,弟子多從之者,此時皆不在門。"③這裡的門,指孔子教授弟子的場所。對此,楊伯峻先生援引前人如下論述:

鄭珍《巢經巢文集》卷二《駁朱竹垞孔子門人考》有云:"古之教者家有塾,塾在門堂之左右,施教受業者居焉。所謂

---

① 楊伯峻:《孟子譯注》,中華書局,2010年,第317頁。
② 楊伯峻:《論語譯注》,第28頁。
③ 朱熹:《四書章句集注》,中華書局,1983年,第123頁。

'皆不及門',及此門也。"①

　　古代私學教授弟子,一般在房門内的堂前,處在房門和室門中間。《論語·先進》篇載孔子語:"由之瑟奚爲於丘之門?"這裡的門,指的就是孔子教授弟子的場所,位於堂前。因此,下面緊接着説:"由也升堂矣,未入室也。"子路在堂前聽孔子講課,故稱其升堂。室指室内,在堂的後面,故稱子路未入室。這似乎是孔子在教學現場的即興講話,堂和室既是實有所指,又帶有比喻的性質。

　　孔子以入室比喻學習所達到的高深境界,這與禮儀對入室所作的規定有關聯。《禮記·曲禮上》:

　　　　將上堂,聲必揚。户外有二屨,言聞則入,言不聞則不入。將入户,視必下。入户奉扃。視瞻毋回。户開亦開,户闔亦闔。有後入者,闔而勿遂。毋踐屨,毋踏席,摳衣趨隅,必慎唯諾。②

　　室指室内,是比較私密的空間。因此,禮儀對於入室有一系列具體規定。室在堂的後面,室外有高出地面的臺階,所謂的升堂,指的是登上内室門外的臺階。在此過程中,要發出聲音,向室内傳達有人前來的信號。如果内室門外有兩雙鞋,那麼,就要用言語與室内的人進行溝通。如果無法溝通,不能擅自進入。在入室時要手扶門拴,目光不能四周環視。室門要保持原有狀態,或開或合。在關門時如果後面還有人要入室,那就不能把門關嚴。入室時不能踐踏脱下的鞋,在室内不能横越所鋪的席子,而要雙手提起衣襟,從席子的一角進入自己的座位。説話須謹慎隨順。從上述規

---

① 楊伯峻:《論語譯注》,第 110 頁。
② 朱彬撰、饒欽農點校:《禮記訓纂》,第 14－15 頁。

定可以看出,登堂入室的過程,是對人禮儀修養的檢驗,也是對君子風度的展示。

《列女傳·母儀傳》記載孟子之母的如下話語:

夫禮,將入門,問孰存,所以致敬也。將上堂,必揚聲,所以戒人也。將入户,視必下,恐見人過也。①

孟母知書達禮,她對登堂入室所作的陳述本於禮的規定,又作了進一步解説。登堂入室是很嚴肅的事情,必須循規蹈矩,謹慎行事。如果真的能不逾規矩,做得很得體,也就具有了威儀之美。

《論語·鄉黨》寫道:"攝齊升堂,鞠躬如也,屏氣似不息者。"②孔子在魯國朝廷攝齊升堂的過程中,做出鞠躬的姿勢,身體下傾,并且要放緩呼吸的速度,好像不再呼吸。升堂入室的莊嚴、謙恭,在孔子那裡發揮到極致。

禮儀規定的升堂入室的動作模式,是對人的約束和訓練,同時也是對人的提升。不是所有人都能很好地踐履升堂入室的禮儀,只有具備良好素養的君子才能具備這種能力。正因爲如此,孔子才常以升堂入室來激勵弟子。這種"門室之喻",帶有鮮明的禮樂文化色彩。

"納於大麓"解

《孔叢子·論書》篇道:

宰我問:"《書》云:'納於大麓,烈風雷雨弗迷。'何謂也?"

---

① 劉向:《列女傳》,遼寧教育出版社,1998年,第7頁。
② 楊伯峻:《論語譯注》,第98頁。

孔子曰："此言人事之應乎天也。堯既得舜,歷試諸難,已而納之於尊顯之官,使大錄萬機之政。是故陰陽清和,五是來備,烈風雨各以其應,不有迷錯愆伏。明舜之行合於天也。"

宰我向孔子詢問"納於大麓,烈風雷雨弗迷"的含義,孔子認爲這是人事與天道相應的表現。他進而解釋道,"納於大麓"是舜接受堯的任命,擔當"尊顯之官"的職責;"烈風雷雨弗迷"則證明舜的行爲合於天道。

宰我引用的經文,見今《尚書·舜典》。歷代學者對其中"大麓"一詞的理解有許多不同,段玉裁將他們大致分爲"今文説"和"古文説"兩種。他認爲"今文説"將"大麓"理解爲"三公丞相"之事,"古文説"則將其理解爲山林川澤等自然景觀。對"大麓"的不同理解,也會影響到對整句經文的理解,因此有必要加以辨析。

王肅和《孔氏傳尚書》以"麓"爲"錄"。王肅注:"麓,錄也。"《孔氏傳尚書》的解釋更加詳細:"麓,錄也。納使舜大錄萬機之政。陰陽和,風雨時。各以其節,不有迷錯愆伏,明舜之德合於天。"①這段注釋,與《論書》篇十分相似。但是,《論書》篇有"歷試諸難,已而納之於尊顯之官"的文字,證明舜的"納於大麓",是在"歷試諸難"之後。關於這一點,《尚書正義》説"納舜使大錄萬機之政,還是納於百揆。揆度百事,大錄萬機,總是一事,不爲異也"②,認爲"納於大麓"與"納於百揆"没有什麽區別。那麽"納於大麓"屬於"諸難"之一,孔穎達的理解與《孔叢子》不同。

對這種以"麓"爲"錄"的説法,段玉裁在《古文尚書撰異》中做出了解釋。他的論證從説明"大麓"泛指要職、要政而不拘於"居攝"開始。《撰異》引《尚書大傳》和鄭玄注道:

---

① 孔安國:《尚書孔氏傳》,《四部要籍注疏叢刊·尚書》,第6頁。
② 孔安國:《尚書孔氏傳》,《四部要籍注疏叢刊·尚書》,第156頁。

《尚書大傳·唐傳》曰:"堯知丹朱之不肖,必將壞其宗廟,滅其社稷,而天下同賊之。故堯推尊舜而尚之屬諸侯焉。納之大麓之野,烈風雷雨不迷,致之以昭華之玉。"鄭注:"山足曰麓。麓者,錄也。古者諸侯命大事、命諸侯,則爲壇國之外。堯聚諸侯,命舜陟位居攝,致天下之事,使大錄之。"①

段玉裁先依據鄭注,指出《魏公卿上尊號奏》和《魏受禪表》將"納於大麓"理解爲受禪登基的錯誤。又舉出《漢書·王莽傳》、《漢書·於定國傳》、《論衡·正説》篇和《封燕然山銘》的例子,認爲這些文獻以"大麓"爲三公之位、三公之事,都是今文《尚書》學的説法,進而總結出"今文説"認爲"凡三公丞相皆可云'大麓',不必居攝也"的結論。并據此推斷王肅和《孔氏傳尚書》以"麓"爲"錄"的解釋,就是從這條理路生發出來的。

根據段玉裁的論證,以"麓"爲"錄"之説的根源,在於今文系統的《尚書大傳》及鄭玄對《尚書大傳》的注釋。而皮錫瑞則認爲以"麓"爲"錄"是"今文説之誤者",不合伏生的本義。他試圖從《尚書大傳》本身入手,否定這種解釋。《今文尚書考證》引《史記》、《尚書大傳》及鄭注後,分析道:

據伏生、史公之義,則今文説以大麓爲山麓,伏生不以"麓"爲"錄"也。知伏生不以"麓"爲"錄"者,《尚書大傳》曰"致天下於大麓之野",又曰"禹乃興九招之樂於大麓之野"。是伏生以麓爲山麓,與《史記》同。若以"麓"爲"錄",何必加"之野"二字耶? 古義多假借,"麓"或取義於"錄",然不得竟以"麓"爲"錄"。若云"致天下於大'錄'之野"、"興九招之樂

---

① 段玉裁:《古文尚書撰異》,《四部要籍注疏叢刊·尚書》,第1793–1794頁。

於大'錄'之野",文義豈可通乎？訓麓爲録,由漢博士傅會,改其師說。

他以爲段玉裁據《王莽傳》等所言"王注古文《尚書》'麓,録也'取諸此",說的是取諸《尚書大傳》,就爲《尚書大傳》辯護,認爲《尚書大傳》同《史記》一樣,把"大麓"理解爲"山林川澤"。爲了說明《尚書大傳》中的"大麓"是指地點而非"録"的假借,《考證》繼續寫道：

> 《水經注》引應劭說云："鉅鹿,鹿者,林之大者也。《尚書》曰'堯將禪舜,納之大麓之野,烈風雷雨不迷,而縣取目焉'。"《水經注》又引古《書》云："堯將禪舜,納之大麓之野,烈風雷雨不迷,乃致以昭華之玉。"故鉅鹿縣取名焉。據酈氏說,"大麓"即鉅鹿之地。《十三州志》云："鉅鹿,唐虞時大麓也。虞舜百揆,納於大麓。麓者,林之大也。堯亦使天下皆見之,故置諸侯,合羣臣,與百姓納之大麓之野,然後以天下授之,名以禪之公也。大陸縣今有堯台、高與城等,乃堯禪舜之處。"據此,則大麓之地實有可考,不得以麓爲録。

在這段論述中,皮錫瑞舉出《水經注》和《十三州志》以鉅鹿縣爲古"大麓"的例子,得出"大麓之地實有可考"的結論,來否定訓"麓"爲"録"的說法。① 但是,這一論證同時又否定了他以"麓"爲山麓之說,有自相矛盾之嫌。

皮錫瑞既然承認"'麓'或取義於'録'",就說明他承認鄭玄注《尚書大傳》"致天下之事""使大録之"的說法。他所引的《十三州志》,把"大麓"當作堯禪舜之地。這種觀點,段玉裁已予駁斥,《撰

---

① 皮錫瑞：《今文尚書考證》,《四部要籍注疏叢刊·尚書》,第2365頁。

異》中明白地寫道：

> "慎徽"以下四事，自是曆試條目。"受終"乃爲攝位，"格於文祖"乃爲即真。經文節次可觀玩而得者。①

段玉裁認爲"慎徽五典""納於百揆""賓於四門"和"納於大麓"是四次不同的"曆試條目"，其説與《論書》篇和《尚書正義》都有區别。他認爲受禪是在"格於文祖"時，而不可能是在"納於大麓"的時候。況且，舜即使於"大麓"處受禪，亦必"揆度百事，大録萬機"，文義方能與"烈風雷雨不迷"相通。如果只承認舜在"大麓"之地受禪、居攝或任職，而不承認其中包含了"致天下之事"而"大録之"的意思（即皮所謂"'麓'或取義於'録'"之説），後文"烈風雷雨不迷"就無法解釋。這樣看來，皮錫瑞支持的以"大麓"爲實有其地的説法，與訓"麓"爲"録"者對這句話的解釋，并没有本質上的區别。真正與這兩説截然不同的，是被段玉裁歸入"古文説"的以《史記》爲代表的"山林川澤"説。

持這一説的學者認爲"大麓"就是"山足"或者"林之大者"。"納於大麓"，是指堯讓舜進入惡劣的自然環境中接受考驗；而"烈風雷雨弗迷"，則是誇讚舜"遇烈風雷雨非常之變，而不震懼失常"②"處艱鉅而裕如也"的品質。蔡沈、江聲都支持這一"古文説"，但論述最完備的仍屬段玉裁。他在《撰異》中寫道：

> 《堯本紀》曰："堯使舜入山林川澤，暴風雷雨，舜行不迷。"《舜本紀》曰："舜入於大麓，烈風雷不迷。"則皆不云"大録萬幾之政"。孟堅言"司馬遷多從安國問故，遷書載《堯典》《禹

---

① 段玉裁：《古文尚書撰異》，《四部要籍注疏叢刊·尚書》，第1794頁。
② 蔡沈等：《書經傳説匯纂》，《四部要籍注疏叢刊·尚書》，第559頁。

貢》《洪範》《微子》《金縢》諸篇，多古文説"。此條説"大麓"，蓋安國説也。王充《論衡·正説篇》："充自爲説，云試之於職，妻以二女，觀其夫婦之法；復令入庶之野而觀其聖，烈風疾雨終不迷惑。堯乃知其聖。"《吉驗篇》云："堯使舜入大麓之野，虎狼不搏，蝮虵不噬，逢烈風疾雨，行不迷惑。"馬、鄭注《尚書》皆云"麓，山足也"。雖缺佚不完，而《釋文》以別於王云"麓，録也"，則知馬、鄭注古文不爲"大録"之解。《風俗通義·山澤篇》："謹按：《尚書》堯禪舜'納於大麓'。麓，屬於山者也。"應氏通古文《尚書》，亦不作"大録"解也。考鄭注《書序》於《舜典》云"入麓伐木"，則可知注古文與《尚書大傳》注迥殊。

《史記》、《論衡》、馬注、鄭注和《風俗通義》都把"大麓"理解爲"山林川澤"這樣的自然景觀。段玉裁據班固《漢書·儒林傳》，以爲司馬遷此條解釋是從孔安國處得到的，而孔安國正是古文《尚書》傳習的源頭。他又以王充、馬、鄭和應劭皆傳習古文學説，認定這種解釋屬於"古文説"，於是推論道：

"内於大麓"蓋古文説爲是，鄭云"入麓伐木"，語必在佚《舜典》中。蓋此二句亦"厯試"之一事，見其勤勞，櫛風沐雨。①

且不論段玉裁關於《史記》和"古文説"的論斷是否準確，他所支持的這種説法，確實是與以"麓"爲"録"者劃清了界限。《論書》篇和《孔氏傳尚書》的解釋，顯然屬於段玉裁所説的"今文説"系統，與《尚書大傳》鄭注關係密切。而與《孔氏傳尚書》相比，《論書》篇

---

① 段玉裁：《古文尚書撰異》，《四部要籍注疏叢刊·尚書》，第1793－1794頁。

"納之於尊顯之官"的解釋,又更契合《尚書大傳》"推尊舜"和鄭注"命舜陟位居攝"的説法。

《尚書》有關虞舜的記載,透露出他與山林的諸多關聯,有助於我們對虞舜傳説進行歷史還原。其一,推薦虞舜的四嶽發祥於山地。《堯典》有如下記載:

> 帝曰:"諮,四嶽,朕在位七十載,汝能用命,巽朕位。"嶽曰:"否德忝帝位。"曰:"明明揚側陋。"錫帝曰:"有鰥在下,曰虞舜。"

堯要把自己的首領地位禪讓給四嶽,四嶽認爲自己的德行無法承擔起這個重任,於是向堯推薦虞舜,他的建議被堯採納。四嶽,又見於《國語·周語下》。太子晉敘述大禹治水時稱"共之從孫四嶽佐之",韋昭注:

> 共,共工也。從孫,昆季之孫也。四嶽,官名,主四嶽之祭,爲諸侯伯。佐,助也。言共工從孫爲四嶽之官,掌帥諸侯助禹治水也。

韋昭把四嶽解釋爲主祭四嶽的官員,其説可信。《國語·周語下》道:"祚在四國,命以侯伯,賜姓曰姜,氏曰有吕。……申、吕雖衰,齊許猶在。"對此,韋昭注:

> 堯以四嶽佐禹有功,封之於吕,命爲侯伯,使長諸侯也。姜,四嶽之先,炎帝之姓也。……申、吕,四月之後。[1]

---

[1] 徐元誥:《國語集解》,第95、97頁。

四嶽屬於炎帝系統,申、呂諸國都是炎帝後裔所建。對於炎帝的所在及其後裔,李炳海教授有如下論述:

> 炎帝後裔有齊、許、申、呂諸國,《詩經·大雅·崧高》是歌頌申伯的作品,其中寫道:"崧高維嶽,峻極於天,維嶽降神,生甫及申。"崧就是嵩山,位於河南中部。甫指呂姓,是炎帝後裔四姓中的一姓,姜太公就是呂姓,故稱呂尚。
>
> 炎帝……的後裔最著名的是四嶽,炎帝本身則被尊爲太嶽。……四嶽,顧名思義,是四座高山,實際是炎帝集團最初四方疆域所及之處的名山。①

關於炎帝的發祥地,目前學界普遍認爲在湖北隨州附近,即列山地區。炎帝後裔稱爲四嶽、炎帝本身被稱爲太嶽,則源於炎帝集團在嵩山興盛的歷史,這種稱謂標示出四嶽出自山地。虞舜是經出自山地部族首領的推薦,成爲堯的繼承者。

其二,虞舜本是山林管理的行政首領。虞舜之稱冠以"虞"字,透露出他的社會角色。虞是管理山林的人員,這在《舜典》中可以找到内證:

> 帝曰:"疇若予上下草木鳥獸。"僉曰:"益哉!"帝曰:"俞,咨!益,汝作朕虞。"益拜稽首,讓於朱、虎、熊、羆。帝曰:"俞,往哉!汝諧。"

孔安國傳:"上謂山,下謂澤。順謂施其政教,取之有時,用之

---

① 李炳海:《部族文化與先秦文學》,高等教育出版社,1995年,第26頁。

有節。言伯益能之。益,皋陶子也。虞,掌山澤之官。"①孔安國明確指出,虞是掌山澤之官,是山林的管理者。孔安國的説法本於《周禮·地官》：

> 山虞掌山林之政令,物爲之厲,而爲之守禁。
> 澤虞掌國澤之政令,爲之厲禁。使其地之人,守其財物,以時入之於玉府、頒其餘於萬民。②

堯舜時期已經有管理山林的專門人員,稱爲虞。舜指派益擔當這個職務,負責頒佈管理山林的政令以及與山林相關的事宜。到了《周禮》成書的時期,虞又具體分爲山虞、澤虞,此外還有林衡,分別管理山地、草澤和森林。虞本指管理山林的行政首領,虞舜之稱冠以"虞"字,表明他最初負責山林的管理,經四嶽推薦成爲堯的接班人。舜即位之後,任命益爲虞,用以接替原來由他本人擔當的職務。

管理山林的行政首領稱爲虞,這個名稱帶有暗示意義。《説文解字·虍部》寫道：

> 虞,騶虞也。白虎黑文,尾長於身。仁獸也,食自死之肉。從虍,吳聲。《詩》曰:"嗟乎騶虞!"

許慎把虞釋爲虎類動物,是可以成立的。但是把虞説成是不食活物的仁獸,則似爲傳説、想像之辭,缺乏根據。虞,字形從虍、從吳。《説文解字·虍部》:"虍,虎文也,象形。"《説文解字·矢

---

① 孔安國:《尚書孔氏傳》,《四部要籍注疏叢刊·尚書》,第9頁。
② 鄭玄注、賈公彦疏:《周禮注疏》,《十三經注疏》,第747頁。

部》:"吴,大言也。"段玉裁注:"大言者,吴字之本義也。"①虍,指虎文。吴,指聲音很亮。虞的字形從虍、從吴,指的是色彩斑斕的虎高聲咆哮。虎爲山林百獸之王,管理山林的行政首領稱爲虞,意謂能像猛虎一樣具有威懾力。

《舜典》稱堯爲了考驗虞舜,將他"納於大麓,烈風雷雨弗迷"。大麓指山林,舜本是管理山林的行政首領,堯把他放置在山林之中,實際是對他履行本職工作的能力進行考驗。舜是管理山林的行政首領,對於自己的管理對象很熟悉。因此,他進入山林之後,即使遭遇到烈風雷雨,也没有因此陷入混亂。這個傳説表明,虞舜在山林管理方面具有良好的素養和優秀的能力。

其三,祭祀四嶽是虞舜即位後的重要活動。《舜典》記載,虞舜即位後,在當年就對四嶽進行了祭祀:

> 歲二月,東巡守,至於岱宗,柴,望祭於山川。……五月,南巡守,至於南嶽,如岱禮。八月,西巡守,至於西嶽,如初。十有一月朔巡守,至於北嶽,如西禮。歸,格於藝祖,用特。五載一巡守,羣後四朝。②

虞舜即位之初所安排的重要活動之一,就是巡守四嶽并祭祀山川。不僅如此,他還把這種活動制度化,每五年重復進行。經典文獻中没有提到堯在位期間有没有這類行動,説明這一制度很可能是舜的發明,由此可以看出虞舜與山林之間的密切關聯。四嶽是炎帝集團所在地的高山,而虞舜如此重視對它們的祭祀,反映出虞舜與炎帝部族非同尋常的親密關係。四嶽在當初力薦虞舜,也與此有關。

---

① 段玉裁:《説文解字注》,第209、494頁。
② 李民:《尚書譯注》,第14頁。

其四,虞舜之樂亦具有山林屬性。《舜典》有如下記載:

> 帝曰:"夔,命汝典樂,教胄子。直而温,寬而栗,剛而無虐,簡而無傲。詩言志,歌永言。八音克諧,無相奪倫,神人以和。"夔曰:"予擊石拊石,百獸率舞。"①

舜指派夔爲樂官,《國語·魯語下》載孔子語:"木石之怪曰夔、蝄蜽。"韋昭注:"木石,謂山也。"②韋昭釋木石爲山,其説可取。山主要由木和石構成,所以木石可以指代山。《莊子·則陽》:"觀於大山,木石同壇。"③大山與木石對舉,二者含義相通。夔本指山精,虞舜的樂官稱爲夔,反映出他與山林的密切關聯。夔所導演的樂舞是"擊石拊石,百獸率舞",敲擊磬類石製樂器,樂人扮演百獸起舞。山林是百獸的生存場所,虞舜之樂實質是山林之樂。

關於夔和他的山林之樂,還有很多有趣的話題值得探討。在最後一節關於"夔"傳説的探索中,會更細緻地分析相關問題。

"禋於六宗"考辨

《孔叢子·論書》篇道:

> 宰我曰:"敢問'禋於六宗'何謂也?"孔子曰:"所宗者六,皆絜祀之也:埋少牢於太昭,所以祭時也;祖迎於坎壇,所以祭寒暑也;主於郊官,所以祭日也;夜明,所以祭月也;幽禜,所以祭星也;雩禜,所以祭水旱也。'禋於六宗',此之謂也。"

---

① 李民:《尚書譯注》,第19頁。
② 徐元誥:《國語集解》,第191頁。
③ 郭慶藩:《莊子集釋》,中華書局,2004年,第910頁。

"禋於六宗"講的是舜受堯命攝政後一種祭祀神靈的舉措,宰我所問即本此。《論書》篇記載孔子的回答有兩方面内容:禋,《論書》篇認爲是"潔祀"的意思;六宗,《論書》篇的解釋則與《孔氏傳尚書》相同,認爲有確指的六個對象,分别是"四時也,寒暑也,日也,月也,星也,水旱也"。"禋"和"六宗"的意義是歷代論《書》家爭論不休的問題,下面就介紹和辨析其中的一些主要觀點。

周代没有祭祀"六宗"的制度,文獻中關於"六宗"的記載又很缺乏。因此,關於"六宗"的名目,歷來爭訟不斷,從未有一個可以確信的說法。《論書》篇對"六宗"的解釋與《禮記》、《孔氏傳尚書》和王肅之説相同。其中,《禮記·祭法》篇最有可能是這類説法的文獻來源:

> 燔柴於泰壇,祭天也。瘞埋於泰折,祭地也。用騂、犢。埋少牢於泰昭,祭時也。相近於坎、壇,祭寒暑也。王宫,祭日也。夜明,祭月也。幽宗,祭星也。雩宗,祭水旱也。四坎、壇,祭四方也。山林、川谷、丘陵能出雲,爲風雨,見怪物,皆曰神。有天下者祭百神。諸侯在其地則祭之,亡其地則不祭。①

《論書》篇的"祖迎",《祭法》作"相近",字形相似。鄭玄認爲當讀作"禳祈",作祈禱講,與"祖迎"的送迎之義不同。"有天下者祭百神",與"禋於六宗"的背景即舜受命攝政的史實相符。《論書》篇和《孔氏傳尚書》認定的六宗,即此段文字中祭天祭地之後、祭四方之前的部分。對於這種現象,孔穎達在《尚書正義》中解釋道:

---

① 孫希旦:《禮記集解》,《十三經清人注疏》,中華書局,1989年,第1194頁。

彼文上有祭天祭地，下有山谷丘陵；此六宗之文，在上帝之下，山川之上。二者次第相類，故知是此六宗。

孔穎達的解釋看似説明了《孔氏傳尚書》的六宗爲何要取於"山林、川穀、丘陵"之前，卻不能解釋其没有照顧到"祭四方"的原因。實際上，此説對《祭法》的取捨，當是依據了今文三家的六宗説。《尚書正義》引道：

歐陽及大小夏侯説《尚書》，皆云"所祭者六，上不謂天，下不謂地，旁不謂四方，在六者之間，助陰陽變化，實一而名六宗矣"。①

三家説認爲六宗在天、地、四方之間，正與《祭法》之文和《孔氏傳尚書》、《論書》篇的説法相對應，這應該不是巧合。王肅的六宗説與《孔氏傳尚書》、《論書》篇相同。由於他援引的是已亡佚且真實性一直受到懷疑的《孔子家語》，再加上刻意爲難鄭玄的不良學術態度和對劉歆舊説妥協的行爲，王肅的觀點遭到了後來學者的嚴厲批駁。甚至有學者因爲看到王肅附和《孔氏傳尚書》之説，反而加深了對《孔氏傳尚書》的質疑。比如皮錫瑞在《聖證論補評》中，就毫不掩飾他對王肅及其學説的不滿：

陳壽祺曰："《尚書正義》、《周禮》疏皆謂魏明帝令王肅議六宗，肅取《家語》六宗與《孔氏傳尚書》同，而《晉書·禮志》謂王莽以《易》六子，遂立六宗祠。魏明帝疑其事以問肅，肅亦以爲《易》六子之卦，故不廢。此爲互異。疑《晉志》采肅説不詳耳。"錫瑞謂：《北堂書鈔》卷九十"魏明帝問王肅六宗，竟幾

---

① 孔穎達：《尚書正義》，《四部要籍注疏叢刊·尚書》，第158頁。

對曰'坎爲水,離爲火,震爲雷,巽爲風,艮爲山,兑爲澤。乾坤六子也'",與《晉書·禮志》合,足徵《晉書》不誤。蓋以《祭法》證六宗者,肅之創解;以爲乾坤六子者,歆、莽之舊説。肅意專在難鄭,或亦稱引歆、莽以爲將伯之助。即此足見肅之不能自信。若果有聖言可證,何必更援歆、莽舊説乎?①

這裡的"歆、莽舊説",指的是劉歆和孔光主張的一種以《易》之乾坤六子爲六宗的説法。王莽篡政後,從其説而立六宗祠,因此產生了一定的影響。王肅僅以一部真假摻雜的《家語》爲其論之本,而没有拿出比《孔氏傳尚書》和《論書》篇更多的證據,因此有缺乏根據之尤,很難有説服力。

今文學説的祖師伏生關於六宗的觀點,在《太平御覽》等書所引《尚書大傳》中還有保留:

> 萬物非天不生,非地不載,非春不動,非夏不長,非秋不收,非冬不藏。《書》曰"禋於六宗",此之謂也。

據《尚書大傳》説,則六宗爲天地四時。此説來源頗古,也產生了很大的影響。《經典釋文》引馬融、《吕氏春秋》高誘注都同意這種説法。前文講到過的今文三家,師承伏生,但其説與伏生略有不同。其實,今天所見的今文三家説,正是伏生説演進變化的結果。對今文三家説的引用,江聲所據與《尚書正義》相同;《周禮·大宗伯》疏引《五經異義》所引夏侯説作"六宗者,上不及天,下不及地,傍不及四時,居中央,恍惚無有,神助陰陽變化,有益於人,故郊祭之",也與《尚書正義》相似;《祭法》疏引作"上及天,下及地,旁及

---

① 皮錫瑞:《聖證論補評》,《師伏堂叢書》,清光緒中善化皮氏刊本,卷上,第12頁。

四方中央",與前幾說不同,更接近《尚書大傳》。比較這幾種不同的引文,可以看出今文三家不及天地四方或不及天地四時之說的根本,還在於《尚書大傳》的天地四時說。在列舉了上述諸種文字之後,皮錫瑞在其《尚書大傳疏證》中總結了四時與四方的聯繫:

> 伏生言天地四時,三家謂在天地四時之間,又變四時爲四方。蓋東方春,南方夏,西方秋,北方冬,其義不異也。①

"四時""四方"之義相通,所以三家說有此一變。江聲則解釋了"及"與"不及"的關係,他闡述三家"不及"之說與《尚書大傳》說在義理上的相通之處:

> 《正義》云"在六者之間,助陰陽變化,實一而名六"者,似與馬說不同,而意實相符合。蓋六者之間謂上下四方,即天地四時也;陰陽變化即天覆地載、春生夏長、秋收冬藏也。其所以覆、載、生、長、收、藏,實有六載乎?期間者總而言之,一天之爲也;分而言之,其功用實各不同。故曰"實一而名六",蓋歐陽及大小夏侯三家之學皆出於伏生,故其六宗之說與《尚書大傳》合。②

江聲在這裡對三家說之義理進行的辨析很有道理。歐陽、大小夏侯師從伏生,其說實際上還是對《尚書大傳》說的闡釋和演繹。引文中提到的"馬說",指的是《經典釋文》引馬融"天地四時"之說。但是,《釋文》所引的馬說卻與鄭玄所引不同。鄭玄在《尚書大傳》注中,認爲"馬氏以爲六宗謂日、月、星辰、泰山、河、海也"。這

---

① 皮錫瑞:《尚書大傳疏證》,《續修四庫全書》,卷一,第10-11頁。
② 江聲:《尚書集注音疏》,《四部要籍注疏叢刊·尚書》,第1504頁。

一種説法與《古尚書》説相同,同持此論的還有賈逵。關於這種觀點,《周禮·大宗伯》疏引《五經異義》道:"《古尚書》説:'六宗,天地神之尊者。謂天宗三,地宗三。天宗:日、月、星辰;地宗:岱山、河、海。'"又道:"《春秋》魯郊祭三望。言郊天,日、月、星、河、海、山,凡六宗。魯下天子,不祭日、月、星,但祭其分野星和其中山川,故言三望、六宗與《古尚書》説同。"①鄭玄注《尚書大傳》,意見不同。他説:"經曰'肆類於上帝,禋於六宗,望秩於山川,徧於羣神',《月令》'天子祈來年於天宗'。如此則六宗近謂天神也。以《周禮》差之,則爲星、辰、司中、司命、風師、雨師也。"②《異義》闡釋了鄭玄的這種觀點:

> 《書》曰:"肆類於上帝,禋於六宗,望於山川,徧於羣神。"此四物之類也,禋也,望也,徧也,所祭之神各異。六宗言禋,山川言望,則六宗無山川明矣。《周禮·大宗伯》曰:"以禋祀祀昊天上帝,以實柴祀日、月、星、辰,以槱燎祀司中、司命、風師、雨師。"凡此,所祭皆天神也。《禮記·郊特牲》曰:"郊之祭也,迎長日之至也,大報天而主日也。兆於南郊,就陽位也;埽地而祭,於其質也。"《祭義》曰:"郊之祭,大報天而主日,配以月。"則郊祭并祭日月可知。其餘星也、辰也、司中、司命、風師、雨師,此之謂六宗亦自明矣。③

鄭玄對他所見的馬融之説與《古尚書》説的批駁是有道理的,而《異義》聯繫郊祭來考察鄭玄的思路,亦頗有見地。《春秋左氏傳》僖公三十一年經文寫道:"夏,四月。四蔔郊,不從,乃免牲。猶

---

① 孫詒讓:《周禮正義》,《十三經清人注疏》,第1312—1313頁。
② 皮錫瑞:《尚書大傳疏證》,《續修四庫全書》,卷一,第10頁。
③ 孫詒讓:《周禮正義》,《十三經清人注疏》,第1313頁。

三望。"《傳》:"夏,四月,四蔔郊,不從,非禮也。猶三望,亦非禮也。禮不卜常祀,而蔔其牲、日。牲成而蔔郊,上怠慢也。望,郊之細也,不郊,亦無望可也。"①可見"三望"是郊祭的一小部分。"三望"之祭的對象及其性質,頗同於《舜典》的"望於山川"。《公羊傳》僖公三十一年寫道:"三望者何?望祭也。然則曷祭?祭泰山、河、海。"②《禮記·禮器》鄭注:"郊,祭天也。"③郊祭祭天是"主日,配以月"的,祭天的主要對象是日、月;而"三望"不過是"郊之細也",屬於祭天之後的餘事。所謂魯國廢郊祭而"猶三望",更説明"三望"不屬於郊祭的主要祭祀內容。可見,就算存在一個郊祭中的"六宗"的概念,望祭的對象也應排除在外。《異義》把不屬於郊祭主祭對象的星、泰山、河、海與主祭對象日、月拼湊成郊祭六宗的説法,大概是對《古尚書》説的附會。

鄭玄的觀點又如何呢?據《尚書大傳》注,他是把六宗與《禮記·月令》篇"天子乃祈來年於天宗"④中的"天宗"聯繫起來考慮。孟冬之月的"祈來年於天宗",鄭玄認爲即《周禮》中的臘祭,而神主"天宗"即指日月星辰。《禮記·王制》鄭注:"虞夏之制,天子服有日、月、星辰。"⑤天子的衣服上畫有日月星辰,是"法天以爲文"⑥。日月星辰是天之象,指天神,"天宗"的名號又與"六宗"相近,而且臘祭、郊祭和舜之祭祀都是十分重要的祭祀。臘祭、郊祭都主祭天神,鄭玄據此認爲,舜攝政後的這次重要祭祀活動,也應當是主祭天神。在《周禮·大宗伯》中,日、月、星辰同屬於實柴之祭的等級,

---

① 杜預注、孔穎達等正義:《春秋左傳正義》,《十三經注疏》,第 1831 頁。
② 何休注、徐彥疏:《春秋公羊傳注疏》,《十三經注疏》,第 2263 頁。
③ 朱彬撰、饒欽農點校:《禮記訓纂》,第 372 頁。
④ 孫希旦:《禮記集解》,第 490 頁。
⑤ 朱彬撰、饒欽農點校:《禮記訓纂》,第 171 頁。
⑥ 鄭玄注、孔穎達等正義:《禮記正義》,《十三經注疏》,第 1435 頁。

《禮記正義》的《月令》篇也説"'祈來年於天宗'者,謂祭日月星辰"。但鄭玄把日、月排除在六宗之外,卻取星、辰與屬於櫺燎之祭的司中、司命、風師、雨師合爲六宗,又可見他受到了《禮記》中關於郊祭記載的影響,認爲郊祭中的日、月當與《舜典》中的上帝相匹,是祭天的主神。鄭玄的這種説法雖然可以自圓其説,但畢竟是"差之以《周禮》"而來,是一種猜測。唐虞時代祭祀的具體内容,也不能直接用《周禮》來推定。

孫希旦認爲,郊祭的具體内容在《周禮》中雖無可考,但《儀禮·覲禮》中的一種天子召見諸侯的禮儀,可能是對郊祭的模仿。考之《覲禮》,諸侯覲見天子時,天子要"乘龍載大旂。出,拜日於東門之外;反,祀方明。禮日於南門外,禮月與四瀆於北門外,禮山川、丘陵於西門外"。這套禮儀中的神主,幾乎與郊祭的祭祀對象無差,唯獨多出"祀方明"的環節。"祀方明",鄭注説是天子"以會同之禮見諸侯也。凡會同者,不協而盟。司盟職曰:凡邦國有疑,會同則掌其盟約之載書,及其禮儀,背面詔明神。既盟,則藏之"。那麼"方明"是諸侯會同時的禮器。"方明"的形制,是"木也,方四尺,設六色。東方青,南方赤,西方白,北方黑。上玄下黄。設六玉,上圭下璧。南方璋,西方琥,北方璜,東方圭";它的用途和意義,是"上下四方神明之象也。上下四方之神者,所謂明神也。會同而盟,明神監之。則謂之天之司盟"。在實際的運用中,由於盟誓時指稱的神明衆多,又甚莊重,所以"方明不必定指日月山川,蓋言上下四方,而六合以内之神悉該之矣。會同特加於壇而祀焉。其典至重,其物至貴"。① 根據這樣的描述,方明所祭之神的情況與今文三家説六宗類似。它祭祀的上下四方之神,也就是當時的司盟之神"明神"。《國語·越語》記載勾踐封地給范蠡,并保證對其領地秋毫無犯時的誓言是"後世子孫,敢侵蠡之地者,使無終没於

---

① 鄭玄注、賈公彦疏:《儀禮注疏》,《十三經注疏》,第1092-1093頁。

越國,皇天后土,四向地主正之"。勾踐指以起誓的,就是天帝、土地和四方神主。史書中還有"有渝此盟,明神殛之"①和"或間茲命,司慎、司盟,名山、名川,羣神、羣祀,先王、先公,七姓十二國之祖,明神殛之"②的說法,則是指明神起誓。可見明神或上下四方之神,都是周代通行的指以起誓的神靈。周代對天地四方之神的祭祀,尚不只"方明"一種。《大宗伯》中就記載了另一種祭祀天地四方的重要儀式:

> 以玉作六器,以禮天地四方。以蒼璧禮天,以黄琮禮地,以青圭禮東方,以赤璋禮南方,以白琥禮西方,以玄璜禮北方。皆有牲幣,各放其器之色。

其祭法與方明之祀十分類似,但又顯然是與方明之祀不同的另一種祭祀。其實早在商代,祭祀中就已經出現了類似的神主。根據現有的甲骨文卜辭來看,商人没有周人那種"天"的觀念,没有合祭上下四方神的祭祀,也没有明顯的單獨祭祀上帝的活動。但土地和四方之神在商人的宗教生活中,都屬於非常重要的自然神,并且關係密切。商人在進行祭祀土地神的"社祭"時,一般都會同時祭祀四方神,這種祭祀方式與周人合祭上下四方之神的做法有相似之處。這一點,在後文中還將提到。商、周對天、地、四方神的崇拜雖不完全一致,但有綫索可尋。可見,先民對這類祭祀對象的關注,應該是具有連續性的;對這類神靈的崇拜和祭祀由來已久。孫詒讓認識到了天地四方之神在周人宗教生活中的重要地位,他進而推斷,被看做"明神"而享受"方明"之祀的天地四方之神,就是唐虞時六宗的遺存;而方明之祭和《大宗伯》中設六玉以禮天地四

---

① 楊伯峻:《春秋左傳注》,中華書局,1990年,第466-467、990頁。
② 徐元誥:《國語集解》,第589頁。

方的祭祀,就是唐虞六宗之祭的遺存。他試圖通過引述古《伊訓》和《九章》來論證他的觀點,《大宗伯》疏寫道:

> 周無祭六宗之文,而朝覲會同有方明。《漢書·律曆志》又引《伊訓》説,"伊尹祀於先王,誕資有牧方明"。蓋商周方明之神,即唐虞六宗之遺典。《覲禮》以方明爲盟神。《楚辭·九章·惜誦》説誓事云:"令五帝以折中兮,戒六神與向服。"王注以六神爲即六宗。以禮考之,亦即方明之神。①

《漢書·律曆志》所引的《伊訓》,與今見《伊訓》文字不同。班固解釋這兩句話道:"言雖有成湯、太丁、外丙之服,以冬至,越茀祀先王於方明。"班固既然説"祀先王於方明","方明"的性質就應該近乎一種地名,而不是一種禮器。關於這一問題,王先謙引吳仁傑之説道:

> 方明者……蓋明堂之制也,鄭康成但以爲會盟之儀。……明堂者,以其加方明於其上,壇而不屋,故曰明堂宫,謂壝土爲埒而已。荀卿書曰:"雖爲之築明堂於塞外,使治可矣。"楊倞注:"明堂,壇也。謂巡狩至方嶽之下,會諸侯,爲壇,加方明於其上。"然則方明之爲明堂,先儒其知之矣。……天子祀方明,拜日禮月,祭天祭山、丘陵,祭川祭地之禮,莫不具備。②

他指出,因爲天子爲明堂之壇都要"加方明於其上",所以方明實際上就是明堂的代稱。他并認爲,由於方明之祀的性質與明堂祭祀天帝相類,所以其禮儀是"拜日,禮月,祭天,祭山、丘陵,祭川,

---

① 孫詒讓:《周禮正義》,第 1389、1391－1392 頁。
② 王先謙:《漢書補注》,中華書局,1983 年,第 436 頁。

祭地之禮,莫不具備"的。吳仁傑説方明與祭祀上帝的明堂之間有密切的關係,實際上也支持了孫詒讓的觀點。

《九章》指蒼天爲誓,而將六神與五帝并列。其中的六神,若據王注,即是"六宗之神"。後來的《九歎·遠逝》中有"合五嶽與八靈兮,訊九魖於六神"①的詩句,"六神"也指天神無疑。但是,這裏的六神或者六宗并都不是像《國語》和《左傳》中那樣作爲被指以起誓的神靈出現。孫詒讓將《九章》中的"六宗"考爲方明之神,不知何據。雖然在方明之神和六宗之間還找不到直接的關聯,但是方明之祭和周人重視天地四方之神的文化現象,説明伏生和今文三家的六宗説并非空穴來風,而是有一定根據的。他們所説的天地四時或天地四方,正可與方明祭祀天地四方而遍及羣神的祭祀理念和商周崇拜天地四方神的文化心理相互爲證。

像《九章》那樣把六宗和五帝并列的,還有鄭玄的《小宗伯》注。《小宗伯》:"兆五帝於四郊,四望四類亦如是。"鄭玄以"四望"爲五嶽、四鎮、四瀆,以"四類"爲日、月、星、辰。具體的祭祀方法,是"兆日於東郊,兆月與風師於西郊,兆司中、司命於南郊,兆雨師於北郊"②。這説明,鄭玄認爲這類列於《小宗伯》之首的祭祀對象與列於《大宗伯》之首的禋祀、實柴、槱燎之祭的對象應該是一致的。

郊祭是"大報天"之祭,在周代禮制中屬於"祭天之常祀"③,是周人最重要的祭祀活動之一。在祭祀期間,"喪者不敢哭,凶服者不敢入國門",以表達國人對天神和祭典的"敬之至"。郊祭主祭天地日月,因爲"祭祀之禮,祭尊可以及卑",又"天尊,可以統地祇",所以主祭之後,還有"兼祭四瀆及山川、丘陵"的內容。這類規模的祭祀,又有"有天下者祭百神"的慣例,因此,天子爲之,可以遍及羣

---

① 洪興祖《楚辭補注》,鳳凰出版社,2007年,第106、262頁。
② 孫詒讓:《周禮正義》,《十三經清人注疏》,第1424頁。
③ 楊伯峻:《春秋左傳注》,第486頁。

神。《大宗伯》之職"掌建邦之天神、人鬼、地祇之禮,以佐王建保邦國",《小宗伯》之職"掌建國之神位",排在這兩篇之首的自然也都是關乎國計民生的重要祭祀了。鄭玄細考諸篇之後得出的結論,說明這幾種重要祭祀的對象不應有大的出入。

《孔氏傳尚書》和《論書》篇所取的那一段《禮記》文字,也排在《祭法》的首位,且其所記錄的祭祀對象和方式也與其他幾種祭祀類似。可見注家援以釋"六宗"的諸種祭祀雖然各有不同,但對記載它們的原始文獻稍作比較就可以看出,它們在流程結構和對象類型上有不少共通之處。下表就以《舜典》中的那一次祭祀爲標準,結合諸家的注解,對這幾種重要祭祀的對象進行一個簡單的對照:

《舜典》	上帝類	六宗、天神類	山川、羣神類
《祭法》	天、地	"六宗"(《孔氏傳尚書》)、四方	山川、丘陵、百神
《大宗伯》	上帝或日、月(鄭玄)	星、辰、司中、司命、風師、雨師	
《小宗伯》	五帝或日、月(鄭玄)	日、月、星、辰(鄭玄)或風師、司中、司命、雨師(鄭玄)	五嶽、四鎮、四竇
郊祭	日、月		岱山、河、海(《公羊傳》)或四瀆及山川、丘陵(孫希旦)
臘祭	天宗或日月星辰(鄭玄)		公社、門閭、先祖、五祀

可見,這幾種重要祭祀或可互相詮釋,或可互相補充。從結構上看,它們都是以祭祀天帝爲主,其次六宗、天神,再兼及地祇和羣神;從内容上看,《祭法》篇所記與《尚書大傳》及今文三家説關係密切,而《大宗伯》、《小宗伯》中的那兩種祭祀則合於鄭玄之説,在細

節上有所不同。這些祭祀的對象,有許多是意義相通的,譬如四方和五帝,日、月和上帝等。《曲禮》寫道:"天子祭天地,祭四方,祭山,祭五祀,歲遍。"①《大宗伯》寫道:"以禋祀祀昊天上帝,以實柴祀日月星辰,以槱燎祀司中、司命、風師、雨師。以血祭祭社稷、五祀、五嶽,以貍沈祭山林川澤,以疈辜祭四方百物。"②證明這些主要的祭祀對象,本來就是當時許多重要祭祀共同的神主。考慮到商周兩代祭祀活動的承續關係,陳夢家先生在《殷虛卜辭綜述》一書中,分類比較了《大宗伯》和殷墟卜辭所載祭祀的對象:

《周禮·大宗伯》所記祭祀的對象,可大別之爲三類:
　甲　神,天神,大神昊天、上帝;日、月、星辰;司中,司命,風,雨
　乙　示,地示,大示社,稷,五祀,五嶽;山,川,林,澤;四方,百物
　丙　鬼,人鬼,大鬼先王
卜辭所祀,可分爲相應的三類:
　甲　天神上帝;日,東母,西母,雲,風,雨,雪
　乙　地示社;四方,四戈,四巫;山,川
　丙　人鬼先王,先公,先妣,諸子,諸母,舊臣③

據現有資料,商代亦没有六宗之祭,但表格中的祭祀對象與《大宗伯》和甲骨卜辭中的甲、乙兩類對象大致都能夠對應上。不過,周代禮制發達,祭祀的內容存在更多細節上的差別。綜合上述這些信息,很容易看出周代祭祀的對象與前代的宗教活動之間存

---

① 孫希旦:《禮記集解》,《十三經清人注疏》,第 1215、491、1217、1194、150 頁。
② 孫詒讓:《周禮正義》,《十三經清人注疏》,第 1314 頁。
③ 陳夢家:《殷虛卜辭綜述》,第 562 頁。

在某種延續性。那麼,如果《舜典》對"類於上帝,禋於六宗,望於山川,遍於羣神"這一流程的記載確是唐虞古制的話,在周代祭祀流程中類似六宗的星、辰、風、雨之類祭祀對象,在商代就應該是雲、風、雨、雪,確如鄭玄所說,是"天宗"、天神之類。據《論書》篇和孔安國的觀點,六宗是四時、寒暑、日、月、星、水旱。其中的四時、寒暑、水旱也和日、月、星辰、風雨一樣,屬於天神之類,符合《舜典》"六宗"大意。《史記·封禪書》記載,齊地祭祀八神:"八神將自古而有之,或曰太公以來作之。"八神包括日主、月主、四時主。姜太公是炎帝的後裔,虞舜又與炎帝集團存在血統關聯,從後來齊地的祭祀對象逆推,《舜典》所說的六宗,指的應該也是日、月、四時這類自然物。《淮南子·天文訓》寫道:

東方,木也,其帝太皞,其佐句芒,執規而治春……南方,火也,其帝炎帝,其佐朱明,執衡而治夏……西方,金也,其帝少昊,其佐蓐收,執矩而治秋……北方,水也,其帝顓頊,其佐玄冥,執權而治冬……

"人主之情,上通於天,故誅暴則多飄風,枉法令則多蟲螟,殺不辜則國赤地,令不收則多淫雨。"①風雨水旱,都由天神管轄;四時各有其主神,寒暑水旱亦由天神而定。古人認爲四時由天而生,也由天統轄。據此,六宗亦當從鄭玄說,屬於天神之類。

除了上述這些主要觀點之外,關於"六宗"的含義,還有一些其他的説法。如張髦認爲是三昭、三穆;盧植、摯虞認爲是《月令》中的"天宗";司馬彪認爲是天宗、地宗和四方之宗,"天宗者,日月星辰寒暑之屬也;地宗,社稷、五祀之屬也;四方之宗,四時五帝之屬也",這實際上就是《尚書大傳》說與其他諸說的折中版;虞喜、劉昭

---

① 張雙棣:《淮南子校釋》,北京大學出版社,1997年,第263、246頁。

以六宗爲六地數,主祭大社及五地;後魏孝文帝、杜佑以"天皇大帝及五帝之神"爲六宗;張迪則認爲是六代帝王。①

對"禋"的解釋可以分爲兩類:一類認爲禋泛指精誠潔敬的祭祀,如《孔氏傳尚書》、《論書》篇和王肅;一類認爲禋是指一種具體的祭祀形式,如鄭玄的火祭説和劉昭的瘞埋説。

《論書》篇把禋字解釋爲"潔祀之",其説與《經典釋文》引王肅説同。據這種説法,禋就是對祭祀的通稱,因爲"凡祭祀無不潔,而不可謂皆精"。強調禋祀之"精"的,是《孔氏傳尚書》"精意以享謂之禋"的解釋,同樣的説法還見於《國語·周語》。這種説法道出了禋字強調祭祀之精誠的内涵,但也只是一般性的解讀,没有追溯其來源。

《周禮·大宗伯》有"以禋祀祀昊天上帝,以實柴祀日月星辰,以槱燎祀司中、司命、風師、雨師"的記載。這裹的"以禋祀祀昊天上帝",是《大宗伯》對祭祀規範的首條記載,方法是"禋祀",對象是"上帝"。《大宗伯》記載的是周代高規格祭祀的規範,對我們解讀虞舜時代的祭祀方式具有重要的參考價值。鄭玄在《周禮》注中解釋了這裏的"禋祀"、"實柴"和"槱燎":

> 禋之言煙。周人尚臭,煙氣之臭,聞者槱積也。《詩》曰"芃芃棫樸,薪之槱之",三祀皆積柴,實牲體焉,或有玉帛,燔燎而升煙,所以報陽也。

據鄭玄的解釋,"禋祀"、"實柴"和"槱燎"都是火祭。它們類型相同,但等級、規格有所不同。鄭玄將"禋"解釋爲"煙"。《通典·吉禮》引鄭注《堯典》(今《舜典》)道:"禋,煙也,取其氣達升報

---

① 參見王先謙:《尚書孔傳參正》,《四部要籍注疏叢刊·尚書》,第2562頁。

於陽也。"①《洛誥》"予以秬鬯二卣明禋",賈公彥《周禮注疏》引鄭注爲"芬芳之祭",都把禋看作一種火祭,與《周禮》注同。他書多有引《尚書大傳》作"煙於六宗"者,鄭注又説"煙,祭也。字當爲禋"。② 這説明,鄭玄雖然認定禋祀與實柴、槱燎同屬火祭,但并不認同直接用"煙"代替"禋"的做法。除了《尚書大傳》,段玉裁還舉出了兩處以"煙"爲"禋"的例子。《古文尚書撰異》寫道:

《魏公卿上尊號奏》曰:"煙於六宗,徧於羣神。"洪景伯曰:"碑以煙爲禋。"玉裁按:"以煙爲禋"與《大宗伯》"禋祀"鄭注合。

其實,據朱駿聲《説文通訓定聲》的説法,鄭玄之後以"煙"釋"禋"者甚夥,絶不止這兩例。可見禋爲火祭的説法,確實産生了不小的影響。除了鄭玄之外,劉昭也認爲"禋"不是對祭祀的泛指,而應當是一種特定的祭法。段玉裁寫道:

劉氏有取於虞喜"地祭"之説,其言曰:"堙也者,埋祭之言也。實瘞埋之異稱,非同禋之祭也。夫置字涉神,必以今之'礻',今之'礻'即古之'神',所以'社''襫'諸字莫不以'神'爲體。《虞書》不同,祀名斯隔。《周禮》改'煙',音形兩異。《虞書》改'土',正合祭義。此焉非疑以爲可了。"玉裁按:曰"《虞書》不同"、曰"《虞書》改'土'",則梁時《尚書》其字作"堙",或從俗作"埋",不作"禋"也。謂"堙",即《爾雅》之"祭地曰瘞薶",故曰"正合祭義"。劉氏在梁時所

---

① 孫詒讓:《周禮正義》,《十三經清人注疏》,第1297–1300頁。
② 皮錫瑞:《尚書大傳疏證》,卷一,第10頁。

據者不同如此。①

劉昭據梁時《尚書》作"埋於六宗"，認爲此祭實即瘞埋之祭。段玉裁說他受到虞喜"地祭"之說的影響，是有道理的。虞喜、劉昭的六宗說，前文已述。他們主張六宗主祭大社及五地，那麼據《爾雅》和《祭法》，祭地用瘞埋，與"埋"字的含義正相合。但是，《爾雅》和《祭法》記載的多是周代的故實。如果把劉昭的說法放到更早的時代去考察，就未必成立了。

據《周禮》和《禮記》的記載，周代祭天用燔柴之法，祭地用瘞埋之法。燔柴之法即火祭，有不同的等級和具體用法。其實，至晚在商代，火祭就已經是最通行的祭法之一。商代火祭名目眾多，且祭祀對象的範圍比周代廣得多。在今見甲骨文卜辭中，就有燎、烄、爇、煮、禘五種可以確定爲火祭的祭法。其中，烄祭是焚巫祈雨之祭，爇祭、禘祭與燎祭相似，煮祭則是一種以火燒物的祭法。燎祭是卜辭中最常見的火祭方式，也是最常見的祭法之一。燎字的甲骨文字形分爲兩類，關於它的字形字義，趙誠先生寫道：

> 一類爲 、 ，從火從木……都表示以火燒木柴之意；一類是 、 ，從木從數點。數小點"象火焰上騰之狀"，整個字仍然表示以火燒木柴之意；這兩類寫法實際都是後代燎字的早期寫法。燎，《說文解字》云"燒柴燎祭天也"，《爾雅·祭天》《禮記·祭法》所說也大體如此，這應該是後代燎祭的內容。從卜辭來看，商代燎祭的範圍要比後代廣泛得多，如" "（燎帝）（乙四九一五），是向上帝進行燎祭；" "（燎於嶽）（甲二一二一），是燎祭自然神；" "（燎於大甲）（京九〇六），是燎祭先王；" "（燎於高妣己）（遺一），是燎祭先妣；

---

① 段玉裁：《古文尚書撰異》，《四部要籍注疏叢刊·尚書》，第1797頁。

"❖"(末黄尹)(合二七二),是尞祭舊臣。不僅如此,其他有關的神靈如"❖"(東母)、"❖"(帝云)皆可進行尞祭。①

燎祭是商代最通行的火祭形式,火祭在商代的通行程度,可見一斑。除了單獨燎祭之外,商人還有將犧牲與燎祭共用的祭祀方法,即燎牲之祭。如"甲辰卜,王翌乙巳燎於成,五牛"(參見《甲骨文合集》②1348/1,以下簡稱《合集》),就是一例。這種祭祀方法延續到周代,《洛誥》中的"殺禋咸格",極有可能就是在盛大祭典中將犧牲與燎祭合用的例子。《洛誥》中的"殺",應是犧牲之祭的一種泛稱;而"禋",很可能就是燎祭一類。説"禋"近乎燎祭,因爲殺、燎是兩種可以并用的用牲之法。燎牲之祭又不是單純的用牲法,而是燎祭和犧牲的結合。陳夢家先生在《古文字中之商周祭祀》一文中,將"燎"分類爲用牲之法,并寫道:"燎於血酱等兼爲用牲之法,與埋、沉、卯等專作用牲之法者各異其性質。"③燎牲之法也是商代常見的一種祭祀之法,可用於各種規模的祭祀。就目前材料看來,燎幾乎是商代唯一擁有這樣雙重身份的祭法。這也證明《洛誥》中的"殺禋咸格",最有可能就是對一種燎牲之祭的描述。那麼,與殺祭并提的禋祭,自然就最有可能是火祭一類的祭祀了。鄭玄釋禋爲"煙"或"芬芳之祭",應該是最接近事實的判斷。

劉昭認爲"禋"當作"堙",爲瘞埋之祭。據甲骨卜辭看來,在商代祭祀中很少見到這類瘞埋的祭法。根據《爾雅》和《周禮》的記載,瘞埋是周代祭祀土地神的主要方式。但在商代,祭祀土地神的主要方式是燎祭。常玉芝在《商代宗教祭祀》一書中寫道:

---

① 趙誠:《甲骨文簡明詞典——卜辭分類讀本》,第236頁。
② 郭沫若:《甲骨文合集》,中華書局,1999年。
③ 陳夢家:《古文字中之商周祭祀》,《燕京學報》,1936年第19期。

殷墟甲骨卜辭記錄商人尊土地爲神，對其進行祭祀。商人祭祀土地神時使用"燎"祭的方法最多，如：

（1）燎於土宰，方帝。（《合集》11018正，一期）

（2）戊申蔔，殼貞：方帝，燎於土，🈳雨，卯上甲。（《合集》1140正，一期）

（3）貞：燎土，方帝。（《合集》14305，一期）

（4）□辰蔔：燎土三宰，四方宰。

甲戌：土燎。（《合集》21103，一期）①

可見，商人祭祀土地也用燎祭。祭地用瘞埋法，應該是周代才有的制度。不過，商代也并非沒有瘞埋之類的祭法，如薶祭。"薶"，或作"埋"，甲骨文字形作🈳或🈳，"象實牛、犬於坎中之形"②。薶是一種將動物埋陷於低地中的祭法，屬於陳夢家先生所說的"專作用牲之法"一類，而非燎祭那種本是獨立祭法卻也可以用於犧牲的類型。而且商代薶祭的對象，似乎只限於"河"，如"埋於河，二宰。四月"（《合集》14609/1）。薶祭有時也與別祭同用，作爲相伴的祭名出現，如"貞：禘於東，埋🈳豕，燎三宰，卯黃牛"（《合集》16197/1）。就現有資料看來，這類祭祀在對天神、土地神或祖先神等對象的祭祀中，還從來沒有出現過。那麼，唐虞之世是否會在攝政祭典中使用這類祭祀，就很值得懷疑了。

既然鄭玄知道《舜典》和《洛誥》中的"禋"就是對火祭的統稱，爲什麼他還要堅持"禋"爲正字而否定"煙"這一更能體現本義的寫法呢？這固然是因爲鄭氏嚴謹的學術態度，但同時也促使我們思考"禋"字更爲豐富的内涵。在祭祀禮儀不斷規範化，繁瑣的祭法

---

① 常玉芝：《商代宗教祭祀》，中國社會科學出版社，2010年，第133頁。
② 李立新：《甲骨文中所見祭名研究》，中國社會科學院研究生院博士學位論文，2003年，第109頁。

形式不斷類型化、系統化的歷史過程中,許多祭名的本義會漸漸淡化和喪失,最終成爲某種類型祭祀的統稱,演化出泛指的功能。《周語》對禋字有"精意以享"的解釋,説明禋在周時作精誠潔敬之祭講,是一種通行的説法。火祭在先民早期宗教生活中占據了極重要的地位,煙祀本是一種重要的火祭,後來逐漸成爲這類祭祀的統稱,最後演化出泛指精潔之祀的功能。這樣,"煙"字的意義更多地由從火轉變爲從示,其字形也就隨之改變了。但是,"禋"字從火的原始意義并沒有完全消失,最好的證據就是《大宗伯》仍將禋祀與實柴、槱燎并提。另一方面,無論是煙還是禋,字形都從垔。關於"垔"字的意義,《説文解字·土部》寫道:"垔,塞也。……或從𠂤。"段玉裁注:"此字古書多作堙、作陻,真字乃廢矣。"①垔,字形從西、從土。《説文解字·西部》:"西,鳥在巢上也。"②無論是𠂤還是西,指的都是高處,它又從土,因此指的是高於地面的土堆。字形從垔者,往往指土丘、土山。如《春秋公羊傳·宣公十五年》:"於是使子反乘堙而窺宋城。"《尉繚子·戰威》:"破軍殺將,乘闉發機。"兩書中的堙和闉,在這裡都指爲戰争而堆的土山。古人的祭祀活動往往選在高處,對天神的祭祀,在周代必須設壇。這一點,在上文所引的諸多文獻中都有體現。壇是用土和石料堆積成的高臺,因爲這種祭祀習俗,禋也能成爲一般祭祀的統稱。"凡禮,對文則別,散文則通"③,對"禋"字的字義也應該作這樣的處理:在與别的火祭祭名對看時,就要取"煙"的火祭意義;在單獨出現時,則要考慮到其"精潔之祀"的泛指功能。這樣看來,袁准説"夫名有轉相因者,《周禮》云'禋祀上帝',辨其本言煙熅之體也;《書》曰'禋於文、武'者,取其辨精意以享也"④,不失爲一種合理的折衷之論。

---

① 段玉裁:《説文解字注》,第691頁。
② 段玉裁:《説文解字注》,第585頁。
③ 孫希旦:《禮記集解》,第632頁。
④ 孫詒讓:《周禮正義》,《十三經清人注疏》,第1300頁。

《舜典》中的"禋於六宗",禋是火祭。火祭的對象是天神,"六宗"即天神。《詩經·大雅·生民》有"克禋克祀,以弗無子"的詩句,"禋"、"祀"指的也都是祭祀上天之神。《論書》篇對"禋"的解釋,取的是它引申、演化之後的含義,而非它的本義;對"六宗"的解釋,取的是《禮記·祭法》之説,符合《舜典》之文的大意。《孔氏傳尚書》和《論書》篇面對這兩個千古聚訟的問題,觀點清晰一致。

報祭與祖、宗

《孔叢子·論書》篇道:

> 《書》曰:"維高宗報上甲微。"定公問曰:"此何謂也?"孔子對曰:"此謂親盡廟毀,有功而不及祖,有德而不及宗,故於每歲之大嘗而報祭焉,所以昭其功德也。"公曰:"先君僖公功德前行,可以與於報乎?"孔子曰:"丘聞昔虞、夏、商、周以帝王行此禮者則有矣,自此以下,未之知也。"

"維高宗報上甲微",不見於今傳《尚書》,大概是《尚書》逸篇中的内容。上甲微是商代的明君,魯大夫展禽講到先王制定祭祀法度時有"以勞定國則祀之"的説法,韋昭以爲他説的就是"虞幕、夏杼、殷上甲微、周高圉、大王"這類人。"報上甲微"中的報祭被稱爲"國之典祀"之一,是一種重要的祭祀先祖的宗教活動。韋昭稱述的那幾位先王,都在他們的朝代享受報祭,《魯語上》寫道:

> 幕,能帥顓頊者也,有虞氏報焉。杼,能帥禹者也,夏后氏報焉。上甲微,能帥契者也,商人報焉。高圉、大王,能帥稷者

也,周人報焉。①

這段文字是關於四代報祭對象最詳細的記載,所以孔子説"昔虞、夏、商、周以帝王行此禮者則有矣"。韋昭認爲上甲微能"以勞定國",展禽認爲他是"能帥契者"。雖然正史和經典中關於他的記述很少,《論書》篇所引的這句《尚書》之文也不見於其他典籍,但他的英明事蹟和高宗報祭他的史實,還是能從《國語》和《竹書紀年》等文獻中得到一些印證。如《魯語上》有"上甲微,能帥契者也,商人報焉"的記載,《今本竹書紀年·夏紀·帝泄》寫道:"十六年,殷侯微以河伯之師伐有易,殺其君綿臣。中葉衰而上甲微復興,故商人報焉。"商人報祭上甲微,是因爲王亥在有易被殺,上甲微帶領殷民消滅了有易、成功爲王亥復仇,并實現了殷民族的中興。《殷紀·武丁》寫道:"十二年,報祀上甲微。"②高宗是武丁的廟號,可見武丁曾報祭上甲微,是武丁時代的重要事件。《論書》篇引用的《尚書》文句,是有根據的。

在《論書》篇中,孔子認爲上甲微是"親盡廟毀,有功而不及祖,有德而不及宗"的一位祭祀對象,所以需要"於每歲之大嘗而報祭"。這一回答體現了《論書》篇的兩個觀點:其一,報祭對象有功德,但因不及祖、宗所以"親盡廟毀",需要報祭,反而言之,祖、宗就是太祖之外的兩個不毀廟之名;其二,報祭在"每歲之大嘗",那麽它就是宗廟之饗一類的祭祀。這兩個觀點涉及的祖、宗之祭和報祭性質的問題,歷代學者多有爭論。但考察諸家説法的核心觀點,大致不超出鄭玄、王肅兩派的範圍。王派的觀點與《論書》篇相同,《左傳正義》引用王派學者孔晁"冥能修道,功不及祖,德不及宗,故

---

① 徐元誥:《國語集解》,第 154、160 至 161 頁。
② 王國維:《古本竹書紀年輯校·今本竹書紀年疏證》,遼寧教育出版社,1997 年,第 55、70 頁。

每於歲之大烝而祭焉,謂之報"①的説法來解釋有虞氏之報幕,與《論書》篇的文字十分相似。下面就圍繞《論書》篇的内容,對王、鄭之争中的一些重要觀點進行辨析。

先看祖、宗的問題。最早對祖、宗之制作出解釋的是鄭玄。《孝經》有"昔者周公郊祀后稷以配天,宗祀文王於明堂以配上帝"的記載,鄭注寫道:"上帝者,天之别名也。神無二主,故異其處,避后稷也。"②他認爲周公所行的郊祀、宗祀之禮,對象是一致的,只是所以配祀的祖先不同。周公郊祭后稷以配天,爲了避開后稷,又在明堂宗祀文王。《禮記·祭法》有"周人禘嚳而郊稷,祖文王而宗武王"的記載,鄭注寫道:"祭五帝、五神於明堂曰祖、宗,祖、宗通言爾。"③鄭玄這種把明堂祭五帝的儀式等同於祖、宗之祭的説法,與他注《孝經》相同。據此,《孝經》"宗祀文王"的記載和《祭法》"祖文王而宗武王"的説法也就不存在矛盾了。孫詒讓理解了鄭玄的思路,他結合鄭玄的其他觀點,認爲若據鄭説,則"以合祀五帝言之,則曰大饗帝;以先王配食言之,則曰祖、宗;以祭及之地言之,則曰明堂:其實一也"。鄭玄認爲大饗帝、明堂、祖宗是一祭,而祖、宗通言,自然也是一祭。王肅反對鄭玄祖、宗通言和祖、宗之祭在明堂的觀點,他説:

> 古者祖有功而宗有德,祖宗自是不毁之名,非謂配食於明堂者也。《春秋傳》曰:"禘、郊、祖、宗、報五者,國之典祀也。"以此知祖、宗非一祭。審如鄭意,則經當言祖祀文王於明堂,不得言宗祀也。凡宗者,尊也。周人既祖其廟,又尊其祀,孰

---

① 杜預注、孔穎達等正義:《春秋左傳注疏》,《十三經注疏》,上海古籍出版社1997年版,第2053頁。
② 唐玄宗注、邢昺疏:《孝經注疏》,《十三經注疏》,上海古籍出版社,1997年,第2553頁。
③ 朱彬撰、饒欽農點校:《禮記訓纂》,第690頁。

謂祖於明堂者乎？鄭引《孝經》以解《祭法》，而不曉周公本義，殊非仲尼之旨也。①

王肅依據的《春秋傳》，與今《國語》文字相似。他以祖、宗爲兩種不同的祭祀，并認爲其性質是不毀廟之祭名。王肅對鄭玄"祖宗通言"觀點的批駁是有道理的。其實，由於有《魯語》爲證，鄭玄祖宗通言爲一祭的説法本身就很難成立。他之所以認爲祖宗通言，大概是爲了調和《孝經》和《祭法》的矛盾。《孝經》后稷配天、宗祀文王的記載，可以分別在《詩經·思文》和《我將》中得到印證，但這兩篇詩歌"皆是周公攝政五年治雒中事"。關於這一矛盾，韋昭的解釋更爲合理，他注《魯語》"祖文王而宗武王"時寫道：

此與《孝經》異也。商家祖契，周公初時亦祖后稷而宗文王，至武王雖承文王之業，有伐紂定天下之功，其廟不可毀，故先推后稷以配天，而後更祖文王而宗武王也。②

後代許多學者都看到了鄭玄的這一點失誤，但他們仍要爲鄭玄辯護，維護其"祖宗通言"之説，比如孫詒讓在《周禮正義》中寫道：

《唐書·禮儀志》，長孫無忌申王駁鄭，據《國語》云"郊禘祖宗報五者，國之典祀也"，明堂祖宗合爲一祭之非。不知文武雖并配五帝，而祖宗名自不同。段如王説，則文武同立世室，而區分祖宗二祀，則親廟有四，豈亦得爲四祀乎！其不足

---

① 孫詒讓：《周禮正義》，第136頁。
② 徐元誥：《國語集解》，第160頁。

以破鄭義明矣。①

但是,孫氏的辯護詞在邏輯上是不成立的。其一,不區分祖、宗二祀,就無法與《國語》取得一致。因爲"國之典祀"中的"郊""禘""報"都是獨立的祭祀,沒有理由獨將祖、宗理解爲一種祭祀中的兩種祭名。其二,孫氏在這裡討論的,是祖宗是否同爲一祀的問題,而"祖宗爲兩祭"和"祖宗之祭爲廟享"是兩個互不相涉的獨立命題,因此他并不能通過批駁王肅不毀廟的觀點來證明祖、宗爲一祭。鄭玄認爲祖宗可以通言,可能是受了《祭法》禘、郊、祖、宗這種記載順序的誘導,也可能是周代制度與前代不同。與《祭法》中這段文字相似的記載,亦可見於《魯語》:

故有虞氏禘黃帝而祖顓頊,郊堯而宗舜。夏后氏禘黃帝而祖顓頊,郊鯀而宗禹。商人禘舜而祖契,郊冥而宗湯。周人禘嚳而郊稷,祖文王而宗武王。②

這段文字中的祖、宗,合於一處言之者爲周代,與《祭法》相同;分而言之者爲虞、夏、商三代,與《祭法》不同。那麼,至少在虞、夏、商三代,祖、宗爲可與禘、郊并言的兩種不同祭祀,當是不爭的事實。《論書》篇"有功而不及祖,有德而不及宗"的記載,與王肅"祖有功而宗有德"和孔晁"功不及祖,德不及宗"的説法都相似,它的文獻來源,也當與王派的文獻依據關係密切。

再看報祭是否是宗廟之祭的問題。探討這一問題,可以先從周制入手。據《論書》篇,報祭和祖、宗關係密切,而周文王和周武王是王、鄭兩派關於祖宗問題的唯一交叉點。文、武是四代祖宗中

---

① 孫詒讓:《周禮正義》,第138頁。
② 徐元誥:《國語集解》,第160頁。

唯一一類既是祖宗又立有不毀之廟的祖先。《魯語》有"高圉、大王，能率稷者也，周人報焉"①的記載，認爲高圉和古公亶父是周人報祭的對象。《左傳》昭公七年記載周王派使臣追命魯襄公時說："叔父陟恪，在我先王之左右，以佐事上帝，余敢忘高圉、亞圉？"②孔穎達在《禮記正義》中引古注道："周人不毀其廟，報祭之。"這位古代注家認爲高圉、亞圉是周人報祭的對象，且報祭的制度是"不毀其廟"。其說與鄭玄、《論書》篇皆不同。《王制》有"天子七廟，三昭三穆，與大祖之廟而七"的記載，鄭玄寫道："此周制。七者，大祖及文王、武王之祧，與親廟四。大祖，后稷。殷則六廟，契及湯，與二昭二穆。夏則五廟，無大祖，禹與二昭二穆而已。"③若據鄭說，則周代除太祖廟外，只有文、武立廟不毀。高圉、亞圉和古公亶父是周人報祭的對象，但他們不可能有不毀廟的待遇。由於文、武在立有不毀之廟的同時又被周人尊爲祖宗，王肅得出了祖、宗廟不毀的結論，也把祖、宗之祭列入了廟享的範圍。但比對鄭玄的《王制》注和《魯語》就能看出，虞、夏和殷商三代的祖、宗都與其世室不毀的祖先不符合。這樣看來，王肅與鄭玄爭論的是文、武的問題，他的結論是依據周代的巧合得出來的，不足以駁倒鄭玄。

祖宗、不毀廟和報祭三者之間，可能并沒有直接的聯繫。所以馬融認爲"周人所報而不立廟"④，而陳奐甚至斷定"郊、禘、祖、宗、報，皆非宗廟之祭"⑤。但祖、宗、報祭畢竟是以祖先爲對象的祭祀，僅僅因爲它們的對象不是不毀廟之主就簡單地說它們"非宗廟之祭"，亦失之武斷。關於"報"字的含義，《穆天子傳》有"報哭於大

---

① 徐元誥：《國語集解》，第159–161頁。
② 楊伯峻：《春秋左傳注》，第1294頁。
③ 鄭玄注、孔穎達等正義：《禮記正義》，《十三經注疏》，第1335頁。
④ 朱彬撰、饒欽農點校：《禮記訓纂》，第168頁。
⑤ 孫希旦：《禮記集解》，第161頁。

次"的記載,郭璞注道:"報,猶反也。"①可見其有反歸之義。《荀子·法行》篇楊倞注:"報,孝養也。"②又有孝養父母之義。報祭綜合報字的這兩種義項,爲報本反始、歸功報德之祭。《毛傳》記載《周頌·豐年》詩説"《豐年》,秋冬報也",鄭箋:"報者,謂烝也,嘗也。"秋冬之祭自然指四時之祭中的烝、嘗,鄭箋無誤。孔穎達更詳細地解釋道:

> 《豐年》詩者,秋冬報之樂歌也。謂周公、成王之時,致太平而大豐熟,秋冬嘗、烝,報祭宗廟。詩人述其事而爲此歌焉。經言年豐而多獲黍稻,爲酒醴以進與祖妣,是報之事也。言"烝畀祖妣",則是祭於宗廟。但作者主美其報,故不言祀廟耳。不言祈而言報者,所以追養繼孝,義不祈於父祖。至秋冬物成,以爲鬼神之助,故歸功而稱報,亦孝子之情也。③

"秋冬物成""故歸功而稱報",很好地解釋了報祭的含義;"烝畀祖妣"中的"烝"字,又説明"是祭於宗廟"。可見報祭雖未必如《論書》篇説的那樣,是對祖、宗之外的毀廟之主的祭祀,但仍應屬於宗廟之祭。又據《豐年》序,其祭當在秋冬;據孔穎達疏,其目的是對"鬼神之助"的歸功報答。這些記載,都可以與《論書》篇"於每歲之大嘗而報祭"和"所以昭其功德"的説法相互爲證。

"樂山"、"樂水"與"奠高山大川"

《孔叢子·論書》篇道:

---

① 王貽梁、陳建敏:《穆天子傳匯校集釋》,華東師範大學出版社,1994年,第346頁。
② 王先謙:《荀子集解》,中華書局,1988年,第537頁。
③ 鄭玄箋、孔穎達等正義:《毛詩正義》,《十三經注疏》,第594頁。

子張問："《書》云：'奠高山。'何謂也？"孔子曰："高山五嶽，定其差秩，祀所視焉。"子張曰："其禮如何？"孔子曰："牲、幣之物，五嶽視三公，小名山視子、男。"子張曰："仁者何樂於山？"孔子曰："夫山者，巋然高。"子張曰："高則何樂爾？"孔子曰："夫山，草木植焉，鳥獸蕃焉，財用出焉，直而無私焉，四方皆伐焉。直而無私，興吐風雲，以通乎天地之間。陰陽和合，雨露之澤，萬物以成，百姓咸饗，此仁者之所以樂乎山也。"

子張所問"奠高山"之文，見今《尚書·禹貢》："禹敷土，隨山刊木，奠高山大川。"① 在《論書》篇中，孔子認爲"奠高山"是定"高山五嶽"之"差秩"，并"祀所視焉"，即確定祭祀不同山川用禮的等差。歷代注《書》家對"奠"即"定"這一點都沒有異議，但關於"定"的對象，則有三種不同的説法：第一種是主流的説法，認爲"奠高山大川"是定祭禮之所視，《論書》篇、《孔氏傳尚書》、《尚書大傳》、馬融和鄭玄大體都持此説，他們各自的解釋還有細微的不同；第二種觀點以蔡沈爲代表，他認爲"奠高山大川"是用高山大川來確定九州的邊界；第三種觀點是王先謙的説法，他認爲"定高山大川"是爲山川命名。

作爲孔子家學記録的《論書》篇認爲"高山五嶽，定其差秩，祀所視焉"，與《孔氏傳尚書》"高山，五嶽。大川，四瀆。定其差秩"② 和馬融"定其差秩，祀所視也"③ 的説法都十分近似。可見，這種説法經歷了一個長期的傳承過程，并得到廣泛認可。就對孔子言論的記載來看，《論書》篇還較完整地記述了孔子由"奠高山"引出關

---

① 李民：《尚書譯注》，第54頁。
② 孔安國：《尚書孔氏傳》，《四部要籍注疏叢刊·尚書》，第20頁。
③ 孫星衍：《尚書今古文注疏》，《四部要籍注疏叢刊·尚書》，第2137頁。

於仁者樂山的議論。對這句經文的解釋,《論書》篇、《孔氏傳尚書》和馬融之說都僅有隻言片語。雖然孔子及其後代對這句經文的具體解釋今難確考,但儒家對這句經文的解釋還可以在《尚書大傳》等文獻中找到綫索,如《夏傳·禹貢》寫道:

> 高山大川,五嶽四瀆之屬。五嶽謂岱山、霍山、華山、恒山、嵩山也。江、河、淮、濟爲四瀆。五嶽皆觸石而出雲,扶寸而合,不崇朝而雨天下。大川相間,小川相屬,東歸於海。百川趨於東海。非水無以准萬里之平,非水無以通遠道,任重也。五嶽視三公,四瀆視諸侯,其餘山川視伯,小者視子男。①

《尚書大傳》中的這段文字,結構與《論書》篇近似——不但解釋了經文,還引申出對山之德、川之用的議論。《論書》篇是先釋高山,再釋所視之禮,最後用大量篇幅宣揚高山之德;《尚書大傳》則是先釋高山大川,再釋山之德、川之用,再釋所視之禮,語言十分凝練。《論書》篇没有涉及"川"和"水",但它圍繞"奠高山"的主題,對高山之德的敘述要比《尚書大傳》詳盡得多。孔子對"樂山""樂水"的議論,最早見於《論語·雍也》篇:

> 子曰:"知者樂水,仁者樂山;知者動,仁者静;知者樂,仁者壽。"②

《雍也》篇中的這段文字,是對孔子"樂山""樂水"言論的最可靠記述。因此《雍也》篇中把山同仁者對應,可以説是孔子對"樂山"問題的基本觀點。"仁者樂山",也是儒家文獻解釋這一問題時

---

① 皮錫瑞:《尚書大傳疏證》,卷三,第4-6頁。
② 楊伯峻:《論語譯注》,第62頁。

一貫緊密圍繞的中心。《尚書大傳》論山川，本非就"樂山""樂水"來談，但也講出了山的高聳入雲和無私奉獻；《論書》篇也以這兩點爲中心，但敷衍"仁者之所以樂乎山"的道理較《尚書大傳》充分。《尚書大傳》和《論書》篇都講山的"直而無私"，同《雍也》篇中以山爲仁的認識是一致的。另外，《尚書大傳》中還有一段與《論書》篇相似的記錄。《略説》篇輯録《太平御覽》等書引《尚書大傳》道：

> 子張曰："仁者何樂於山也？"孔子曰："夫山者，巋然高。""巋然高則何樂焉？""夫山，草木植焉，鳥獸蕃焉，財用殖焉，生財用而無私爲焉，四方皆代焉，每無私予焉。出雲風，以通乎天地之間。陰陽和合，雨露之澤，萬物以成，百姓以饗。此仁者之所以樂於山者也。"①

陳壽祺認爲《孔叢子》中的記載就是引用了這段《尚書大傳》文字，但細考這兩段記録的文辭和二書中其他相似文獻的情況，二者未必有直接互引的關係。從《論書》篇和《尚書大傳》中可以看出，孔子從釋"奠高山大川"引至"樂山""樂水"之論的敘事結構，在文獻流傳中沒有改變。而且其他儒家文獻中提到"樂山""樂水"，都是山水并提，很少有單論其一的。比如《韓詩外傳》卷三中的如下文字：

> 問者曰：夫智者何以樂於水也？曰：夫水者緣理而行，不遺小間，似有智者；動而下之，似有禮者；蹈深不疑，似有勇者；障防而清，似知命者；歷險致遠，卒成不毀，似有德者。天地以成，羣物以生，國家以寧，萬事以平，品物以正。此智者所以樂於水也。《詩》曰："思樂泮水，薄采其茆。魯侯戾止，在泮飲

---

① 皮錫瑞：《尚書大傳疏證》，卷三，第20頁。

酒。"樂水之謂也。

　　問者曰:夫仁者何以樂於山也? 曰:夫山者,萬民之所瞻仰也。草木生焉,萬物植焉,飛鳥集焉,走獸休焉,四方益取與焉。出雲道風,樅乎天地之間。天地以成,國家以寧。此仁者所以樂於山也。《詩》曰:"太山岩岩,魯邦所瞻。"樂山之謂也。①

其中論山的部分,與《論書》篇和《尚書大傳·略説》篇有不少相似之處。又如《説苑·雜言》篇:

　　夫智者何以樂水也? 曰:泉源潰潰,不釋晝夜,其似力者。循理而行,不遺小間,其似持平者。動而之下,其似有禮者。赴千仞之壑而不疑,其似勇者。障防而清,其似知命者。不清以入,鮮潔以出,其似善化者。眾人取乎品類,以正萬物,得之則生,失之則死,其似有德者。淑淑淵淵,深不可測,其似聖者。通潤天地之間,國家以成,是知之所以樂水也。《詩》云:"思樂泮水,薄采其茆;魯侯戾止,在泮飲酒。"樂水之謂也。夫仁者何以樂山也? 曰:夫山龍樅崒嵂,萬民之所觀仰。草木生焉,眾木立焉,飛禽萃焉,走獸休焉,寶藏殖焉,奇夫息焉,育羣物而不倦焉,四方并取而不限焉。出雲風,通氣於天地之間,國家以成。是仁者所以樂山也。《詩》曰:'太山岩岩,魯侯是瞻。'樂山之謂矣。②

上述論山之説,都立足於孔子"仁者樂山"的論斷。認爲高山養育萬物、溝通天地、無私奉獻的品質,是仁的表現,也就是仁者樂

---

① 屈守元:《韓詩外傳箋疏》,第 300、301、303 頁。
② 向宗魯:《説苑校正》,中華書局,1987 年,第 435－436 頁。

山的原因。從文獻的角度講,《論書》篇、《略説》篇、《韓詩外傳》和《雜説》篇的各自詳略,絶非獨立成文或簡單的引用,而是儒家"樂山""樂水"之説流傳損益的結果。就《雜説》篇言之,《論書》篇和《略説》篇中的那種記載應該是《雜説》篇除《韓詩外傳》之外的另一種重要來源。陳壽祺認爲《論書》篇的文字取自《尚書大傳》,可能是因爲其他各書都并舉山、水,只有《論書》篇和《尚書大傳·略説》篇單論"樂山"。在《論書》篇中,子張所提的問題没有涉及"大川",所以孔子就問作答,没有論及"樂水"。而《尚書大傳·略説》篇只錄"樂山"、不論"樂水"的原因,則囿於文獻的缺乏,難以明瞭。

綜上所述,《論書》篇對"奠高山"的解釋與《孔氏傳尚書》和馬、鄭之説相契,對"仁者樂山"的解釋也與《論語》《尚書大傳》和《韓詩外傳》等文獻遥相呼應,其對孔氏學説的傳承是不言而喻的。《論書》篇與《孔氏傳尚書》的説法相似,透露出這兩部家學著作間存在傳承關係的可能性。自《論語》至《説苑》,"樂山"之説在内容上得到了極大的豐富和補充。《論語》首先提出"仁者樂山"的論點,并簡述仁者沉静、長壽的特性,但并没有解釋"仁者樂山"的原因。《論書》篇是陳勝博士孔鮒所錄的孔門家學材料,《尚書大傳》的傳授者伏生是故秦博士,《韓詩外傳》也輯錄了大量先秦史料。這三種文獻體現的,至晚是周秦時期的儒家觀念。《論書》篇對"樂山"記載的真實性,可以從《韓詩外傳》中的異文那裡得到印證。它單舉"樂山"而不言"樂水"的結構安排,也符合上文文意。

回到《禹貢》。《論書》篇、《孔氏傳尚書》和《尚書大傳》都認爲禹所定者,是祭祀山川所視之禮用的等差。這是從《孔叢子》、《尚書大傳》、《孔氏傳尚書》到鄭玄的一貫觀點。《論書》篇和《尚書大傳》講到了"祀禮所視"的具體制度。《論書》篇寫道:"牲幣之物,五嶽視三公,小名山視子男。"《尚書大傳》也説:"五嶽視三公,四瀆視諸侯,其餘山川視伯,小者視子男。"鄭玄注:"所視者謂其牲幣……非謂尊卑。"這些材料透露了以"奠"爲定禮所視之説的綫索。

《禮記·王制》篇寫道:"天子祭天下名山大川,五嶽視三公,四瀆視諸侯。"鄭玄注:"視,視其牲器之數。"《禮記》是漢儒對前代禮教的記錄,《王制》篇中提到的天子、諸侯祭祀高山大川的文字,實際上是對天子、諸侯諸多宗祀之禮記載的一部分。《禮記》的記載未必全面,所以只講了五嶽四瀆視三公諸侯,而沒有提到子男之類。據《禮記》之文,類似的制度應該是確實存在於周代祭祀制度中的。《論書》篇和鄭玄對兩書的注釋,都提到"所視"指的是祭祀用品的等差,鄭玄注《尚書大傳》,還特別強調所視者不是山川本身的尊卑。考察《王制》的敘述結構,"天子祭天下名山大川"之文在"天子祭天地,諸侯祭社稷,大夫祭五祀"①之後,"諸侯祭名山大川之在其地者"之前。《王制》的這段記載,是對天子諸侯天地山川祭祀制度的一個較爲綜合的描述。這段記載涉及天子、諸侯、大夫的尊卑等級,鄭玄擔心讀者誤將山川所視與貫穿於經文中的身份次第混爲一談,才作注強調"視,視其牲器之數"。與《論書》篇和《尚書大傳》相比,《王制》的記載更全面,從形式上看也更像一段完整的敘述。那麼,《論書》篇和《尚書大傳》所取的山川祀禮所視之法,實際上屬於《王制》中描述的周代祭祀制度。《尚書大傳》和《論書》篇將周代制度附會到禹的時代,認爲這類本來屬於周代社會產物的禮制是古代聖人的創造。《孔叢子》和《孔氏傳尚書》是孔氏家學著作,他們一脈相承地接受了先儒的這種説法。雖然《孔叢子》、《尚書大傳》和《孔氏傳尚書》記載的可能不是孔子的原話,而是儒家學説傳承發展的結果,但它們對《禹貢》經文的這種解釋,體現的是孔子的重禮觀念及其將周禮合法化、神聖化的傾向。

朱熹的學生蔡沈突破了先儒的觀點,他認爲"奠高山大川"指的是把高山大川作爲九州的邊界,《書經傳説匯纂》記載朱門對此問題的解釋道:

---

① 朱彬撰、饒欽農點校:《禮記訓纂》,第186、185頁。

奠,定也,定高山大川以別州境也。……方洪水橫流,不辨區域。禹分九州之地,隨山之勢。相其便宜,斬木通道以治之。又定其山之高者與其川之大者以爲之綱紀。此三者,禹治水之要,故作書者首述之。①

朱、蔡的觀點自《書序》而來,《書序》總結《禹貢》的主要內容道:"禹別九州,隨山濬川,任土作貢。"②據此,《禹貢》全文對禹功績的敘述,可以分爲三部分:其一,劃分九州并明確各州的地理情況、名物出產、土壤性質等特點;其二,依據山川地勢疏導河流;其三,制定五服制度。從內容上看,第一部分的記述最爲詳盡,占的篇幅也最大。從結構和接續上看,第一部分與第二部分的敘述之間沒有過渡的句子或段落,第三部分記敘五服制度之前則有如下文字:

九州攸同,四隩既宅,九山刊旅,九川滌源,九澤既陂,四海會同。六府孔修,庶土交正,厎慎財賦,咸則三壤成賦,中邦錫土姓,祗台德先,不距朕行。

這段文字承上啟下,先總結前文別州境、通山道、疏河川的功績,再提示下文將要敘述的分封地、行五服的內容。從這段轉折文字看來,《禹貢》的編著者將"九州攸同,四隩既宅,九山刊旅,九川滌源"當做一個整體,作爲"錫土姓"的前提。那麼,第一、第二部分的內容在結構上是一體的。綴於全篇之首的"禹敷土,隨山刊木,奠高山大川",應該是對第一、第二部分的總言和提示。"禹敷土",

---

① 蔡沈等:《書經傳說匯纂》,《四部要籍注疏叢刊·尚書》,第628頁。
② 孔安國:《尚書孔氏傳》,《四部要籍注疏叢刊·尚書》,第20頁。

鄭玄説是"布治九州之水土"①，即對第一、第二部分禹治理九州水土之功的概括。"隨山刊木"與"九山刊旅"相對，説的是開闢山道，溝通阡陌，屬於禹的第二部分成就。那麽，"奠高山大川"也應該與治理九州水土相關。蔡沈説"禹分九州之地，隨山之勢"，是有道理的。因爲《禹貢》對分別九州的敘述，除了王畿地區的冀州之外，都作了類似"某山(水)、某(山)水惟某州"式的描述，如"濟、河惟兗州"、"荆河惟豫州"分別以濟水、黄河爲兗州界、以荆山、黄河爲豫州界等。這樣看來，他"定高山大川以別州境"的觀點是不錯的。高山大川確實被禹當作了分別州境的重要參照物。但是，他誤將"隨山浚川"、治理水土當成了"定其山之高者與其川之大者以爲之綱紀"，把相對獨立的"九山刊旅，九川滌源"之功看成了分別九州之界的手段。由此得出的結論，自然是片面的。

"奠"、"定"動作的實施對象既然是"高山大川"，其所奠定的主要內容，就不該只是九州之境，而應與高山大川直接相關。就這一點來講，王先謙的觀點頗有啟發性。他據《吕刑》，認爲山川之名才是奠定的對象：

奠者，定其主名。《吕刑》云："禹平水土，主名山川。"高山大川，其先無名，自禹定之。下文所列是也。②

《吕刑》有"主名山川"之文，他據以認爲"高山大川，其先無名"，并舉下文岱、河、荆、冀等名爲證。王先謙以高山大川之名爲奠定的對象，方向是對的，但他對具體問題的解釋則顯得過於拘泥，難以成立。王先謙以爲"其先無名，自禹定之"，所以稱爲"主

---

① 孫星衍:《尚書今古文注疏》,《四部要籍注疏叢刊・尚書》，第2136頁。
② 王先謙:《尚書孔傳參正》,《四部要籍注疏叢刊・尚書》，第2602頁。

名"。若依其説,則高山大川在禹之前皆無名號,這種觀點難以令人信服。王先謙唯一的證據,是"下文所列"的那些山川之名。但是,那些山川之名是禹分别九州之境的參照,它們所在的段落,主要内容是對九州的劃分和描述。所以,這些名號并不能作爲王先謙觀點的佐證。

關於"主名山川"的具體所指,孔穎達解釋道:"禹身平治水土,主名天下山川。其無名者,皆與作名。"①他認爲禹所"主名"的,是山川中無名者。這種推測有它的合理性,但對"主名山川"的内涵解釋得還不夠透徹、全面。郭璞注《爾雅·釋水》道:"從《釋地》以下至九河,皆禹所名也。"據其説,則禹所命名的範圍大大超過了"山川"之屬,更不用説"高山大川"了。那麽,難道在禹之前,山川土地真的具無所稱嗎? 邢昺道:"山川等名,其來尚矣。治水之後,更復改新。言此名是禹所制,非禹始爲名也。"②他説山川之名并非禹所首創,合情合理。所謂"主名山川",指的是禹在平治水土之後對山川之名的重制和規範化。綜合王先謙、孔穎達和邢昺的觀點,對"主名山川"的解釋確實有助於對"奠高山大川"的解讀。它們指的是禹在平治水土的過程中刊定山川、疏浚通道、正其名號,并以山川中高大知名者爲九州邊界等一系列活動。

《禹貢》主要記敍水土貢賦之事,與祭祀之事無關。蔡沈、王先謙和孔穎達在這些問題上的一些觀點,擺脱了先儒舊説的拘泥,但也有各自的局限。《論書》篇、《孔氏傳尚書》和《尚書大傳》等文獻對《禹貢》經文的理解雖然不甚客觀,但它們體現了儒家學派對史料的詮釋方式。釋"奠"爲祭祀雖然未必符合《尚書》的本義,但也有其依據。第一,"奠"有時確實指祭祀、進獻祭品,相關記載在《禮

---

① 孔穎達:《尚書正義》,《四部要籍注疏叢刊·尚書》,第443頁。
② 郭璞注、邢昺疏:《爾雅注疏》,《十三經注疏》,上海古籍出版社,1997年,第2620頁。

記·祭統》和《郊特牲》等文獻中都能看到;第二,古代君主確實祭祀名山大川,關於這方面制度的詳細記錄可參見《禮記·王制》。《論書》篇中孔子論"奠高山"的這段文字,可以分別在《孔氏傳尚書》、《尚書大傳》和《韓詩外傳》等儒家著作那裡得到印證。它不但是對孔子論《書》的記載,也是孔子天人觀念和禮樂觀念的綜合體現;不但是對《論語》思想的延續和發揚,還可能是《孔氏傳尚書》和《説苑》這些後世儒家著作的重要文獻來源。

四鄰、四臣與四友

《孔叢子·論書》篇道:

> 孟懿子問:"《書》曰:'欽四鄰。'何謂也?"孔子曰:"王者前有疑、後有丞、左有輔、右有弼,謂之四近。言前、後、左、右近臣,當畏敬之,不可以非其人也。周文王胥附、奔輳、先後、禦侮,謂之四鄰,以免牖里之害。"懿子曰:"夫子亦有四鄰矣。"孔子曰:"吾有四友焉。自吾得回也,門人加親,是非胥附乎?自吾得賜也,遠方之士日至,是非奔輳乎?自吾得師也,前有光、後有輝,是非先後乎?自吾得由也,惡言不至於門,是非禦侮乎?"

孟懿子所問"欽四鄰"之文,在今《尚書·益稷》篇:"汝無面從,退有後言。欽四鄰。"據經文,君臣相近,所以稱爲鄰。"鄰"即輔佐君王的大臣之類。關於"欽"的含義,《論書》篇寫道:"言前後左右近臣當畏敬之,不可以非其人也。"認爲"欽"是敬畏尊重,對象是"四鄰"。這種説法與司馬遷"敬四輔臣"之義相同,卻不甚符合《益稷》原文的意思。在《益稷》文中,"欽四鄰"的上文敘述的是"臣作朕股肱耳目"的一些具體職責,即"予欲左右有民,汝翼。予欲宣力四方,汝爲。予欲觀古人之象……汝明。予欲聞六律、五聲、八音,在治忽,以出納五言,汝聽。予違,汝弼。汝無面從,退有後言。"①"欽四鄰"之下,仍是對"四鄰"職責的描述和補充,譬如明、撻"庶頑讒説",承用、懲罰"納言"之類。根據文章結構的這種安排,"欽四鄰"所指的應該是"敬女四鄰之職,以效肱股耳目之用"②,"欽"的對象應該是上下文中輔臣的那些職責,而"四鄰"則更近似於泛指。

《論書》篇記載的這段孔子言論,主要圍繞"四鄰"之義進行發揮。孔子解釋"四鄰",認爲是"前有疑、後有丞、左有輔、右有弼,謂之四近,言前後左右近臣"。這種説法可以從《周書·冏命》和《尚書大傳》中找到綫索。用前後左右來劃分輔臣之職,源自《周書·冏命》:

> 惟予一人無良,實賴左右前後有位之士,匡其不及。繩愆糾謬,格其非心,俾克紹先烈。③

《益稷》有"四鄰",《洛誥》有"四輔",後人將它們與《冏命》中的"左右前後有位之士"聯繫起來,形成了《論書》篇這樣的形態。《尚書大傳》中有數條關於輔臣的記載,其説"四鄰"之名,皆與《論書》篇同。如《禮記·文王世子》正義引《尚書大傳》道:

> 古者天子必有四鄰,前曰疑,後曰丞,左曰輔,右曰弼。天子有問無以對,責之疑。可志而不志,責之丞。可正而不正,責之輔。可揚而不揚,責之弼。其爵視卿,其禄視次國之

---

① 李民:《尚書譯注》,第 43 頁。
② 江聲:《尚書集注音疏》,《四部要籍注疏叢刊·尚書》,第 1526 頁。
③ 李民:《尚書譯注》,第 396 頁。

君也。①

這一條記載除了列出四鄰之名以外，還介紹了他們各自的職能。實際上，秦漢時期的諸多文獻對四輔臣的名號和具體職能，都有不同的記載和描述。關於四輔臣的名號，除《論書》篇和《尚書大傳》疑、丞、輔、弼之説外，還有《文王世子記》的師、保、疑、丞之説和《大戴禮記·保傅》篇的道、充、弼、丞之説。而關於四輔臣的具體職責，則數《保傅》篇的記載最爲完善，是書引《明堂之位》道：

  篤仁而好學，多聞而道慎，天子疑則問，應而不窮者，謂之道；道者，導天子以道者也；常立於前，是周公也。誠立而敢斷，輔善而相義者，謂之充；充者，充天子之志也；常立於左，是太公也。絜廉而切直，匡過而諫邪者，謂之弼；弼者，拂天子之過者也；常立於右，是召公也。博聞强記，接給而善對者，謂之承；承者，承天子之遺忘者也；常立於後，是史佚也。故成王中立而聽朝，則四聖維之，是以慮無失計，而舉無過事；殷周之前以長久者，其輔翼天子有此具也。

《尚書大傳》對四輔臣職責的記録，除了上述《禮記正義》引文外，還有《華嚴經音義》所引的"直立而敢斷，廣心而從欲，輔善而相承謂之輔，廉潔而切直謂之弼"。關於這則記録，陳壽祺作出了如下分析："'直立而敢斷'下當脱'謂之儀'三字，'廣心而從欲'下當脱'謂之丞'三字。以下文輔、弼二句文法知之。"②他認爲上下文句應當對偶，則"直立而敢斷"謂"儀"，"廣心而從欲"謂"丞"。但考之以《保傅》篇"誠立而敢斷"之文，則"直立而敢斷"當屬"充"之

---

① 鄭玄注、孔穎達等正義：《禮記正義》，《十三經注疏》，第1407頁。
② 皮錫瑞：《尚書大傳疏證》，卷二，第26頁。

職責，相當於《尚書大傳》中的"輔"。此外，《荀子·臣道》篇道："有能比知同力，率羣臣百吏而相與强君撟君，君雖不安，不能不聽，遂以解國之大患，除國之大害，成於尊君安國，謂之輔。"《白虎通·諫諍》篇也説："左輔主修政，刺不法。"這些材料都表明"直立而敢斷"更近於左輔的職責。陳氏之説，恐有臆測的嫌疑。《禮記·文王世子》講師、保、疑、丞，由太傅、少傅、師、保四職引出：

> 大傅審父子君臣之道以示之，少傅奉世子，以觀大傅之德行而審喻之。大傅在前，少傅在後；入則有保，出則有師，是以教喻而德成也。師也者，教之以事而喻諸德者也；保也者，慎其事以輔翼之而歸諸道者也。《記》曰："虞夏商周，有師保，有疑丞，設四輔及三公。不必備，唯其人。"

其中的師、保，見《書序·君奭》篇："召公爲保，周公爲師，相成王左右。"這裡的師、保代替了《尚書大傳》中的輔、弼，與疑、丞共爲四輔。師的職責是"教之以事而喻諸德"，類似輔、充的"輔善而相義"；保的職責是"慎其事以輔翼之而歸諸道者"，類似弼的"拂天子之過"。可見諸書記載四輔的名稱雖異，職責内容卻大致相同。《洛誥》《文王世子記》《尚書大傳》等書中都有"四輔""四鄰"之名，證明其確實是古代實有的官制。但《益稷》中的"四鄰"和《冏命》中的"前後左右有位之士"，是泛指羣臣的説法。將他們直接理解爲四輔臣，不合經文原意。

除了疑、丞、輔、弼之外，《論書》篇還講到了文王四鄰。"胥附、奔輳、先後、禦侮"之名，當源自《詩經·大雅·綿》"予曰有疏附，予曰有先後，予曰有奔奏，予曰有禦侮"的詩句。《論書》篇説"謂之四鄰"，是把這四個詞當成了文王的四位大臣。疏附、先後、奔奏、禦侮四名，都是因義而生，對於這四個詞的本來含義，應予以説明。《毛傳》："率下親上曰疏附，相道前後曰先後，喻德宣譽曰奔奏,武臣折衝曰禦侮。"鄭箋:"疏附,使疏者親也。奔奏,使人歸趨之。"① 簡而言之,"疏附"指能使疏遠者親附;"先後"指能典職禮儀,在君前後;"奔奏"或"奔輳",義近"奔走",奔走而告天下人,使之歸趨;"禦侮"則指捍衛君主免受侵侮。它們的意義從孔子對己之"四友"的描述中也可以看出來。《論書》篇用孔子"四友"來比擬文王四鄰的説法,與《毛詩正義》所引《尚書大傳》之文類似:

> 孔子曰:"文王得四臣,吾亦得四友。自吾得回也,門人加親,是非疏附與? 自吾得賜也,遠方之士至,是非奔走與? 自吾得師也,前有輝,後有光,是非先後與? 自吾得由也,惡言不至於門,是非禦侮與? 文王有四臣以免虎口,丘亦有四友以禦侮。"②

《尚書大傳》多"文王有四臣以免虎口,丘亦有四友以禦侮"一句,《論書》篇也提到四鄰使文王"免乎羑里之害"的作用,强調"四鄰"是文王囚於羑里時前來解救的四個人。《史記·周本紀》寫道:

> 帝紂乃囚西伯於羑里。閎夭之徒患之。乃求有莘氏美女,驪戎之文馬,有熊九駟,他奇怪物,因殷嬖臣費仲而獻之紂。③

《史記》記載解救文王者,以閎夭爲首。《尚書大傳》記載這段史實也很詳細。《左傳》襄公三十一年正義引《尚書大傳》道:

---

① 王先謙:《詩三家義集疏》,中華書局,2009 年,第 841－842 頁。
② 鄭玄箋、孔穎達等正義:《毛詩正義》,《十三經注疏》,第 512 頁。
③ 司馬遷:《史記》,第 116 頁。

> 文王一年質虞、芮,二年伐邘,三年伐密須,四年伐畎夷,紂乃囚之。四友獻寶,乃得免於虎口,出而伐耆。①

伏生的時代與孔鮒相近,那時確實已有四友救文王的説法了。《玉海·官制》曾引《尚書大傳》"文王以閎夭、太公望、南宫括、散宜生爲四友"之文,皮錫瑞整合諸書所引《尚書大傳》文字後寫道:

> 散宜生、南宫括、閎夭三子相與學訟於太公。遂與三子見文王於羑里,獻寶以免文王。②

據此,"四友""四鄰"確有其人,但他們是否可以直接與疏附、先後、奔奏、禦侮一一對應呢?《君奭》篇寫道:

> 惟文王尚克修和我有夏,亦惟有若虢叔,有若閎夭,有若散宜生,有若泰顛,有若南宫括。③

可見,經文記載文王身邊第一流的大臣,除了四友之外,還有虢叔。對此,《孔氏傳尚書》解釋道:"凡五臣,佐文王,爲胥附、奔走、先後、禦侮之任。"那麽,"胥附、奔走、先後、禦侮"應該指輔臣的職責行爲,而非"一臣當一事"④。説它們是"四鄰",不如説是"四行"。《毛傳》解釋四者的含義道:"率下親上曰疏附,相道前後曰先後,喻德宣譽曰奔奏,武臣折衝曰禦侮。""率下親上""相道前後""喻德宣譽"都屬於務國治民一類的内政職能,只有"武臣折衝"與

---

① 杜預注、孔穎達等正義:《春秋左傳正義》,《十三經注疏》,第 2016 頁。
② 皮錫瑞:《尚書大傳疏證》,第 21-22 頁。
③ 孔穎達:《尚書正義》,《四部要籍注疏叢刊·尚書》,第 224 頁。
④ 孔穎達:《尚書正義》,《四部要籍注疏叢刊·尚書》,第 386 頁。

"禦侮"相關,但也難以與羑里之事聯繫起來。可見,《綿》詩中的四行,是不能與"四友""四鄰"直接對應的。閎夭、太公望、南宮括、散宜生都是文王身邊的賢臣,文王稱他們爲"四友"。後人因爲他們有這樣的名號,還參與過解救文王的行動,就把他們與《綿》詩中的"禦侮"聯繫起來;又因爲"四友"是四人,"胥附、奔走、先後、禦侮"是四行的巧合,而把"四友"與四行附會在一起。

　　《論書》篇和《尚書大傳》都記載了孔子以己之"四友"比擬文王"四臣"的言論。但《尚書大傳》較《論書》篇多"文王有四臣以免虎口,丘亦有四友以禦侮"一句。這句話總結孔子有"四友"也是爲了"禦侮",提示我們文王"四臣"主要是就羑里之囚的典故而言。《論書》篇的敘述,則借助"胥附、奔走、先後、禦侮"各自的特點和"四臣"的賢能,來襯托四位弟子的個性才能和孔子對他們的褒賞。"自吾得回也,門人加親",體現出顏回的厚德親人;"自吾得賜也,遠方之士日至",體現出子貢的善於辭令,能宣喻明德;"自吾得師也,前有光,後有輝",體現出子張的堂堂儀禮;"自吾得由也,惡言不至於門",體現出子路的豪勇果敢。《孔叢子》作爲孔氏家學著作,時時不忘宣揚本門學術,突出孔子及其弟子的言行、個性。《論書》篇的文字與《尚書大傳》相比只有一句之差,卻大大提升了四位弟子在這段文字中的分量,大大增強了這段文字的表現力。

"陳氏"非陳常考

　　《孔叢子·論書》篇道:

　　　　孔子見齊景公,梁丘據自外而至,公曰:"何遲?"對曰:"陳氏戮其小臣,臣有辭焉,是故遲。"公笑而目孔子,曰:"《周書》所謂'明德慎罰',陳子明德也,罰人而有辭,非不慎矣。"孔子答曰:"昔康叔封衛,統三監之地,命爲孟侯。周公以成王之命作《康誥》焉,稱述文王之德,以成勑誡之文。其書曰:'惟乃丕顯考文王,克明德慎罰。''克明德'者,能顯用有德,舉而任之也;'慎罰'者,并心而慮之,眾平然後行之,致刑錯也。此言其所任不失德,所罰不失罪,不謂己德之明也。"公曰:"寡人不有過言,則安得聞吾子之教也!"

關於這個故事發生的背景,據孔子見齊景公、梁丘據自陳氏處至的情況來推斷,應該在魯昭公兵敗、孔子隨之適齊的兩三年間。孔子適齊之初爲高昭子家臣,後來則常與齊景公來往。景公不但向孔子請教政事、學問,還考慮過給他高官厚禄。梁丘據是景公身邊的幸臣,後人常將他與晏嬰對比,突出他對景公的縱容誤導和晏嬰的忠誠正直。如《晏子春秋·内篇》記載景公夜飲無度,駕臨晏嬰、司馬穰苴和梁丘據家的故事。面對景公,晏嬰"被元端,立於門",穰苴"介胄操戟立於門",都正辭謝絕了景公的無禮要求;只有梁丘據"左操瑟,右挈竽,行歌而出",迎合景公。梁丘據一直以這樣的方式侍奉君王,以至於得到了景公"唯據與我和夫"的讚歎。①他不但是"偷樂之臣",還擁有相當的權勢。《孔叢子·嘉言》篇"宰我使於齊而反"章記載齊國眾大臣爭相爲梁丘據之疾進方的故事,可爲梁丘據在齊國朝野影響力之明證。

正史中關於梁丘據與孔子直接接觸的記載,主要見於《左傳》定公十年所載夾谷之會的相關史實。齊魯夾谷之會,孔子爲魯相,作爲魯國的代表與齊景公談判。這次談判齊國占據絕對優勢,他們提出要求:齊國每次出師,魯國都要以三百甲車相從;孔子則以歸還汶陽領地爲條件,爲魯國扳回一城。孔子在代表魯國商討國家大事時,能夠不辱使命。雙方達成共識之後,景公打算宴饗定公。孔子卻以此舉不合禮儀、可能有損齊君爲由私下加以制止。

---

① 吳則虞:《晏子春秋集釋》,中華書局,1962年,第318-319頁。

《左傳》寫道：

> 齊侯將享公。孔丘謂梁丘據曰："齊、魯之故，吾子何不聞焉？事既成矣，而又享之，是勤執事也。且犧、象不出門，嘉樂不野合。饗而既具，是棄禮也；若其不具，用秕稗也。用秕稗，君辱；棄禮，名惡。子盍圖之！夫享，所以昭德也。不昭，不如其已也。"乃不果享。

孔子對梁丘據說的這段話，自然不屬於兩國會盟的內容。孔子爲什麼要提醒景公，又爲什麼能親切地稱敵國大臣梁丘據爲"吾子"呢？關於前一個問題，孔穎達給出了回答：

> 此時齊、魯敵國，釋怨和平，未有殊異之歡，無假非常之事。孔子知齊懷詐，慮其掩襲，託正禮以拒之，故言"不野合"。①

拒絕景公，可能不是爲了景公的名聲，而是"知齊懷詐，慮其掩襲"。稱梁丘據爲吾子，則透露出孔子與梁丘據，甚至與齊景公都是舊識的訊息。據《史記·孔子世家》，昭公二十五年魯國內亂之後，孔子適齊爲高昭子家臣以通景公。孔子與齊景公、梁丘據的交往，就在這段時間。因爲梁丘據是景公身邊的近臣，孔子與景公來往密切，必然常與梁丘據接觸。夾谷之會孔子能直呼"吾子"，就是這個原因。《論書》篇的記載，亦可作爲孔子居齊時直接與梁丘據接觸的證據。

這段記載中的"陳氏"，宋咸注"齊大夫之家"，未明言爲誰；冢

---

① 杜預注、孔穎達等正義：《春秋左傳正義》，《十三經注疏》，第 2148 頁。

田虎説"陳氏,蓋陳恒",不確。冢田氏所説的"陳恒",就是後來弑齊簡公的田成子。《論書》篇中梁丘據所稱的"陳氏",必爲陳氏家族當時的首領。據《史記·田敬仲完世家》,"(悼公)四年,田乞卒,子常代立,是爲田成子"。則田成子之立,在齊悼公四年,比孔子適齊的魯昭公二十五年、齊景公三十一年晚了三十二年。陳氏在齊國勢力的壯大,始於田桓子無宇。《左傳·昭公十年》傳記載桓子結黨營私,籠絡人心,"公欲與桓子莒之旁邑,辭。穆孟姬爲之請高唐,陳氏始大"。這是正史關於田桓子最後一次有具體年份的記載。司馬遷説"無宇卒,生武子開與厘子乞。田厘子乞事齊景公爲大夫"①,可能因爲陳武子在位不長,典籍中很少有關於他的記載。司馬遷没有足夠的史料,便跳過了他,直接記敘田僖子的事蹟。田僖子陳乞立於景公時期,他是擴張田氏家族勢力、削弱公室的大"功臣",後來弑齊簡公的田常——也就是冢田虎所説的陳恒——就是他的兒子。但在他之前,繼田無宇之後接手田氏家族的,當爲僖子的兄長武子陳開。《左傳》昭公二十六年傳記齊魯在炊鼻交戰的場景,有"冉豎射陳武子,中手,失弓而駡"的片段。可見陳開立爲田氏家族首領,至早在昭公十年,至晚在昭公二十六年。"冉豎射陳武子"事在昭公二十六年夏,"(魯昭)公孫於齊"事在昭公二十五年九月。孔子適齊在昭公之後,與陳武子之事相去不過一年。那麽,孔子居齊期間陳氏首領爲武子的可能性最大。如果考慮到極端的情況,也有桓子未死和僖子已立的可能性。但此時據陳常的時代還很遠,僖子尚未必得立,梁丘據所稱的"陳氏",當然不可能是田成子陳常。

綜上所述,《論書》篇的記載符合孔子的經歷,并可與《左傳》《史記》中的記載相互補充,有其文獻依據。《世家》載孔子適齊的時間在魯國內亂之後,據《左傳》,這一事件不可能早於昭公二十五

---

① 司馬遷:《史記》,第 1881 頁。

年九月。他在適齊之後,尚有一個"爲高昭子家臣,欲以通乎景公"①的過程。昭公二十六年夏,《左傳》即有陳武子之名,與孔子居齊、同齊景公交往的時間基本吻合。據此,梁丘據所説的"陳氏"可基本斷定爲陳武子。雖然這個"陳氏"的身份在理論上還有可能是桓子或僖子,但其不爲成子,當是無可爭議的事實。

"祖甲不義"辨

《孔叢子·論書》篇道:

《書》曰:"其在祖甲,不義惟王。"公西赤曰:"聞諸晏子:'湯及太甲、武丁、祖乙,天下之大君。'夫太甲爲王,居喪行不義,同稱君,何也?"孔子曰:"君子之於人,計功以除過。太甲即位,不明居喪之禮,而干冢宰之政,伊尹放之於桐,憂思三年,追悔前愆,起而復位,謂之明王。以此觀之,雖四於三王,不亦可乎?"

《論書》篇所引《尚書》原文見《周書·無逸》篇。《無逸》篇是周公還政之後所作,用以勸誡成王。周公在文中以殷商的三位賢王爲例來勸誡成王,其文道:

周公曰:"嗚呼!我聞曰:昔在殷王中宗,嚴恭寅畏,天命自度,治民祇懼,不敢荒寧。肆中宗之享國七十有五年。其在高宗,時舊勞於外,爰暨小人。作其即位,乃或亮陰,三年不言,其惟不言,言乃雍。不敢荒寧,嘉靖殷邦。至於小大,無時或怨。肆高宗之享國五十有九年。其在祖甲,不義惟王,舊爲

---

① 司馬遷:《史記》,第 1910 頁。

小人。作其即位，爰知小人之依，能保惠於庶民，不敢侮鰥寡。肆祖甲之享國三十有三年。自時厥後立王，生則逸，生則逸，不知稼穡之艱難，不聞小人之勞，惟耽樂之從。自時厥後，亦罔或克壽，或十年，或七八年，或五六年，或四三年。"

從這段文字中可以看出，周公舉殷商的中宗、高宗、祖甲三位賢王來勸誡成王，主要取他們恭敬愛民，勤懇自律的德行。公西華所說的晏子之語，見今《晏子春秋・内篇諫上》："晏子曰：'夫湯、太甲、武丁、祖乙，天下之盛君也，不宜無後。"《論書》篇的編著者將《無逸》篇的這兩句經文冠於公西華與孔子的討論上，説明他認爲《無逸》篇中的"祖甲"就是太甲。而歷代學者對於祖甲的真實身份，其實還有不少爭議。王國維先生對這一學術公案作了簡單的歸納總結，他將關於祖甲的説法分爲三種，并分述道：

一今文家説洪氏《隸釋》載漢熹平石經《尚書・無逸》云：肆高宗之享國百年，自時厥後立王云云。下無其在祖甲一段。又《漢書・韋玄成傳》引殷之三宗，乙太宗中宗高宗爲次。漢儒舊説多稱殷太宗。賈生《治安策》亦言使顧成之廟稱爲太宗，上配太祖。若殷之三宗則應乙太宗屬太甲，中宗爲太戊，高宗爲武丁。漢石經之列次，以高宗爲最後，可知今文家應當無祖甲而有太宗。

二古文家説洛陽新出三體石經《尚書・無逸》有云：仲宗及高宗及祖甲及我。下闕據此語知其上文亦應有祖甲而無太宗。是古文經於此文以中宗高宗祖甲爲次，如今通行本也。

三僞孔傳及王肅説二家皆以祖甲爲太甲，此乃調和之論。使祖甲爲太甲，不應居武丁之後。且按之龜板亦無其徵，知此說爲妄。鄭康成釋祖甲曰武丁子帝甲也。亦據古文經言。①

實際上，段玉裁在《尚書古文撰異》中已經辨別了今古文經在這段記載上的差異，王說多本於段玉裁，而羅列爲三說的做法，更能讓我們高效地把握這一複雜公案的歷史源流。所謂的三種觀點，主要還是圍繞今古文不同的記載衍生出來的，下面就對今古文說作一個簡單的辨析。

先看今文家說。皮錫瑞的《今文尚書考證》已經落實古文的"其在祖甲""今文作'昔在殷王太宗'"②，今文尚書《無逸》篇中的三位賢王爲太宗、中宗和高宗，我們可以暫且稱之爲三宗說。由於今文尚書在漢代的地位很高，三宗說在漢代是主流的說法，影響很大。除了王國維所舉的《韋玄成傳》《治安策》以外，《漢書》所載的王舜、劉歆之說，以及《白虎通》、王莽《大誥》和《東觀漢記》等文獻，都說明太宗太甲、中宗祖乙（或太戊）和高宗武丁是漢代學者普遍認同的殷商三賢王。漢代學者之所以經常把這三位賢王當成榜樣，自然是因爲周公在《無逸》篇中用他們勸誡周成王的緣故。《論書》篇、《孔氏傳尚書》和王肅觀點一致，他們取古文尚書的經文次序，卻依今文家的說法來解釋，認爲祖甲是太甲，并用太甲的經歷來解釋《無逸》篇對祖甲經歷的敘述。所以段玉裁稱之爲"用今文家說注古文"，王國維先生說他們是"調和之論"。這種觀點以《孔氏傳尚書》爲代表。《孔氏傳尚書》釋"其在祖甲"至"不敢侮鰥寡"道：

湯孫太甲，爲王不義，久爲小人之行，伊尹放之桐。在桐

---

① 王國維：《觀堂學書記·觀堂授書記》，藝文印書館，1975年，第78頁。
② 皮錫瑞：《今文尚書考證》，《四部要籍注疏叢刊·尚書》，第2479頁。

三年，思集用光，起就王位，於是知小人之所依，依仁政。故能安順於眾民，不敢侮慢惸獨。

《孔氏傳尚書》既以祖甲爲太甲，又面臨其次序在高宗武丁之後的矛盾，便解釋道"此以德優劣、立年多少爲先後"。①

再看古文家説。據三體石經，《孔氏傳尚書》中《無逸》的這段原文確與古文經一致。古文經無太宗而有祖甲，且祖甲在高宗之後。根據這種記載，周公稱頌的三位賢王就應該是中宗、高宗和祖甲。漢代持此説的主要是馬融和鄭玄。孔穎達引鄭玄之説道：

> 祖甲，武丁子帝甲也，有兄祖庚。賢，武丁欲廢兄立弟，祖甲以此爲不義，逃於人間。故云"久爲小人"。

孔穎達依從《孔氏傳尚書》，認爲祖甲就是太甲，他就鄭玄的這段話反駁道："武丁賢王，祖庚復賢。以武丁之明，無容廢長立少。祖庚之賢，誰所傳説？武丁廢子，事出何書？"他認爲既然祖庚賢良，作爲明君的武丁就不應該廢長立幼。孔穎達認爲祖庚賢良，可能是將鄭玄的那段話錯誤地斷句爲"祖甲，武丁子帝甲也。有兄祖庚，賢。"②孫星衍所輯馬融語可以證明鄭玄稱"賢"的是祖甲而非祖庚：

> 馬融曰："祖甲有兄祖庚，而祖甲賢，武丁欲立之。祖甲以王廢長立少，不義，逃亡民間。故曰'不義惟王，久爲小人'也。武丁死，祖庚立。祖庚死，祖甲立。"③

---

① 孔安國：《尚書孔氏傳》，《四部要籍注疏叢刊·尚書》，第85頁。
② 孔穎達：《尚書正義》，《四部要籍注疏叢刊·尚書》，第377頁。
③ 孫星衍：《尚書今古文注疏》，《四部要籍注疏叢刊·尚書》，第2272頁。

可見，以馬、鄭爲代表的古文說認爲祖甲就是武丁的兒子帝甲。他的賢能超過了兄長祖庚，使得武丁想要廢長立幼。

帝甲之賢是古文說以祖甲爲帝甲的重要依據，而今文說反駁古文說，則都抓住正史中帝甲并非賢君這一點。正史中關於帝甲的記載，見於《史記·殷本紀》和《國語·周語下》。《殷本紀》寫道："帝祖庚崩，弟祖甲立。是爲帝甲。帝甲淫亂，殷復衰。"《周語下》寫道："玄王勤商，十有四世而興。帝甲亂之，七世而隕。"兩書描述帝甲，都說明正是從他的統治開始，殷商王朝呈現出明顯的衰落趨勢。《史記》和《國語》對帝甲的這兩條記載，是帝甲生平在正史中僅有的綫索。今文家和孔穎達主要就是根據這兩條記錄反駁古文說的觀點，認爲帝甲使殷商衰落，不可能是周公稱頌的賢王。持古文說者駁今文說和孔氏說，主要有三條證據。其一，太甲的事蹟不符合《無逸》篇的文義。蔡沈在《書集傳》中寫道：

> 孔氏……以"不義惟王"與《太甲》"兹乃不義"文似，遂以此稱祖甲者爲太甲。然詳此章"舊爲小人，作其即位"與上章"爰暨小人，作其小人"文勢正類。所謂小人者，皆指微賤而言，非謂憸小之人也。①

周公舉三位賢王、尤其是舉高宗和祖甲時，強調的是他們"舊勞於外，爰暨小人"和"舊爲小人"的經歷對他們爲政愛民的影響。祖甲之所以爲周公所稱頌，他"舊爲小人"而"知小人之依"的經歷是最重要的原因。《無逸》中幾次出現"小人"，指的都是地位低賤的人，今文說、《孔氏傳尚書》及《尚書正義》將文中的"小人"理解爲小人之行，不符合《無逸》中的"小人"之義，是強爲之說。其二，

---

① 蔡沈等：《書經傳說匯纂》，《四部要籍注疏叢刊·尚書》，第940頁。

蔡沈還認爲，《無逸》篇列舉君王的次序，都是因其在位之次序。下文周公所言"自殷王中宗及高宗及祖甲，及我周文王，茲四人迪哲"就是證據。這一觀點有力地指出了孔氏和王肅説的内在矛盾。其三，傅亞庶先生指出，《無逸》篇記載祖甲"享國三十有三年"，而據《紀年》，太甲"唯得十二年"，二者顯然不相符合。周公在《無逸》篇中認爲，三位有賢德的君主都能夠長壽。而之後"生則逸"的那些君主，享國時間則只有"或十年，或七八年，或五六年，或四三年"而已。太甲雖被尊爲太宗，但享國僅得十二年，不符合《無逸》篇的語境和周公在這裡表達的仁德長壽觀念。今古文因其經文不同，相互辯駁在所難免。段玉裁指出了這兩種説法矛盾的根源，此後，皮錫瑞等學者進一步辨析清楚了今古文經文本身的差異。

那麽，今文説和古文説，究竟哪一種更符合事實呢？今天看來，還是古文經的文字更勝一籌。從周公作《無逸》的動機和全篇文義來看，《無逸》篇主要是勸誡周成王不要逸豫失政、忘記民生疾苦，強調體恤民生艱難的重要性，強調要對"小人怨汝詈汝"這類情況採取正確的態度。正史對太甲事蹟的記載主要見於三篇《商書·太甲》，史書中的太甲被伊尹放逐，主要是因爲他違逆伊尹、失先王舊政，和愛民與否沒有直接關係；祖甲的事蹟，若據馬、鄭所言，則正可與《無逸》篇相合，蔡沈對"孔氏説"的辯駁很有道理。可是，正史記載祖甲是殷商衰落之始，也是不爭的事實。祖甲有沒有可能如馬、鄭所説，本是一位仁義愛民的君主呢？今本《竹書紀年》記載祖甲的事蹟道：

十二年，征西戎。冬，王返自西戎。十三年，西戎來賓。命邠侯組紺。二十四年，重作《湯刑》。

沈約注:"祖甲西征,得一丹山。"①沈注本自《山海經·大荒北經》郭璞注引《竹書紀年》"和甲西征,得一丹山"②。據此,則祖甲即位之後,曾經討伐西戎,并有所收穫。關於祖甲"重作《湯刑》"的事蹟,可以在《左傳》中找到綫索。昭公六年《傳》:

> 夏有亂政,而作《禹刑》。商有亂政,而作《湯刑》。周有亂政,而作《九刑》。三辟之興,皆叔世也。

《禹刑》《湯刑》《九刑》這三種法典的前兩種都以開國領袖命名,且三部法典都修訂於"叔世"。關於"叔世"的含義,楊伯峻先生解釋道:

> 叔世,前人解爲衰亂之世,服虔且云"踰(愈)於季世"。其實不然。《左傳》凡三言"季世",二處皆《易》"末世""衰世"之義,"叔世"唯此一見。《漢書·刑法志》引此文,師古注:"叔世言晚時也。"《刑法志》又云:"禹承堯、舜之後,自以德衰而制肉刑,湯、武順而行之者,以俗薄於唐、虞也。"王先謙《補注》云:"據此文,班以肉刑始於夏禹,而叔向所云叔世,對上世言之。"刑律古已有之,但由統治者掌握,高下由心。③

君主修訂法典,輕重緩急都依據當代的情況而定。儒家認爲修訂刑法是亂世的表現,提示我們刑法的修訂意味着社會穩定程度發生了變動。但無論社會發生怎樣的變化,對君主本人來説,修訂刑法還是一件不小的作爲。今本《竹書紀年》記載祖甲不但西征

---

① 張元濟:《竹書紀年》,《四部叢刊》,商務印書館,1919年,卷上,第30頁。
② 袁珂:《山海經校注》,上海古籍出版社,1980年,第424頁。
③ 楊伯峻:《春秋左傳注》,第1275–1276頁。

有所收穫，還能重修法典。《韓非子·內儲說上》："殷之法，棄灰於公道者，斷其手。子貢曰：'古人何太毅也？'"商代的嚴刑峻法，讓周代的子貢感到驚異。殷商歷經二十九世君王，祖甲處於商王朝後期，《國語·周語》韋昭注說是"亂湯之法"，暗示他對《湯刑》作出了重大修訂。這種作為雖然未必能挽回殷商衰敗的頹勢，但至少證明祖甲對於治國執政，還是有所用心的。若今本《竹書紀年》的這段記載確有實據，那麼一方面，祖甲執政後確實是一位有所作為的君王，而不是荒淫亂政的昏君；另一方面，"重作《湯刑》"雖然不能確知是對原有刑法的加重還是減輕，卻至少能反映出祖甲在位時面對社會環境惡化所作出的努力。殷商從祖甲起走向衰落或為事實，但這種歷史的發展必然是長期蓄積隱患的結果，不能歸咎於祖甲一人。

今本《竹書紀年》記載祖甲執政期間的作為，與馬、鄭說祖甲即位之前的義舉，為我們隱約勾勒出了祖甲被埋沒的"真實輪廓"：這是一位年輕時愛惜百姓、執政後有所作為，卻不幸遭遇王朝衰敗而與之一同墜落的君主。這個本來有着複雜人格的歷史形象，因為殷商衰落的歷史背景，在以儒家敘述為主流的正史中被簡化或改寫成一個亡國敗政的淫亂昏君。史料在流傳過程中被各種偏好和成見所歪曲，這種情況在中國歷史中時常發生。祖甲的年代距文字發達的周代尚頗久遠，主流文獻對他的記憶，很有可能也發生了類似的歪曲。在《無逸》中，周公舉商代君主的例子，是就事論事、宣揚他們勤政愛民方面的德行，并不執着於其人格的完美。太甲和祖甲事蹟的混淆自先秦時就已經出現，除今本《竹書紀年》有祖甲"重作《湯刑》"的記載外，《孟子·萬章上》還有"太甲顛覆湯之典刑，伊尹放之於桐"的記載，但這種說法并未見於《孔氏傳尚書》的三篇《太甲》和《史記》。三宗說雖然保證了三位君主都是有商一代最為人稱道的明君，卻難以將太甲的經歷與周公勸誡之語的主旨聯繫起來。孫星衍認爲"帝甲非令主，然或以能讓，且知小民之艱難，故見稱於書"①，大致得之。

在公西赤與孔子的對話中，太甲稱"大君"的資格受到了質疑，原因是他在守孝的禮節上没有做到位。"居喪行不義""不明居喪之禮，而干冢宰之政"，都是就他守喪不合禮數而言。孔子還認爲伊尹將他放逐到桐，也是因爲他守喪的禮數不周。其他典籍中關於伊尹放太甲的具體原因，有三種不同的説法。

第一種説法見於《商書·太甲》：

> 惟嗣王不惠於阿衡，伊尹作書曰："……嗣王戒哉！祗爾厥辟，辟不辟，忝厥祖。"王惟庸罔念聞，伊尹乃言曰："慎乃儉德，爲懷永圖。……欽厥止，率乃祖攸行！惟朕以懌，萬世有辭。"王未克變。伊尹曰："兹乃不義，習與性成，予弗狎於弗順。營於桐宮，密邇先王其訓，無俾世迷。"王徂桐宮，居憂，克終允德。惟三祀十有二月朔，伊尹以冕服奉嗣王歸於亳……

司馬遷收集到的史料與《商書》的記載相類，他在《史記·殷本紀》中寫道：

> 帝太甲既立三年，不明，暴虐，不遵湯法，亂德，於是伊尹放之於桐宫。三年，伊尹攝行政當國，以朝諸侯。帝太甲居桐宫三年，悔過自責，反善，於是伊尹迺迎帝太甲而授

---

① 孫星衍：《尚書今古文注疏》，《四部要籍注疏叢刊·尚書》，第2272頁。

之政。帝太甲修德,諸侯咸歸殷,百姓以寧。伊尹嘉之,迺作《太甲訓》三篇,褒帝太甲,稱太宗。

可見,司馬遷和《太甲》的作者認爲太甲被放逐的原因是他行爲不端、不順從伊尹的勸教。伊尹爲了防止他形成惡習而將他放逐到湯王墓葬旁的桐宮,讓他追思先王的德行。三年之後,太甲悔過自新,伊尹又將權力歸還於他。

第二種説法見於《孟子·萬章上》:

> 太甲顛覆湯之典刑,伊尹放之於桐,三年,太甲悔過,自怨自艾,於桐處仁遷義。三年,以聽伊尹之訓己也,復歸於亳。

無論這種説法是否混淆了太甲與祖甲的事蹟,其實質與《商書》是一致的,即伊尹放逐太甲是因爲他的德行没有達到作爲明君的標準。

第三種説法見於古本《竹書紀年》:

> 仲壬崩,伊尹放太甲於桐,乃自立也。伊尹即位,放太甲七年。太甲潛出自桐殺伊尹,乃立其子伊陟、伊奮,命復其父之田宅而中分之。①

三晉之地史官的筆尖充滿法家式敘述的戾氣,古本《竹書紀年》把伊尹放太甲的那段歷史敘述成了一段新君與老臣間的權力鬥争史,結果是太甲獲勝。這段文字顯示,太甲殺死伊尹

---

① 王國維:《古本竹書紀年輯校·今本竹書紀年疏證》,第7頁。

後,分封了他的兩個兒子,分化了這支勢力。比較這三種説法和《論書》篇可以看出,《論書》篇中孔子的觀點同於《孔氏傳尚書》。太甲被放逐的桐宮是湯王墓葬所在地,孔子據之將太甲被放逐的原因解釋爲未盡居喪之禮;《太甲上》篇初即有"惟嗣王不惠於阿衡"之説,孔子據之將"不明居喪之禮,而干冢宰之政"聯繫在一起。《商書·太甲上》全篇没有涉及太甲"不明居喪之禮"的内容,伊尹將其放逐於桐宮讓他憂思先王,也是爲了讓他"密邇先王其訓",親近先王,追思先王的德行,而未指明他的過失是"不明居喪之禮"。《論書》篇的這種記載,體現出孔子和孔門儒家以禮法爲治國之基礎、高度重視喪禮的理念。在《論語》和《禮記·檀弓》篇等文獻中,有大量關於孔子論喪禮的記載。可以説,喪禮是孔子及其儒家學術思想的一個重要載體。《論書》篇的記載,證明《孔叢子》這部家族史性質的著作確實處處注意對孔門家學的宣揚。孔子對帝王居喪制度的論述,除了《論書》篇的這段記載外,還見於《論語·憲問》篇:

子張曰:"《書》云'高宗諒陰,三年不言。'何謂也?"子曰:"何必高宗,古之人皆然。君薨,百官總己以聽於冢宰三年。"

子張所問的《尚書》經文亦見於《無逸》篇:"其在高宗,時舊勞於外,爰暨小人。作其即位,乃或亮陰,三年不言。其惟不言,言乃雍。"《憲問》篇認爲新帝即位當守三年之喪,不問政事而"聽於冢宰三年",《論書》篇"干冢宰之政"之語有取於此。實際上,這裡的"亮陰"并非如孔子解釋的那樣,是居喪不問政事。《國語·楚語上》寫道:

白公……對曰:"昔殷武丁能聳其德,至於神明,以入於河,自河徂亳,於是乎三年默以思道。卿士患之,曰:'王言以出令也,若不言,是無所稟令也。'武丁於是作書,曰:'以余正四方,余恐德之不類,茲故不言。'"

武丁的"三年不言"引起了卿士之患,可見絶非"古之人皆然"的居喪之禮。君王無三年居喪之禮,詳《左傳》隱公元年"吊生不及哀"《正義》文。武丁的目的是"默以思道",認爲自己的德行經驗還不足以發號施令,所謂聽於冢宰亦當這樣理解。孔子曲解《尚書》本義,目的是在禮崩樂壞的時代把先代賢王的行爲當作旗幟,鼓勵大家遵從禮儀,以達到移風易俗的目的。孔子在《論語》中的這一說法,被孔安國延續到了《孔氏傳尚書》中,他注釋《無逸》篇經文"乃或亮陰,三年不言"道:"武丁起,其即王位則小乙死。乃有信默三年不言,言孝行者。"[1]《論書》篇記載孔子論伊尹放太甲,原因是"不明居喪之禮,而干冢宰之政",與《憲問》篇孔子論"高宗諒陰"的記載異曲同工;孔安國解釋"三年不言",亦遵從孔子在《憲問》篇中的說法。《論語》《孔叢子》和《孔氏傳尚書》都帶有孔氏家學屬性,三者在這一問題上的契合,體現出孔氏家學在這三本時代不同的文獻中,仍有一脈相承的痕跡。

---

[1] 孔安國:《尚書孔氏傳》,《四部要籍注疏叢刊·尚書》,第85頁。

魯哀公、孔子論樂與"庶尹允諧"

《孔叢子·論書》篇道:

　　魯哀公問:"《書》稱:'夔曰:"於!予擊石拊石,百獸率舞,庶尹允諧。"'何謂也?"孔子對曰:"此言善政之化乎物也。古之帝王,功成作樂,其功善者其樂和,樂和則天地且猶應之,況百獸乎?夔爲帝舜樂正,實能以樂盡治理之情。"公曰:"然則政之大本,莫尚樂乎?"孔子曰:"夫樂,所以歌其成功,非政之本也。眾官之長,既咸熙熙,然後樂乃和焉。"公曰:"吾聞'夔一足',有異於人,信乎?"孔子曰:"昔重、黎舉夔而進,又欲求人而佐焉。舜曰:'夫樂,天地之精也。唯聖人爲能和六律,均五音,知樂之本,以通八風。夔能若此,一而足矣。'故曰'一足',非一足也。"公曰:"善。"

魯哀公所問《尚書》經文見今《尚書·益稷》篇。孔子認爲,這句經文說的是政治的美善足以感化萬物,使百獸都隨其樂而起舞。後世《尚書》學家對這句經文的解釋,基本也都持這種"其功善者其樂和,樂和則天地且猶應之"的觀點。孔安國與鄭玄在對"庶尹允諧"一句的處理上有細微的不同。前者注此句道:

　　尹,正也。眾正官之長,信皆和諧。言神人洽,始於任賢。立政以禮,治成以樂,所以太平。①

鄭玄的理解則不同:

---

① 孔安國:《尚書孔氏傳》,《四部要籍注疏叢刊·尚書》,第19頁。

> 云庶尹允諧者,庶,衆也。尹,正也。允,信也。言樂之所感使衆正之官信得其諧和。①

兩位注家對"庶尹允諧"本身的解釋是一致的,但對"庶尹允諧"在整句經文中所處的位置則有不同的理解。孔安國認爲"百獸率舞"體現"神人洽"的狀態,而這種成功的起因,即"庶尹允諧"所要表達的意思,主要是"任賢"的作用。官長們既是夔"擊石拊石"之樂的感應對象,也是夔之樂得以成就的原因。在孔安國的解釋中,經文作者描繪的是一幅賢德滿堂、明君垂拱的政治圖景。這種解釋與《論書》篇中孔子所說的"衆官之長,既成熙熙,然後樂乃和"的觀點是一致的。鄭玄的解釋則沒有"始於任賢"這一層意思,他認爲官員們的和諧狀貌就是音樂感應的結果。從經文的編排次序來看,鄭玄的解釋顯然更準確,孔安國的說法有曲解經義之嫌。但他作出這種解釋,有其歷史原因。

先秦諸子都主張任用賢能,儒家和墨家尤甚。墨子強調"尚賢爲政之本",《墨子》書中還專門設有三章《尚賢》論述相關問題;儒家著作中雖然沒有這樣集中論述尚賢的文獻,但由孔子而始的舉賢任能觀念卻滲透於其學說的方方面面。在《論語》《孟子》《荀子》《禮記》等儒家文獻中,經常能找到尚賢思想的身影。孔子不但是儒家學派的創始人,還是在諸子百家誕生之初就名揚海内的大學者,他的觀點在秦漢思想史上影響巨大。孔子關於舉賢任能的觀點,可以到《論語》中去尋找。該書多處記載孔子關於舉用賢才的言論,如《子路》篇寫道:"仲弓爲季氏宰,問政。子曰:'先有司,赦小過,舉賢才。'"把舉用賢才看做執政的重點之一。又如《堯曰》篇:"興滅國,繼絕世,舉逸民,天下之民歸心焉。"《先進》篇:"子

---

① 孫詒讓:《周禮正義》,第 1738 頁。

曰：'先進於禮樂，野人也；後進於禮樂，君子也。如用之，則吾從先進。'"認爲與貴族階級的世襲相比，舉用民間的賢能之士更能達到強國安民的目的。此外，《論語》中幾次提到的"舉直錯諸枉""舉善而教不能"，都説明孔子對舉賢任能的重視。

孔安國看到"庶尹允諧"，就想到舉賢任能。他是孔氏家學的重要繼承人，而舉賢任能從孔子開始就是儒家重要的政治理念。考慮到這一點，他閲讀本來就帶有鮮明儒家色彩的《虞書》時會産生這種聯想，也就不足爲奇了。

孔安國與鄭玄的差異是"樂"與"庶尹允諧"的次序問題，魯哀公與孔子的差異在於政與樂的次序問題，這兩種差異其實没有本質上的區别。孔子的觀點是"功成作樂，其功善者其樂和"，音樂和諧是政治美善的結果；魯哀公則認爲"尚樂"是"政之大本"，把音樂當作政治理念的核心。爲什麽孔子和魯哀公對樂政關係的看法會完全相反呢？這是因爲，孔子與魯哀公所指的"樂"并非完全相同，二人分别强調了"樂"的兩種不同功能。

孔子認爲音樂是政治的反映，符合先民對音樂創制的基本認識。《禮記·樂記》寫道：

> 凡音之起，由人心生也。人心之動，物使之然也。感於物而動，故形於聲。聲相應，故生變；變成方，謂之音；比音而樂之，及干戚羽旄，謂之樂。樂者，音之所由生也，其本在人心之感於物也。……凡音者，生人心者也。情動於中，故形於聲。聲成文，謂之音。是故治世之音安以樂，其政和；亂世之音怨以怒，其政乖；亡國之音哀以思，其民困。

《樂記》解釋音樂的起源，將音和樂分而論之。音是樂的基礎，也是所有音樂的基本要素。它的産生是人心感物的結果。由此，音樂實際上是人心有感於外物而作出的反應。對音樂的這種特性進行反向推導,就得出了"治世之音安以樂,其政和"等一系列結論:音樂的安樂怨怒,取決於人的生存狀況;世道的好壞,自然又取決於政治的乖與和。通過音樂的美善與否來判斷民風的取向、一邦的國情,也是周王朝經常運用的執政手段,《國風》就是這種政策的產物。孔子說夔能"以樂盡治理之情",正是着眼於音樂反映現實的功能。《樂記》又道:"王者功成作樂,治定制禮。其功大者其樂備,其治辯者其禮具。"古代帝王成就功名之後,往往要作樂慶賀。"夫樂者,象成者也",孔子所說的"歌其成功"之樂,就是指這種特定情況下的"王者"之樂。魯哀公所說之樂則不同,他認爲"尚樂"是"政之大本",即把音樂當成治國的基礎。這種說法,通俗地講,就是強調音樂對政治的反作用。《樂記》論述音樂與政治的關係時,也提到這種反作用:

> 禮以道其志,樂以和其聲,政以一其行,刑以防其奸。禮樂刑政,其極一也;所以同民心而出治道也。……聲音之道,與政通矣。宮爲君,商爲臣,角爲民,徵爲事,羽爲物。五者不亂,則無怙懘之音矣。宮亂則荒,其君驕。商亂則陂,其官壞。角亂則憂,其民怨。徵亂則哀,其事勤。羽亂則危,其財匱。五者皆亂,迭相陵,謂之慢。如此,則國之滅亡無日矣。……唯君子爲能知樂。是故審聲以知音,審音以知樂,審樂以知政,而治道備矣。

把宮、商、角、徵、羽與君、臣、民、事、物精確地逐一對應,當然是無稽之談。但說要"同民心而出治道"就必須禮、樂、刑、政四者兼修,則是有道理的。"五者皆亂"會導致"國之滅亡無日"的理念,說明先民在強調音樂由人心感物而來的同時,還強調其對社會生活發揮的反作用。統治者要通過對音樂的領悟來加強政治修養,才能使國家達到"治道備"的境界。在這裡,樂與禮、刑、政一道,被看作是同民心、治天下的手段。這種認識，正可印證魯哀公的"尚樂"之論。

魯哀公向孔子問樂，有《尚書·益稷》的經文作背景。孔子向哀公闡釋樂的道理，指的是功成之樂，取其反映社會生活的作用；哀公以尚樂爲"政之大本"的説法雖爲孔子所駁斥，但其説本身并没有錯誤。因爲哀公所論之樂强調的是音樂教化百姓、對政治産生反作用的功能。二者的差異是由於他們對音樂功能和樂政關係有不同的把握。崇尚禮樂是孔子思想的核心，孔子并非不知道音樂會對治國化民起到重要的作用，他故意用任賢之語來反駁哀公的"尚樂"之説，有勸誡哀公遠離燕樂、勤於政事方面的考慮。"衆官之長，既成熙熙，然後樂乃和"之語，是孔子對魯哀公"尚樂"之問的回答，未必是對《尚書》經文的直接解釋。孔子這種斷章取義的説經方式，再次印證《孔叢子》作爲孔氏家學對《論語》和孔子學術思想的繼承。《論語》中孔子解《詩》《書》，多是斷章取義；這裡以任賢釋"庶尹允諧"，亦與《論語》中孔子解《詩》《書》的習慣一致。

"夔"傳説探源

在上節引到的《論書》篇章節中，魯哀公還和孔子談到了"夔一足"的傳。對於早期文獻中夔的含義，學界歷來争論不休。在與之相關的神話傳説或史書典籍中，它時而是殷商高祖，時而是堯舜的樂正，時而是罔兩山精，時而又成了一足的怪獸。"夔"字在古文獻中的應用并不廣泛，因此，它僅有的幾個義項也難以通過單純的文字訓詁解釋清楚。要厘清"夔"的内涵，需要從總體上審視與之相關的文化背景，并充分利用現有材料，作出合理的推斷。下面，本文就先從一些基本的文獻材料入手，通過分析"夔"在出土和傳世文獻中的字形、字音，并結合傳説時代文化、戰争的相關情況，探討各種"夔"傳説的發生方式及其間的聯繫。

一、四種"夔"傳說

傳世文獻中關於"夔"的傳說主要有四種。

一說爲堯舜時代的樂官,也就是《尚書》中的樂正夔。樂正夔也被稱作后夔,如《左傳》昭公二十八年:"昔有仍氏生女,黰黑,而甚美,光可以鑒,名曰玄妻,樂正后夔取之。"稱夔爲后,恰與甲骨文卜辭中的"高祖夔"對應。

一說爲木石之怪。《國語·魯語下》:

> 季桓子穿井,獲如土缶,其中有羊焉。使問之仲尼曰:"吾穿井而獲狗,何也?"對曰:"以丘之所聞,羊也。丘聞之:木石之怪曰夔、蝄蜽,水之怪曰龍、罔象,土之怪曰羵羊。"

在這段文字中,孔子將夔和蝄蜽稱爲"木石之怪"。韋昭注:"木石,謂山也。"①韋昭釋木石爲山,其說可取。山主要由木和石構成,所以木石可以指代山。《莊子·則陽》篇有"觀於大山,木石同壇"的說法,大山與木石對舉,二者含義相通。可見"木石之怪"即山中的精靈。張衡在《東京賦》中將其與"罔象"對言,也源自這種"木石之怪"的說法。與"蝄蜽"對言的"夔",韋昭舉越地說法解釋道:"人面猴身,能言。"②既然"猴身",其原型就應該是狒狒、猩猩之類生活在山中的靈長類動物,這種說法也與甲骨文中的夔字形相符合。

一說爲牛類野獸,見於《山海經·中次九經》:

> 又東北三百里,曰岷山,江水出焉,東北流注於海,其中多

---

① 徐元誥:《國語集解》,第 191 頁。
② 徐元誥:《國語集解》,第 191 頁。

良龜，多鼉。其上多金玉，其下多白珸，其木多梅棠，其獸多犀象，多夔牛，其鳥多翰鶩。

又東一百五十里，曰崌山，江水出焉，東流注於大江，其中多怪蛇，多𩹲魚，其木多楢杻，多梅梓，其獸多夔牛麢臭犀兕。有鳥焉；狀如鴞而赤身白首，其名曰竊脂，可以禦火。

與犀、兕等大型動物一同生活在岷山和崌山地區的夔牛，有時又被描述爲一種怪獸，《大荒東經》寫道：

東海中有流波山，入海七千里。其上有獸，狀如牛，蒼身而無角，一足，出入水則必風雨，其光如日月，其聲如雷，其名曰夔。黃帝得之，以其皮爲鼓，橛以雷獸之骨，聲聞五百里，以威天下。

這裡的夔雖然還是牛形，但已經不是一種野獸，而是蒼身、無角、一足的怪獸。此外，《大荒東經》中的夔牛還可以製鼓，不過這類傳說多見於《黃帝內傳》《帝王世紀》等稍晚出的典籍。

一說爲人面龍形神獸。《說文解字·夊部》釋夔："神魖也。如龍，一足，從夊；象有角、手、人面之形。"① 這也是傳世文獻中最早的以夔爲龍的記錄。

在關於夔的四種傳說中，前一種屬於歷史傳說，後三種屬於神話傳說，四種傳說中的夔形象，差別很大。歷史傳說中的夔是堯舜時期的樂官，是人。神話傳說中的夔雖然都是異獸，但一種是"木石之怪"，一種是牛形野獸，一種是龍。牛和猴都生活在山中，而龍的原型是蛇類兩棲爬行動物，主要生活在水中。以夔爲龍的說法與其他幾種傳說都不同，也是諸多關於夔的傳說中最令人感到困

---

① 段玉裁：《說文解字注》，第233頁。

惑的一種。

各種傳說賦予夔的不同身份使得這一形象充滿了神秘色彩，但是通過對文字、歷史、考古和神話等多個維度的綜合考察，還是能夠推測出諸種夔傳說發生、演變的原因和大致軌跡。

二、后夔與商族宗教

甲骨文中有"夒"字，與"夔"字形體相近，當爲同一字。《説文解字·夂部》道："夒……一曰母猴，似人。"①"夒"在甲骨文中象猴形，出現了十餘次，其所指代的含義主要分爲兩類。

一是獼猴。如"其隻夒"，即許慎所説的"母猴"。段玉裁説"母猴與沐猴、獼猴，一語之轉"，"母猴"就是獼猴。後世字書解釋"夒"都讀作"猱"，認爲它是"猱"的古字，而"猱"即獼猴之類。獼猴生活在山林中，《國語》中所説的"夔、蝄蜽"是"木石之怪"，也是山林中的怪獸。《説文解字·蟲部》："蝄，蝄蜽，山川之精物也。淮南王説：'蝄蜽，狀如三歲小兒，赤黑色，赤目，長耳，美髮。'"②根據這一形貌描述，與夔同爲"木石之怪"的蝄蜽，其原型似乎也當爲獼猴之類的動物。

一是祭祀的對象，如"叀高祖夒祝用王受又"將夒稱爲高祖，傳世文獻中的"后夔"即此處的"高祖夒"；"貞隹夒蚩"將夒、蚩并舉，其中的蚩，應該就是蚩尤。祖先崇拜與神靈崇拜交織錯雜是商族宗教的特點，"夒"能同時有獼猴、神衹和祖先之義，也與它的東夷部族歸屬直接相關。

"夒"字在卜辭中主要象人面獼猴側身之狀，靈長類動物顯然就是它的原型。如一期甲二三三六的"夒"字字形，就是最典型的猴形（右圖）：

---

① 段玉裁：《説文解字注》，第233頁。
② 段玉裁：《説文解字注》，第672頁。

甲骨文描繪人形與動物多取側面,金文亦然。在這種字形中,猴只有一側下肢被描繪出來。"夔一足"的傳説,可能就來源於對這種象形文字的誤讀。另外,上引這一字形與其他"夔"字甲骨文字形有一個顯著的區别,即獼猴的半圓形雙耳得到保留,并且頭部、尾部都還没有羽毛化的痕跡。這一字形象獼猴之形,没有體現出其他文化因素。相比之下,其他字形中猴的雙耳則更多地被抽象爲尖鋭的角狀,并進一步與表示動物面部的"目"字融合。如一期前七、五、二寫作(右圖):

在這一字形中,猴的臉部與雙耳合爲一體,整體接近"目"字的形狀,但雙耳依然以尖角的形狀表現出來。有的字形直接將頭部寫作"目",代表人臉。如四期佚三七六寫作(右圖):

在這裏,猴的雙耳完全消失,頭部也完全由代表面部的"目"代替。在甲骨文中,這三種"夔"字字形最具有代表性,其他字形大都與之相似。頭部像人形,整體保持猴狀,證明在甲骨文中被多次祭祀的"先祖夔"是一個人面猴身的形象。商代先祖這種人獸交雜的形象,廣泛地出現在出土文物中。美國學者江伊莉女士在討論商代藝術中動物紋飾與象徵祖先神靈的面具時,對這一現象做出了宗教學解釋:

> 祖先之鬼被商人想像爲戴着動物面具的跪拜者,故祈求王室之鬼的儀式需佩戴動物面具。商人祭慰祖先之器上的主要紋飾是動物,可見其宗教是從使用動物媒介、變形面具的祈靈儀式發展而來的。……商代藝術造型的標準……包括……動物紋飾在寫實與抽象造型之間、完整與省略形式之間的持續變化,還有面具造型中人與動物特徵相互交錯的趨勢……人與動物特徵的紋飾之間的可變通性。①

---

① 江伊莉著、劉源譯:《商代青銅器紋飾的象徵意義與人獸變形》,《殷都學刊》,2002 年第 2 期,第 22 頁。

江女士認爲商代祖先形象在出土青銅器中表現爲人與動物特徵的相互交錯和變通。甲骨文中的"先祖夒"擁有獼猴般的形體，有的字形還表現出羽毛狀的頭飾，這種現象正可以用江女士的觀點來解釋。如一期乙四七一八①寫作（右圖）：

羽毛狀頭飾是早期宗教中權力人物的象徵，巫師或部落首領用多彩的羽毛裝飾頭部，象徵他們的神力。這説明"夒"之所以由猴形向人面猴形轉變，正是殷商先祖與獼猴形體宗教性結合的結果。

殷商先民選擇獼猴作爲祖先的象徵物，有其歷史根源。炎帝和有虞氏是東夷族的重要組成部分。炎帝號稱"太嶽"，"虞"又是山林之官。這説明炎帝、虞舜部族的主要活動範圍都在山林之間。《國語》中的"夒、蜩蚎"是山林之怪，形貌接近靈長類動物。韋昭説"非常見，故曰怪"。獼猴、猩猩一類動物動作靈敏，善於隱蔽；它們的外表又與人相近，而且大型靈長類動物還常常對人類造成威脅。另有一種精靈梟陽，高誘注《淮南子·氾論訓》道："嚊陽，山精也。人形，長大，面黑色，身有毛，若反踵，見人而笑。"②可見它也是一種生活在山中，相貌、體型、習性類似大型靈長類動物的精靈。《山海經·海內南經》記載了梟陽國之人的形貌和習性：

梟陽國在北朐之西，其爲人人面長脣，黑身有毛，反踵，見人笑亦笑，左手操管。

此外，劉逵《吳都賦》注也涉及這類生靈：

梟陽善食人，大口。其初得人，喜笑，則脣上覆頷，移時而

---

① 徐中舒：《甲骨文字典》，四川辭書出版社，1989 年，第 622 頁。
② 張雙棣：《淮南子校釋》，第 1481 頁。

後食之。人因爲筒貫於臂上,待執人,人即抽手從筒中出,鑿其臂於領而得擒之。①

可見,"梟陽山精"的原型也是靈長類動物,它的一些習性和動作習慣,還可以從今天的猩猩、狒狒等動物身上看到。大型靈長類動物相貌似人,又時常捕食比它們體型小的靈長類爲食。因此在先民眼中,這類動物是奇特而又令人生畏的。先民在瞭解了它們的習性之後,又把它們當成捕獵的對象。因此這類動物既代表了自然界的力量,又是生活在山林間的東夷族先民們賴以生存的捕食對象,兼之有近似於人的相貌和身材,很容易成爲部落的崇拜物或通靈者模仿的對象。與東夷族關係密切的炎帝發源於山林之間,很容易接觸到這類動物;商族的宗教,又習慣扮成動物的模樣來與神靈、先祖溝通。"夔"的多種甲骨文字形,就是這種宗教活動歷史的產物。

三、夔牛與東夷族的南遷

部族聯盟時期,由於生產力水準低下,生存困難的部族往往舉族遷徙;人口眾多、實力強大的部族也希望開疆擴土、稀釋人口壓力。因此部落、民族間的交往十分頻繁——這種交往包括混居、戰爭、通婚等多種形式。《中山經》中的夔牛生活在岷山和崍山,大致相當於今天的巫山地區。巫山地區本屬西南民族的活動範圍,又鄰近東夷炎帝部族的發祥地隨州。在各部族頻繁遷徙、相互融合的歷史環境下,巫山地區和江漢流域成爲各民族碰撞交流的重要陣地。夔既爲殷商先祖之名,其地位自然崇高,而夔牛也指身材高大之牛。先祖夔和巫山地區高大之牛的命名,兩者間存在聯繫。這種聯繫的發生,要從東夷文化向巫山地區的傳播説起。

---

① 蕭統編、李善注:《文選》,中華書局,1977 年,第 91 頁。

東夷文化的南下巫山,可以從祝融南遷這一歷史事件中瞥見一二。《山海經》記載了兩種祝融的世系,其一見於《海內經》:"炎帝之妻,赤水之子聽訞生炎居,炎居生節并,節并生戲器,戲器生祝融,祝融降處於江水,生共工……"按照這一譜系,祝融爲炎帝部族之後。可以支持這一説法的文獻有很多,如《左傳》昭公二十九年有"火正曰祝融"的記載,説明"祝融"在部落聯盟中的任職爲"火正"。關於"火正",《國語·鄭語》道:"夫黎爲高辛氏火正,以淳耀敦大,天明地德,光照四海,故命之曰'祝融',其功大矣。"根據《管子·五行》篇的記載,火正祝融的職責,一是觀測大火星、祭祀天神;二是"司徒",掌管人間農事。《左傳》襄公九年:"陶唐氏之火正閼伯,居商丘,祀大火,而火紀時焉。相土因之,故商主大火。"①閼伯負責觀測大火星,與《尚書·堯典》中羲和的工作內容相似。羲和"欽若昊天,曆象日月星辰,敬授人時",可見火正祝融曆測天象的主要目的,就包括授民以時,安排農業生産。

巫山地區是楚族活動的中心區域,《史記·楚世家》記楚族出處道:"楚之先祖出自帝顓頊高陽。高陽者,黃帝之孫,昌意之子也。高陽生稱,稱生卷章,卷章生重黎。重黎爲帝嚳高辛居火正,甚有功,能光融天下,帝嚳命曰祝融。"卷章即老童,爲字形之訛。《楚世家》和《鄭語》都説祝融這個名稱是商族祖先帝嚳高辛氏所命,他原本是東夷族領袖麾下的火正。根據《海內經》的記載,祝融屬炎帝部族,與《楚世家》之説相似。這種説法將祝融歸於東夷族的世系當中。"炎帝氏以火紀,故爲火師而火名",炎帝集團通過觀測大火星來確定季節和曆法,其所屬的東夷族最重視祭祀天神,在天體觀測和娛神方面也最爲先進。如《山海經·中次七經》記載族屬東夷的帝台在休與之山、鼓鐘之山設有棋盤和鐘鼓之樂,都是爲了娛神。因此,在部落聯盟時期,天體觀測和天神祭祀的任務都長

---

① 楊伯峻:《春秋左傳注》,第964頁。

期由炎帝部族承擔。《左傳》襄公九年記載火正閼伯"居商丘",説明在陶唐時期,火正一職仍由與炎帝同屬東夷的商族人擔任。東夷人擅長的祭祀天神活動屬於火正的職責範圍,在古時也常由祝融擔任。《國語·周語》記載:"昔夏之興也,融降於崇山。"韋昭注:"融,祝融也。"①"降"就是降神,《詩經·大雅·崧高》有"維嶽降神"之句,毛《傳》:"堯之時,姜氏爲四伯,掌四嶽之祀,述諸候之職。"鄭玄箋補充道:"降,下也。四嶽卿士之官,掌四時者也,因主方嶽巡守之事,在堯時姜姓爲之。"②毛鄭也都認爲"降神"活動的負責人爲姜氏,即炎帝之後。這再次説明火正一職由炎帝部族世代承襲,爲《海內經》以祝融爲炎帝之後的説法又添旁證。湖南長沙子彈庫戰國晚期墓出土楚帛書的記載,更是直接描述了祝融與炎帝的從屬關係:"炎帝乃命祝䮾以四神降,奠三天,□思攴,莫四極。"③祝融雖然未必屬於炎帝世系,但如上所述,可以證明這一集團與炎帝關係密切的證據有很多。可見,祝融的"降處於江水",應該和昌意的"降處若水"、倍伐的"降處緡淵"一樣,是從原屬集團的政治中心遷徙到相對偏遠的地區。祝融之墟在今天的河南新鄭,而祝融又是西南楚族的祖先。可見對祝融來講,他的"降處"就應該是從炎帝集團所處的河南與湖北北部,遷往江漢流域和巫山地區。

關於祝融世系的第二種説法見於《大荒西經》:"顓頊生老童,老童生祝融,祝融生太子長琴,是處榣山,始作樂風。"據此,祝融是顓頊氏的後代。相似的記載還見於《左傳·昭公二十九年》:"火正曰祝融。顓頊氏有子曰犁,爲祝融。"顓頊氏之子犁爲祝融,與帝嚳命重、黎爲祝融的記載相符合。顓頊被楚人視爲祖先,許多帶有鮮

---

① 徐元誥:《國語集解》,第29頁。
② 鄭玄箋、孔穎達等正義:《毛詩正義》,《十三經注疏》,第565頁。
③ 轉引自李學勤:《談祝融八姓》,《江漢論壇》,1980年第2期。

明楚文化色彩的神話傳說，都把顓頊作爲敘述對象。如《大荒西經》寫道："有魚偏枯，名曰魚婦，顓頊死即復蘇。風道北來，天及大水泉，蛇乃化爲魚，是爲魚婦。顓頊死即復蘇。"這一傳說體現的是西南民族的水中轉生觀念。《搜神記》卷一六還將顓頊之子也納入了這種轉生神話模式："昔顓頊氏有三子，死而爲疫鬼：一居江水，爲瘧鬼；一居若水，爲魍魎鬼；一居人宮室，善驚人小兒，爲小鬼。"相傳若水是顓頊氏的發源地，江水則是南方民族的主要活動地區。這些神話傳說似乎說明顓頊應當被歸爲西南古族，據此，顓頊世系下的祝融部族就也應該是土生土長的南方民族。

不過，對於顓頊的所在，文獻中還有許多不同的記載。如《大荒東經》稱"少昊孺帝顓頊於此，棄其琴瑟"，暗示顓頊在少昊之地發展壯大；顓頊姓風，又說明他是太昊集團的後裔；《海外東經》記載帝顓頊所葬的務隅之山，也在東方。這些證據與楚族傳說不同，似乎說明顓頊來自東方。導致這一矛盾的原因可能有很多種，而其中的一個關鍵，在於傳說中的這"兩個顓頊"究竟是何關係。

我們可以運用傳世文獻中的其他綫索來嘗試解釋這一矛盾，比如《海內經》中記載的另一種顓頊世系："黃帝妻雷祖生昌意，昌意降處若水生韓流，韓流擢首、謹耳、人面、豕喙、麟身、渠股、豚止，取淖子曰阿女，生帝顓頊。"郭璞注引《世本》道："顓頊母，濁山氏之子。"①"淖子"或"濁山氏"，《太平寰宇記》《華陽國志》《十二州志》均作"蜀山氏"："蜀之先，肇於人皇之際，至黃帝昌意娶蜀山氏女，生帝嚳，後封其支庶於蜀。"②這個生於若水、其母爲蜀人的顓頊，無疑就是被楚族視爲祖先的那個顓頊。在關於顓頊身世的這種傳說中有兩點值得注意：第一，此傳說中的顓頊生於若水，他的母親雖爲蜀人，父系則來自北方；第二，韓流的相貌給這段古史傳說的記

---

① 袁珂：《山海經校注》，第442－444頁。
② 樂史：《太平寰宇記》，中華書局，2007年，第1457－1458頁。

述者留下了深刻的印象,而他相貌特徵中的"豕喙""豚止"是豬的形貌,"麟身"則與龍、蛇相關,二者都是典型的東夷族圖騰。東夷諸族崇拜六畜圖騰、龍蛇圖騰和鳥圖騰,在其族人生活過的區域,長期以來流傳着諸如人豬轉化(後文將論及)、羽人國(參見《海外南經》)這樣的神話傳説。

可見:《海内經》對顓頊父系先輩韓流的記述帶有東夷族圖騰崇拜色彩;在記述作爲楚族祖先顓頊的身世時,《世本》特別注明其母爲蜀人;《海外東經》《大荒東經》記載顓頊的興盛和殯葬都在東方;顓頊風姓,説明他與東夷太昊集團存在血緣關係。

綜合這些證據,楚族記憶中的先祖"顓頊",實爲東夷部族南下與巴蜀民族通婚後的"顓頊"。顓頊和祝融都是氏族之名或者官名,而非某個人的專稱,不同文獻中的顓頊、祝融事蹟反映的可能是該氏族或集團在不同時期的狀況。那麽,《大荒西經》中顓頊世系下祝融的出身,也就不必爲土生土長的南方民族了。

傳説時代的各種氏族和部落關係複雜,本文没有必要也不可能對其作出準確的認定。單就祝融而言,或説爲炎帝之後,或説爲顓頊之後,這類問題依靠現有的資料無法做出明確判定。不過,通過上述論證可以確定:顓頊、祝融這兩個(或説同一系)後來被楚人祭祀的祖先,都曾在地處東方的少昊或炎帝政權中擔任要職或與他們關係密切,并有過一次向西南遷徙的經歷。祝融可能只是東方民族南遷力量中的一支,芈姓到達的江漢流域,是當時各民族融合的主要陣地之一。另一方面,從部族聯盟中重要職位長期由同一族系擔當的規律看來,夔應該一直在聯盟中擔任樂正一職——正如祝融一直擔任火正一樣,夔擅長的音樂舞蹈也是東夷族祭祀天神的重要手段,是他們重要的發明創造之一。商人祭祀將高祖夔作爲最重要的先王之一,很多學者懷疑他即是帝嚳,證明夔集團在東夷部族中擁有相當崇高的地位。據此推測,南遷的東夷人很可能受到夔的影響,他們中很可能包含夔集團的成員——

甚或亦如殷人一樣,也視夔爲其重要的祖先或首領。他們將東夷文化帶到南方,也就將"夔"這一重要的文化因素帶到了巫山地區。

《楚世家》記載了楚國先祖的譜系:

> 楚之先祖出自帝顓頊高陽……高陽生稱,稱生卷章,卷章生重黎。重黎爲帝嚳高辛居火正……帝嚳……以其弟吳回爲重黎後,復居火正,爲祝融。吳回生陸終。陸終生子六人,坼剖而産焉……六曰季連,芈姓,楚其後也。

陸終,或説古音同祝融,他的後代季連,芈姓,是楚人的先祖。清華簡中有"季連初降於騩山"的記載,同樣居於騩山的還有老童:"騩山……神耆童居之,其音常如鐘磬。其下多積蛇。"(《西山經》)"耆""老"可以互訓,居住在騩山上的神"耆童"就是老童,也就是《楚世家》中生重、黎的卷章。季連是南遷的祝融後裔,他的所在地騩山也就是其先祖老童的所在地。《中次十經》道:"騩山,帝也,其祠羞酒,太牢具。"正因爲騩山之神即先帝之鬼,所以祭之以高規格的太牢之禮。"騩"與"歸"音近義通,先帝之鬼處於騩山,祝融後裔的這種祭祀方式,符合東夷文化中魂靈歸山的宗教傳統。

熊繹的後裔熊摯後來又從楚國分立出來,在今湖北秭歸一帶建立了夔國。《春秋左傳正義》引《鄭語》孔晁注云:"熊繹玄孫曰熊摯,有疾,楚人廢之,立其弟熊延。熊摯自棄於夔,子孫有功,王命爲夔子。"①夔國之地在殷商時期被稱爲歸國,《春秋》經僖公二十六年杜預注:"夔,楚同姓國,今建平秭發縣。"②《史記集解·楚

---

① 杜預注、孔穎達等正義:《春秋左傳正義》,《十三經注疏》,第 1822 頁。
② 杜預注、孔穎達等正義:《春秋左傳正義》,《十三經注疏》,第 1821 頁。

世家》云:"夔在巫山之陽,秭歸鄉是也。"①其地楚人稱爲秭歸,今屬湖北省宜昌市秭歸縣。秭歸縣東有夔子城,地名夔沱,便是古夔國的故址。炎帝集團的發祥地在今湖北隨州,由隨州往南不遠,便是夔國的所在。最初將這一地區命名爲"夔"的,很可能就是夔集團的成員。夔與歸古韻相近,殷商時期的歸國後來稱爲夔國,二者大同小異。東夷移民以祖先、首領之名命名遷居地爲歸,是取其歸宿、依靠之義。《山海經》中出現"夔牛"的岷、崍諸山,大致爲今天的巫山地區。這一地區是各民族的融合交匯之處,也鄰近夔國的所在地。東夷族後裔建立的夔國和夔牛的棲息地如此接近,從地緣上證明了夔牛之名與夔集團之間存在聯繫的可能性。

以夔名牛,還可以從東夷族圖騰文化的角度加以解釋。東夷部族的首領夔,在《山海經》的神話傳說中被用來給一種牛形動物記名。這兩者看似差異很大,實際上有其文化根源。樂正后夔的原型是牛,與夔集團的牲畜圖騰有關。圖騰崇拜在上古部落中普遍存在,與夔同屬東夷族的炎帝和蚩尤,就是以牛、羊等牲畜爲圖騰崇拜對象的部族。炎帝的族姓"姜"字形結構從羊,是羊圖騰的標誌。蚩尤則是牛圖騰的代表。根據《述異記》的記載,蚩尤"人身牛蹄,四目六手,秦漢間説:蚩尤耳鬢如劍戟,頭有角"。由於蚩尤部族崇拜牛,"太原村落間祭祀蚩尤神,不用牛頭"。秦始皇統一中國後,禁止民間私藏兵器,冀州地區還興起了類比蚩尤與黃帝作戰的"蚩尤戲","其民兩兩三三,頭戴牛角而相牴"。② 在東夷族後裔中,還有名爲夫余者,他們也是牲畜圖騰的崇拜者。《三國志·夫餘傳》記載該國官制道:"國有君王,皆以六畜名官,有馬加、牛加、豬加、狗加、犬使。"其國以六畜爲官名,與少昊以鳥爲官名異曲同工,説明夫余也是以馬、牛、豬、狗等六畜爲圖騰崇拜對象的民族。

---

① 司馬遷:《史記》,第 1698 頁。
② 任昉:《述異記》,中華書局,1991 年,第 1－2 頁。

徐中舒先生認爲"夫余原爲蒲姑北遷的部族"①,蒲姑的故地,學界公認爲今山東博興附近。博興有貝丘,《左傳·莊公八年》記載了一則發生於貝丘的故事:"齊侯游於姑棼,遂田於貝丘,見大豕。從者曰:'公子彭生也。'射之,豕人立而啼。公懼,墜於車,傷足,喪屨。"相似的人豬轉化傳説也出現在夒集團中。夒的後代有名爲伯封者,被後人稱爲封豕。《左傳》昭公二十八年記載:"昔有仍氏生女,黰黑,而甚美,光可以鑒,名曰玄妻。樂正后夒取之,生伯封。實有豕心,貪惏無厭,忿類無期,謂之封豕。"豕就是豬,齊人認爲大豬是公子彭生所化,伯封被後人稱爲封豕,都是受到原始圖騰遺留的影響。可見,夒也和東夷族中其他部族一樣,將牲畜作爲圖騰崇拜的對象。此外,文獻中有關於夒牛鼓的傳説,都發生在涿鹿之戰的背景下。這説明夒集團在是戰中極有可能曾與同族的蚩尤共同對抗黄帝,并爲黄帝所敗。以夒名牛之説,可能也受到這種原始圖騰文化遺存的影響。

　　文字學角度的考察,也可以爲東夷文化與夒牛有關的猜測提供證據。將生活在岷、崏諸山的這種牛形動物名爲魏牛、犩牛或犪牛,突出的是其高大的體形。祝融八姓之一、楚國的直接先祖季連降處之地,稱爲騩山。騩,郭璞云"音巍",足見有巍峨之義;騩字作山名時,《集韻》《韻會》釋爲"音歸",騩山之騩屬歸韻,騩山猶言歸山。歸字除了有歸宿之義以外,也與巍峨之巍音近義通,如鼜字從山歸聲而有鼜巍之義便是其證。可見歸、騩、巍三字音義皆通。《山海經》中的騩山和大騩山,一方面指的是祖先魂歸之山,另一方面指的就是高大巍峨之山。關於巍,徐鉉等道:"今人省山,從爲魏國之魏。"②魏字義同巍,也是高大的意思。"犩"字從魏、從牛,義爲高大之牛。郭璞注《爾雅》,指明"魏牛"就是《山海經》中的夒

---

① 徐中舒:《論巴蜀文化》,四川人民出版社,1983年,第136頁。
② 許慎撰、徐鉉校訂:《説文解字》,中華書局,1963年,第189頁。

牛。他注魏字時道:"今蜀山中有大牛,重數千斤,名爲夔牛,即《爾雅》所謂魏。"①夔與魏、巍、騩、歸義本可通,這幾個字在《廣韻》十六攝中同屬止攝,其各自所屬的韻目亦相同或相近,在使用中可以互換。郭璞注《爾雅》又釋犩牛爲犤牛,《集韻》中犩"或作犩"。犩、犤可以互換,足見夔與嵬亦可互訓,也都有高大之義。這樣看來,犤牛或夔牛的命名,也可以突出其體形高大的特點。

總而言之,從地緣角度來講,夔牛的所在地岷、崏諸山,與自東夷而來的祝融後人建立的夔國相去不遠;從部落圖騰角度來講,夔與炎帝等東夷部族一樣,都崇拜六畜圖騰。從音訓角度來講,夔、魏、巍、騩、歸這幾個字音近義通,在具體使用中可以互換,都有高大之義;從形訓角度來講,犩、犤可以互訓,也説明夔有高大之義。夔爲東夷部族首領之名,既然部族首領所在之山被稱爲高大之山,那麼部族首領的名號自然也可能有高大之義。這一歷史文化背景與上述證據均可相洽。

《山海經》中的夔牛和夔與甲骨文卜辭中夔的獼猴或先祖義項大相徑庭,指代的是一種生活在山林間的牛形巨獸。由於夔牛生活的地區鄰近東夷族南遷後的聚居地,受到東夷文化影響。因此對這種動物的記名,也染上了東夷文化的色彩。

四、"夔龍"與東夷古樂

夔的另一身份是龍,見於《説文解字》等文獻,後人據之稱晚周、西周青銅器中常用的一種紋飾爲夔龍紋或夔紋。夔龍由夔牛演變而來,并與后夔的樂正身份有關。契在堯舜時期擔任火正之職,是因爲東夷族的火紀傳統。火正的職責之一,是把大火星當作天神來祭祀。而根據東夷族的祭祀傳統,樂舞是最重要的環節之一。東夷族對樂器、尤其是對鼓的創制,是夔龍傳説出現的關鍵。

---

① 袁珂:《山海經校注》,第157頁。

殷人祭祀天神除用火祭之外,還有"尚聲"的傳統。音樂與牲、燎,都是殷人祭祀儀式中最主要的內容。① 相應的,殷商一族在樂舞方面的成就,也領先於其他部族。台駘對古鐘的創制及其為鐘文化作出的巨大貢獻,是東夷族音樂成就的例證之一。② 鼓在古代音樂中的地位與鐘并駕齊驅,二者在文獻中也常常被并提。《山海經·中山經》寫道:"鼓鐘之山,帝台之所以觴百神也。"創制鐘樂的帝台祭祀百神之處,就在充滿音樂氣息的鼓鐘之山。而"根據藝術史和民族學等方面的研究,鼓是發生最早的一種樂器,想來我國也不例外。"③

關於鼓的創始人,《玉海》卷一一〇引《世本》道:"夷作鼓。"④夷,《說文解字·大部》:"東方之人也。"據此,鼓的發明應當歸功於東方民族。這種說法與《海內經》中的一條記載相合:

> 炎帝之孫伯陵,伯陵同吳權之妻阿女緣婦。緣婦孕三年,是生鼓、延、殳,始為侯。鼓、延是始為鐘,為樂風。

創制鐘樂的音樂家中有以"鼓"為名者,他的父親是炎帝後裔逢伯陵。逢伯陵,姜姓,他的部族曾經統轄上文提到的蒲姑地區,是地道的炎帝族裔。周族的女性始祖姜嫄,就是出自逢伯陵系統。《國語·周語下》描述逢伯陵之後逢公道:"我姬氏出自天黿,及析木者有建星及牽牛焉,則我皇妣大姜之侄伯陵之後逢公之所憑神也。"姜嫄出自姜姓,逢伯陵的後代逢公又是姜嫄之侄,足見姜嫄與逢伯陵的親屬關係。另一方面,《史記·周本紀》又將姜嫄稱為有邰氏女,暗示其出自台駘一族,那麼創制鼓的逢伯陵氏與創制鐘的

---

① 參見朱彬撰、饒欽農點校:《禮記訓纂》,第 406-407 頁。
② 參見李炳海:《部族文化與先秦文學》,第 503-512 頁。
③ 李純一:《先秦音樂史》,文物出版社,2005 年,第 14 頁。
④ 王應麟:《玉海》,清文淵閣四庫全書本,卷一一〇。

台駘氏族根本就是同一族裔，他們之間存在血緣關係。可見，鐘、鼓是由同一族裔的音樂家發明的——這兩大發明都應當歸於族屬東夷的炎帝系統。文獻對東夷族音樂傳統的記載遠不止此，比如少昊對音樂的熟稔，就對顓頊及其後裔産生了長久的影響。《西山經》有"神耆童居之，其音常如鐘磬"的記載，耆童之神居處常有鐘磬之樂，暗示一種用音樂娛神的祭祀方式。太子長琴之名更是直接與音樂相關，《大荒西經》道："顓頊生老童，老童生祝融，祝融生太子長琴，是處搖山，始作樂風。"可見自從少昊孺顓頊"棄其琴瑟"，顓頊氏及其後代就與音樂有了不解之緣。他的後裔後來遷往楚地，爲楚人帶去了深厚的音樂傳統。楚國尚鐘、尚樂，有"泠人"世家的文化現象①，可能就是東夷族創制器樂、擅長樂舞的"基因"在楚文化中的存續和發展。

將夔與龍聯繫在一起的傳説，與東夷人對製鼓技術的掌握有直接關係。夔與音樂發生聯繫，一是因爲夔集團的圖騰對象是牛，而牛皮可以製鼓；二是因爲鼓的創制者正是包括夔集團在內的東夷族民，三是因爲龍的原型才是製鼓的主要原料。夔的形象由牛轉變爲龍，《大荒東經》中那則關於流波山夔獸的記載是關鍵。這段文字本身有自相矛盾之處：夔生活的地方是"東海"中的"流波山"，似乎説明它是山獸；在描述它的具體形貌時，也説"狀如牛，蒼身而無角，一足"，與《中山經》中的夔牛大同小異；但其活動的方式是"出入水"，不似山獸，反而是一種水中或兩棲的生靈。"流波"山"入海七千里"，説明這裡的夔獸實際生活地點并非在山上，而是在水中。"流波山"重在"流波"，所謂的"山"和"狀如牛"，很明顯與《中山經》將夔、牛、犀、兕等山獸并提的説法有同源或借鑒關係。而其"無角"的外貌，則或與夒字的無角之狀有關。《山海經》的作者認爲牛、犀、兕這類動物形體大同小異，《海內南經》描寫兕的形

---

① 參見楊伯峻：《春秋左傳注》，第844頁。

貌道:"其狀如牛,蒼黑,一角。"與《大荒東經》對夔的描述差別不大。《大荒東經》中的夔有夔牛之貌而習性卻是水生動物,它應該是夔龍的早期形象,其原型是可以用來製鼓的蟒、鱷之類。

文獻對夔鼓傳說的記述,都出現在涿鹿之戰。《黄帝内傳》在記載這次戰役時,提到九天玄女作"夔牛鼓"助戰的傳説:"帝伐蚩尤,元女爲帝制夔牛鼓八十面。一震五百里,連震三千里。"①夔牛皮所製的大鼓,聲音宏亮,可以爲大軍增添氣勢并威懾敵人。《大荒東經》描寫夔,也有相似的説法:"其聲如雷……黄帝得之,以其皮爲鼓……聲聞五百里,以威天下。"相似的記載還見於《太平御覽》卷五八二引《帝王世紀》:"黄帝殺夔,以其皮爲鼓,聲聞五百。"《大荒東經》中能製鼓的除了東海中的夔,還有"雷獸之骨"。《海内東經》道:"雷澤中有雷神,龍身而人頭,鼓其腹。在吴西。"吴西的"雷澤"即後來的太湖,是東夷有虞氏之故地。"龍身"和"鼓其腹"的特徵,透露出"雷神"的原型,也是鱷魚這類可以用來製鼓的水生爬行動物。是書記載黄帝以夔皮蒙鼓,以雷獸之骨擊之。皮能製鼓的夔獸與骨頭能作槌的雷獸地緣相近,都在東方,習性也相近,都生活在水中。可見它們的原型也應相同:都是鱷魚之類。

《中次九經》没有將製鼓功能納入對夔牛的記述,而在《大荒東經》對夔和雷獸的記載中,能製鼓則是它們的重要標誌。這一方面是因爲兩則傳説的文化背景和側重不同,另一方面則因爲原始鼓的主要原料其實是龍的原型鱷,而非牛。以牛製鼓的説法見於傳世文獻者,晚至《淮南子》,也没有考古學上的證據;而早期文明以鱷爲製鼓的原料,不但能在文獻中找到許多綫索,還有不少出土材料佐證。《吕氏春秋·古樂篇》記載顓頊"令鱓先爲樂倡"的記載,《夏小正》説"剥鱓以爲鼓"。鱓爲魚蛇之類,可以製鼓。《古樂篇》將用來製鼓的鱓視爲音樂的首倡者,説明鼓類確實是最早被發明

---

① 王應麟:《玉海》,清文淵閣四庫全書本,卷一一〇。

的樂器之一,也説明魚蛇這類水生爬行動物,確實是最早用來製鼓的原料,而將製鼓原料之名用作音樂創始人名字的傳統,也由來已久。相關的考古學研究發現從新石器時代到有文字可徵的歷史時代,黃淮平原都有揚子鰐分佈。① 黃淮平原正是東夷族的主要活動地區,這一考古學證據爲當地人製鼓提供了物質條件上的可能性。在山東泰安大汶口文化晚期 10 號大型墓葬内,考古學家還得到兩件陶壺和兩堆鱷魚皮骨板②,研究認爲"這兩件陶壺可能充作鼓框,這兩堆鱷皮骨板可能是蒙在陶壺口上的鱷皮朽化後的殘留物"③。相似的早期鼓還見於龍山文化陶寺遺址 3015 號早期大墓④,這一遺址的發掘地距離台駘制鐘的晉南地區不遠。大汶口文化和龍山文化都是由東夷人創造的文明,截至目前的考古發現與《山海經》等文獻所載鼓的創制情況都相符合:最早發明鼓的是東夷族人,他們最早使用的原料不是牛皮,而是鱷魚皮。

《大荒東經》中的夔獸吸收了夔牛傳説中的一部分内容,保留了牛的體態特徵,但也已經出現"出入水則必風雨"這種常被附加到龍蛇身上的特殊能力,可以看作後世以夔爲龍之説的濫觴。這一轉變的關鍵在於:第一,龍的原型蛇、鱷等動物才是早期東方民族製鼓的主要原料,但傳説的記録者顯然已經能看到用牛皮製成的鼓,因此夔牛製鼓才得以可能;第二,夔和蚩尤都以牛爲圖騰,夔牛被製成鼓暗示夔在戰爭中失敗,族人遭到殺害。"黄帝殺夔",所殺的不是夔龍而是夔牛,是因爲"殺夔"與"製鼓"的記述重點不同:"殺夔"重在記述黄帝在戰爭中的勝利,"製鼓"重在記述黄帝獲得

---

① 參見周本雄:《山東兗州王因新石器時代遺址中的揚子鰐遺骸》,《考古學報》,1982 年第 2 期。
② 參見山東省文物管理處:《大汶口》,文物出版社,1974 年,第 23 頁。
③ 李純一:《先秦音樂史》,第 15 頁。
④ 參見中國社會科學院考古研究所陝西工作隊等:《1978—1980 年山西襄汾陶寺墓地發掘簡報》,《考古》,1983 年第 1 期。

的戰利品或新技術。"夔牛鼓"的説法是這兩點的綜合,其中的"牛",是作爲夔集團部族圖騰的標誌出現。黃帝滅夔而得鼓,因此夔能製鼓;作爲製鼓原料的水生爬行動物是龍的原型,因此《大荒東經》中的夔獸就有了"牛身而龍行"的錯亂。

除夔之外,與東夷族相關的"鼓"與涿鹿之戰發生聯繫,還見於《山海經·西次三經》:

西北四百二十裡曰鐘山,其子曰鼓,其狀人面而龍身,是與欽䲹殺葆江於昆侖之陽,帝乃戮之鐘山之東曰瑤崖。欽䲹化爲大鶚,其狀如雕而墨文曰首,赤喙而虎爪,其音如晨鵠,見則有大兵;鼓亦化爲鵔鳥,其狀如鴟,赤足而直喙,黃文而白首,其音如鵠,見即其邑大旱。

這裡的鐘山之子也稱鼓,這則故事講述的應該也是一次黃帝與東夷族間的戰爭,可能就是以涿鹿之戰爲背景。阮籍在《清思賦》中寫道:"鄧林殪於大澤兮,欽邳悲於瑤岸。"欽和誇父之死被阮籍并舉,很可能是因爲鼓、欽、誇父和蚩尤都屬於同一部族或陣營。《西次三經》中的這則故事包含鮮明的東夷文化特色:鐘山之子叫鼓,與《海內經》中逢伯陵的後代同名;他的形象是"人面龍身",與《海內東經》中可以製鼓的吳地雷神形象相同;他的葬身之地在"瑤崖",與太子長琴的"搖山"和炎帝女兒"瑤姬"的名字不謀而合;他和欽死後都化爲鳥,體現的是東夷族鳥圖騰及其轉生觀念;"見則有大兵",暗示他們的殞命與戰爭關係密切,這一時期以蚩尤爲代表的東夷族善於戰鬥,也就是先民將蚩尤視爲兵主加以祭祀的原因。

《山海經》提到用來製鼓的"夔"時,形容它"其聲如雷"。《周禮·地官·鼓人》有"雷鼓",鄭玄注爲"八面之鼓",即鼓中音量大者。可見雷與鼓都以其巨大的音量在先民心中留下了深刻的印象。東夷後裔奉蚩尤爲戰神、兵主,《山海經》中與雷、鼓相關的物象也常常與戰爭有關。如《中山經》記載騩山的飛魚有"服之不畏雷,可以禦兵"的效用;《西山經》記載中曲之山的駮"音如鼓音""可以禦兵"等等。這些傳説都從側面説明鼓、戰争和東夷這些文化因素常常被古史傳説的記録者聯想到一起。

總而言之,神話傳説中的夔龍形象,是在圖騰崇拜、部族戰争和製鼓歷史等歷史文化背景下産生的。《大荒東經》中的記載體現的是夔龍傳説的早期形態,還保留了夔牛傳説的痕跡。之後,大概原始圖騰文化對傳説生成的影響漸漸被神秘的龍所取代,夔獸的這種雙重身份也就被視爲兩種互不相干的傳説故事。

五、結語

"夔"本來是靈長類動物的象形字,東夷族的生活環境和宗教習俗使得這個字成爲祖先之名,於是"山精"成了"后夔","夔"成爲東夷文化的重要符號。顓頊、祝融部族曾由東夷政治中心向西南遷徙,將東夷文化的基因傳播到巴蜀地區。周朝建立以後,楚國爲周天子守燎祭天,是東夷族崇拜大火星、善用火祭在楚文化中的遺留;而其尚鐘尚樂、有"冷人"世家的文化現象,則是東夷族創制器樂、擅長樂舞在楚文化中的存續和發展。

巴蜀地區高大的牛形動物,隨着東夷文化的南下被記爲"夔牛"。在涿鹿之戰中,戰鼓對黃帝集團的勝利起到了重要的輔助作用,因此東夷族對戰鼓的創制又成爲古史記録者眼中重要的文化標誌。鱷在先民眼中屬於魚蛇之類,是龍的原型,也是製鼓的原材料;牛是夔集團圖騰崇拜的對象,東海夔獸的原型又與吴澤中龍身的"雷神"相同,夔的形象便因此與龍發生了融合。

夔傳説的變遷與交錯,始終與東夷文化密不可分。這種複雜的傳説形態,是原始宗教、部族融合和神話傳説生成邏輯共同作用的産物,體現出宗教、文字、歷史等文化維度在漫長歷史進程中的相互作用。夔由獼猴而先祖，由先祖而神獸的過程，體現的是古代社會、文化發展形態的持續性和多樣性。

《刑論》篇解讀

《刑論》篇集中輯録孔子關於刑罰的言論和觀點，共九章。早期儒家很少專門談論與刑罰相關的話題。後人關於早期儒家刑罰觀的認識，基本上都是從儒家學者整理的《尚書》，尤其是《虞夏書》和《周書》的記載中尋找綫索，這也是早期儒家論"刑"的一般習慣。《刑論》篇討論刑罰，亦依託《尚書》立言。因此，考察《刑論》篇中孔子論"刑"的情況，就成爲進一步理解儒家刑罰觀和《尚書》刑罰觀的重要依據。考慮到《刑論》篇的成書時間及《孔叢子》家族史、家族學案的著作性質，《刑論》篇的觀點不能簡單地看作孔子的刑罰觀，而應具體定位爲出現在秦漢社會變革之際的孔氏儒家刑罰學專論。《刑論》篇所載的許多文獻資料，也多可與秦漢之際的其他文獻相互印證。

《刑論》篇所載孔子論刑主要涉及五個論題：一是刑與禮的關係，二是刑與民生的關係，三是刑與盜的關係，四是刑法的設置實施與它的合理性，五是孔子的無訟理想。《刑論》篇如何利用《尚書》中的文獻資源建構它的刑罰思想？這些問題將在下文《〈刑論〉篇的内容》中加以解決。

《刑論》篇記載孔子論刑，主要依託孔子對《尚書》的詮釋。在該篇所有九章文字中，有六章引用了《尚書》，共計九條：其中《吕刑》五條、《康誥》三條、《大禹謨》一條。《吕刑》和《康誥》是《尚書》論刑的主要篇目，《刑論》篇的刑罰學建構主要來自對這兩篇文獻的解讀和運用。這一現象再次證明《吕刑》和《康誥》是體現儒家刑罰觀的主要文獻，而《刑論》篇作爲罕見的儒家刑罰專論，亦具有重要的參考價值。另外，該篇中有七章可與《左傳》《尚書大傳》等其他秦漢典籍互證。對這些條目的研究將通過與相關文獻進行比較，在下文《〈刑論〉篇與其他秦漢文獻》中進行探討。

《刑論》篇的內容

《刑論》篇所載孔子論刑主要涉及五個論題：一是刑與禮的關係，二是刑與民生的關係，三是刑與盜的關係，四是刑法的設置實施與它的合理性，五是孔子的無訟理想。

一、刑與禮的關係

刑禮之辨是《刑論》篇最重要的論題。作者選取這方面材料時，强調孔子重禮輕刑、禮先刑後的思想。如第一章討論今古刑罰之繁省時寫道：

> 孔子曰："古之刑省，今之刑繁。其爲教，古有禮，然後有刑，是以刑省；今無禮以教，而齊之以刑，刑是以繁。……夫無禮則民無恥，而正之以刑，故民苟免。"

孔子認爲，"今之刑繁"的原因是"無禮以教，而齊之以刑"。禮的教化作用，能讓民衆產生恥辱之心。類似的觀點還見於第二章，孔子討論公父氏聽獄"有罪者懼，無罪者恥"的原因時道："齊之以禮，則民恥矣；刑以止刑，則民懼矣。"這種觀點與《論語》一脈相承，《爲政》篇道：

> 子曰："道之以政，齊之以刑，民免而無恥；道之以德，齊之以禮，有恥且格。"

孔子認爲恥辱之心是禮教的結果，"有恥且格"是道德教化的成功，因此禮教應當取代刑罰，成爲統治民衆的主要手段。這種禮優於刑的觀點，是孔子禮樂思想的表現。禮教的作用比刑罰更根本、更重要——《刑論》篇選取了不止一條材料强調這一點。

如果把《論語·爲政》與《孔叢子·刑論》加以對比,會發現二者論述禮與刑的關係是大同小異。所謂大同,是指二者都强調禮重於刑;所謂小異,是指二者對政和刑的審視角度并不完全一致。

《爲政》篇把政、刑、德、禮放在一起進行論述,并做了有層次的劃分。對此,朱熹作出如下解説:

> 政者爲治之具,刑者輔治之法,德、禮則所以出治之本,而德又禮之本也,此其相爲終始。雖不可以偏廢,然政、刑能使民遠罪而已,德、禮之效,則有以使民日遷善而不自知。故治民者不可徒恃其末,又當深探其本也。①

朱熹對於政、刑、德、禮的關係解釋得很透徹。這四者可分爲兩大類,政、刑爲一類,德、禮爲一類。這兩大類中各自的兩個小類又有高下輕重之分。政高於刑,德高於禮。如果按照從高到低的次序進行排列,應該是德、禮、政、刑,德居於最高層次。孔子確實把以德治國理民看作最高境界。《論語·爲政》開篇云:"爲政以德,譬如北辰,居其所而衆星共之。"何晏集解:"包曰:'德者無爲,猶北辰之不移而衆星共之。'"②在傳統觀念中,以德治國層次最高,禮次之,政次之,刑最低。在這種觀念的支配下,先秦典籍中經常把德和刑作爲對比鮮明的兩極加以展示。《尚書》中的許多篇目,就是論刑必及德,以德制約刑。如《周書·康誥》稱:"惟乃丕顯考文王,克明德慎罰。"《刑論》篇没有像《論語·先進》那樣把德、禮、政、刑放在一起討論,而是只提取其中的兩項,是一種簡化的處

---

① 朱熹:《四書章句集注》,上海古籍出版社、安徽教育出版社,2001年,第63頁。

② 何晏集解、邢昺疏:《論語注疏》,《十三經注疏》,上海古籍出版社,1997年,第2461頁。

理方式。而所提取的兩項,不是常見的德與刑對舉,而是禮與刑對舉,是以禮置換德。《刑論》篇所作的這種處理,反映出其所處歷史階段的特點。在《尚書》中,德與刑經常被對舉,而德在很大程度上是指事功,具有很強烈的實踐品格。經過諸子百家的爭鳴和發展,德的内涵在戰國時期發生明顯變化,成爲抽象的概念,往往與形而上的道聯繫在一起。在這種情況下,如果繼續把德與刑對舉,怎樣做才算崇德,對於治國理政而言就很難有可操作性。相反,禮的内涵卻是相對穩定的,指的是禮樂教化,與刑罰的訴諸暴力有明顯區別。它是可以觸摸到并且能夠加以實施的。因此,《論刑》篇將禮與刑對舉,而不再是德與刑對舉。

《史記·酈生陸賈列傳》有如下記載:

陸生時時前説稱《詩》《書》。高帝罵之曰:"乃公居馬上而得之,安事《詩》《書》!"陸生曰:"居馬上得之,寧可以馬上治之乎?且湯武逆取而以順守之,文武并用,長久之術也。昔者吴王夫差、智伯極武而亡;秦任刑法不變,卒滅趙氏。鄉使秦已并天下,行仁義,法先聖,陛下安得而有之?"

裴駰集解:"趙氏,秦姓也。"①這裡提到的《詩》《書》,是用它代表禮樂文化,陸賈生活在秦末到西漢文帝期間,與孔鮒屬於同時代人。陸賈是把《詩》《書》、仁義與秦的嚴刑峻法對舉,而不是把崇德作爲旗幟。這説明,到了秦漢之際,人們已經不再經常把德與刑作爲對立的雙方用來説事,而是選擇那些更貼近實際的禮、仁義、《詩》《書》等用來代表禮樂文化,把它們和刑罰加以對照。

---

① 司馬遷撰、裴駰集解、司馬貞索隱、張守節正義:《史記》,中華書局,2009年,第2699頁。

二、刑與民生的關係

《孔叢子·刑論》篇中有如下一段記載：

> 孔子曰："民之所以生者，衣食也。上不教民，民匱其生，饑寒切於身而不爲非者，寡矣。故古之於盜，惡之而不殺也。今不先其教，而一殺之，是以罰刑而善不反，刑張而罪不省。夫赤子知慕其父母，由審故也，況爲政，興其賢者，而廢其不賢，以化民乎？知審此二者，則上盜先息。"

這段涉及兩個關係，一是刑與民生的關係，二是刑與盜的關係。

孔子強調"仁者愛人"，體現在治國理政方面，就是主張實行惠民政策，關注民生，使百姓富足。這在《論語》中多有體現。如《顏淵》篇："子貢問政。子曰：'足食，足兵，民信之矣。'"民以食爲天，孔子充分認識到滿足百姓這一基本需求的重要性，并把它作爲治國理政需要解決的首要問題。《子路》篇：

> 子適衛，冉有僕。子曰："庶矣哉！"冉有曰："既庶矣，又何加焉？"曰："富之。"曰："既富矣，又何加焉？"曰："教之。"

這裡所說的"庶"，指人口眾多。在孔子看來，治理眾多的百姓，首要任務是使他們富裕起來，在此基礎上進一步實行教化。《堯曰》篇也稱："所重：民，食，喪，祭。"體現的都是以民爲本的理念和民以食爲天的基本認識。

孔子主張富民，因此，他對實行富民政策的當權者予以充分的肯定。《公冶長》篇記載，孔子讚揚和他同時代而略早的鄭子產："其養民也惠，其使民也義。"《左傳》昭公二十一年記載："及子產卒,仲尼聞之,出涕曰:'古之遺愛也。'"王念孫稱:"愛即仁也,謂子產之仁愛,有古人之遺風。"①孔子讚揚鄭子產"養民也惠",因此稱他爲"古之遺愛"。鄭子產執政的一大功績,就是通過調整井田佈局,使鄭國百姓富足(事見《左傳》襄公三十年)。這樣看來,《刑論》篇強調"民之所以生者,衣食也",與《論語》的上述記載相符合,體現的是孔子的一貫主張。

《刑論》篇的這段論述稱"上不教民,民匱其生",是把百姓衣食不足的原因歸結爲當政者對百姓施教的缺失。把施教與百姓的衣食聯繫在一起,在《論語·堯曰》篇中已見端倪。孔子與子張對話,把從政歸結爲五美四惡。五美的首條是"惠而不費":"因民之所利而利之,斯不亦惠而不費乎?"順應百姓的利益而施惠,這是爲政的首要美德。列在四惡之首的是"不教而殺謂之虐",顯然,這裡的"不教"包括不教導百姓經營農桑,導致百姓饑寒交迫,與前面所說的惠民相對應。把農業生產與施教聯繫在一起,還見於《左傳》襄公三十一年有關鄭子產的記載:"及三年,又誦之曰:'我有子弟,子產誨之;我有田疇,子產殖之;子產而死,誰其嗣之。'"楊伯峻注:"殖,謂增加產量。"②鄭國人讚揚子產,由教誨子弟延伸到糧食增產。顯然,子產所實行的教誨,包括引導百姓專注於農桑,是惠民政策的組成部分。

《刑論》篇把百姓的衣食匱乏説成是導致他們犯罪的根源:"上不教民,民匱其生,饑寒切於身而不爲非者,寡矣。"這是把百姓的饑寒交迫與他們觸犯刑律相勾連,指出二者之間的因果關係。《論語》雖然記載孔子一系列惠民主張,但還沒有直接把百姓的衣食不足與觸法犯罪放在一起加以論述。明確指出這二者關係的是《孟子·梁惠王上》:

---

① 楊伯峻:《春秋左傳注》,第1422頁。
② 楊伯峻:《春秋左傳注》,第1182頁。

> 無恒產而有恒心者,惟士爲能。若民,則無恒產,因無恒心。苟無恒心,放辟邪侈,無不爲矣。及陷於罪,然後從而刑之,是罔民也。

楊伯峻注:"罔——同'網',此處用作動詞,張網羅以捕捉之意,猶言'陷害'。"①孟子明確指出,百姓饑寒交迫導致他們鋌而走險,觸犯法律。《荀子·非十二子》篇把子思、孟子列爲同一學派,子思是孔子之孫,是《孔叢子》重點敘述、極力稱揚的對象。《刑論》篇把百姓衣食匱乏説成是導致他們被治罪的原因,這是吸取了思孟學派的觀點,把《論語》没有直接表達的觀念作了公開的闡述。當然,其他戰國諸子也有這方面的論述,如《管子·牧民》篇就寫道:"倉廩實則知禮節,衣食足則知榮辱。"②這與孟子的看法是一致的。就此而言,《刑論》篇挾帶着戰國思想家惠民避刑的理念。

三、刑與盗的關係

《刑論》提及對盗的看法,把盗出現的原因歸結爲百姓的饑寒交迫。提及對盗的處理,不贊成用刑殺的方式,并提出如下主張:"况爲政,興其賢者,而廢不顯,以化民乎?知審此,則上盗先息。"這裏的"上盗",指的是在上者爲盗,而且和是否任用賢人有直接的關係。本來是論述百姓爲盗犯罪的問題,突然轉換到在上者爲盗,這種轉換事出有因,是本於《論語·顔淵》篇的如下記載:

> 季康子問政於孔子。孔子對曰:"政者,正也。子帥以正,孰敢不正?"
>
> 季康子患盗,問於孔子。孔子對曰:"苟子之不欲,雖賞之

---

① 楊伯峻:《孟子譯注》,第24頁。
② 黎翔鳳:《管子校注》,中華書局,2009年,第2頁。

不竊。"

季康子問政於孔子曰:"如殺無道,以就有道,何如?"孔子對曰:"子爲政,焉用殺? 子欲善而民善矣。君子之德風,小人之德草,草尚之風,必偃。"

關於季康子,楊伯峻注:

季康子。根據《春秋》及《左傳》,季孫斯(桓子)死於哀公三年秋七月,季孫肥(康子)隨即襲位。則以上三則季康子之問,當在魯哀公三年七月以後。①

季孫氏世代執掌魯國大政,季康子向孔子詢問的是如何治理魯國。對於季康子的三次詢問孔子沒有作出正面回應,而是不斷強調季康子應該從自身做起,不要去謀劃如何對百姓進行治理。其中"季康子患盜"一段最有深意。季康子對百姓爲盜深感憂慮,向孔子討教。孔子的回答卻指向季康子本人:你如果沒有欲望,即使用獎賞的方式鼓勵百姓爲盜,百姓都不會去做。言外之意,百姓爲盜,是執政者欲望充盈造成的,實際上把這類執政者視爲大盜。百姓爲盜與此相比,不過是小巫見大巫。對此,朱熹援引胡氏之説闡釋道:"季氏竊柄,康子奪嫡,民之爲盜,固其所也。盍亦反其本耶?"②季孫氏大權在握,架空魯君,季康子殺死他父親指定的繼承人,成爲季氏家族掌門人,事見《左傳》哀公三年。這些做法確實帶有盜取的性質。孔子未必有此譏諷之意,但他對季康子的不滿似乎多少還是流露於言語之間。

孔子由季康子患盜,引出當政者"不欲"的話題。《刑論》篇則

---

① 楊伯峻:《論語譯注》,第130頁。
② 朱熹:《四書章句集注》,第162頁。

由"民之爲盜"轉移到"上盜先息",并且提出爲政要"興起賢者,而廢其不賢",這是"上盜先息"的前提。在《孔叢子》的作者看來,如果未能廢其不賢,那麼爲政者上層的强盜行爲就無法止息。不賢者居於賢者應居之位,是竊位,也是盜名,因此稱爲上盜。《刑論》篇的這種看法雖然不是直接源自孔子對季康子患盜的回答,但二者顯然存在密切關聯。它們都把對盜的審視焦點由百姓轉移到執政者,由普通小盜轉移到居於上層的大盜,對當時的社會和政治狀況有很强的批判力度。

說人論事以盜爲喻,是先秦諸子經常採用的表達方式,《論語》已經開其肇端。《陽貨》篇:"子曰:'色厲而内荏,譬諸小人,其猶穿窬之盜與?'"色厲内荏,謂表裹不一,外表嚴厲而内心怯懦,有欺世盜名之嫌,故孔子將這類人的行爲比作行竊。

《孟子·滕文公下》有以下記載:

> 戴盈之曰:"什一,去關市之征,今茲未能,請輕之,以待來年,然後已,何如?"
>
> 孟子曰:"今有人攘其鄰之鷄者,或告之曰:'是非君子之道。'曰:'請損之,月攘一鷄,以待來年,然後已。'——如知其非義,斯速已矣,何待來年!"

楊伯峻注:"《禮記·禮器》鄭玄注、《穀梁傳》成五年《釋文》都云:'攘,盜竊也。'譯文仍取此義。"[①]戴盈之是宋國大夫,他認爲減輕農業税、免除市場交易税無法一步到位,要等到明年才有可能徹底實行,當下只能減輕一些而已。孟子把這種説法比作偷鷄者不肯金盆洗手,只是變日偷一鷄爲月偷一鷄。從這個比喻中可以看出,孟子把横徵暴斂視爲盜,否定它的合法性。

---

① 楊伯峻:《孟子譯注》,第151頁。

論人説事以盜爲喻,還見於《墨子·公輸》、《莊子·胠篋》《盜跖》等多種文獻,它們的批判矛頭都直指統治階層。《刑論》篇提及"上盜",繼承的是早期儒家對相關問題的經典言説方式,也是先秦諸子的批判傳統。

四、刑罰的設置施行與它的合理性

刑罰的設置和施行如何才能具有合理性,《論語·子路》篇談到這個問題:

> 子曰:"禮樂不興,則刑罰不中;刑罰不中,則民無所錯手足。"

這是把禮樂當成刑罰的前提。《刑論》篇的另一論題就是強調刑罰的設置要合理,主要體現這一觀點的是第四章孔子對"茲殷伐有倫"的解釋:

> 《書》曰:"茲殷伐有倫。"子張問曰:"何謂也?"孔子曰:"不失其理之謂也。今諸侯不同德,每君異法,折獄無倫,以意爲限,是故知法之難也。"

這裡所引的《尚書》經文出自《周書·康誥》。"有倫"即"不失其理",孔子的解釋符合經文原意。殷商的"伐有倫",與孔子批判今之諸侯的"折獄無倫"形成對比。另如第六章孔子向曾子講授聽獄之術:

> 孔子曰:"其大法有三焉:治必以寬,寬之之術,歸於察。察之之術,歸於義。是故聽而不寬,是亂也;寬而不察,是慢也;察而不中義,是私也。私則民怨。故善聽者,言不越辭,辭

不越情，情不越義。"

聽獄之術，最終歸於"中義"，"義"有合理之義。刑罰"中義"，可與《論語》中的"刑罰不中"互見，"中義"或"中"，都是合理之義。

孔子在第六章中講到的聽獄之大法，是寬、察和義。關於寬和察的具體意義，可以借鑒同篇第五章中孔子的說法：

孔子曰："君子之於人也，有不語也，無不聽也，況聽訟乎？必盡其辭矣。夫聽訟者，或從其情，或從其辭。辭不可從，必斷以情。《書》曰：'人有小罪，非眚，乃惟終，自作不典，式爾；有厥小罪，乃不可殺。乃有大罪，非終，乃爲眚災，適爾，既道極厥辜，時乃不可殺。'"

所謂"聽訟""聽獄"，主要指聽"辭"。第六章中的"寬"，就是說聽"辭"時的態度，應當是兼聽、"盡其辭"。第六章說"寬而不察，是慢也"，第五章說"辭不可從，必斷以情"，并引《周書·康誥》之文加以說明。引文的大義爲：其人犯罪雖小，但是知法犯法、不知悔改，這樣的人一定要重罰；其罪雖大，卻非刻意爲之，且誠心悔改，這樣的人就要從輕發落。孔子用這段經文解釋"情"，說明"情"指的是犯罪事件的隱情和罪犯的真實想法之類，取"情"字的實情之義。如果"辭不可從"，聽訟者就要能夠透過"辭"來體察"情"，這也正是第六章中"察"的所指。只有做到察實情，才能準確斷獄而不至於怠慢執法。在兼聽獄辭并且瞭解實情之後，如果決斷還不合理，就一定是私心作怪了。

孔子一向強調斷案必須客觀公正，這從《左傳》昭公十四年的記載中可以得到印證：

晉邢侯與雍子爭鄐田，久而無成。士景伯如楚，叔魚攝理。韓宣子命斷舊獄,罪在雍子。雍子納其女於叔魚,叔魚蔽罪邢侯。邢侯怒,殺叔魚與雍子於朝。宣子問其罪於叔向。叔向曰:"三人同罪,施生戮死可也。雍子自知其罪,而賂以買直;鮒也鬻獄;邢侯專殺,其罪一也。己惡而掠美爲昏,貪以敗官爲墨,殺人不忌爲賊。《夏書》曰:'昏、墨、賊,殺。'皋陶之刑也,請從之。"乃施邢侯而屍雍子與叔魚於市。

仲尼曰:"叔向,古之遺直也。治國制刑,不隱於親。三數叔魚之惡,不爲末減。曰義也夫,可謂直矣!"

對於其中的"叔魚蔽罪邢侯",楊伯峻引古注道:"杜注:'蔽,斷也。'《周禮·大司寇》鄭司農注:'蔽之,斷其獄訟也。'蔽、弊,音近通作。"①這是春秋後期一樁引起巨大震動的案件。叔魚,又稱叔鮒,是叔向的同父異母弟。叔魚審理邢侯和雍子的土地糾紛案,本來過錯在於雍子,他應該敗訴。可是,他把女兒送給叔魚作爲賄賂,叔魚就顛倒黑白,判邢侯敗訴,邢侯一怒之下殺死了叔魚和雍子。晉國的執政者韓宣子向叔向徵求處理方案,叔向根據刑律判定三人同罪,於是邢侯因殺人而被處死,三人的屍體都被陳列在市場示眾。

對於叔向的這種處理方式,孔子非常讚賞,稱他爲"古之遺直""義也夫"。這裡所說的直,指的是執法公平、量刑合理。《論語·憲問》篇道:

或曰:"以德報怨,何如?"子曰:"何以報德?以直報怨,以德報德。"

對於"以直報怨",朱熹解釋道:"於其所怨者,愛憎取捨,一以

---

① 楊伯峻:《春秋左傳注》,第1366頁。

至公而無私,所謂直也。"①這裡所説的直,指的是公平合理,没有偏頗。孔子稱叔向爲"古之遺直",意謂在他身上可以看到古代辦案公正無私的遺風。孔子還讚揚叔向"義也夫",又説他"三數叔魚之惡,不爲末減,曰義也夫"、"殺親益榮,猶義也夫"。對於後者,楊伯峻解釋道:"殺親謂其弟叔魚因其言雖死而陳屍。益榮謂其名益顯著。猶讀爲由,由義,行義也。"②孔子針稱讚叔向時所説的"義",指的是對案件處理得當、適宜。孔子强調斷案要公平合理,適宜得當。《刑論》篇記載孔子關於刑罰實施的基本原則,雖然未必全是孔子的原話,但其精神實質確實與孔子的主張相契。

五、六兩章論述的是聽訟的原則和方法,除此之外,《刑論》篇還强調法官聽訟的態度應當是"哀敬折獄""若保赤子"。第七章寫道:

> 《書》曰:"哀敬折獄。"……孔子曰:"古之聽訟者,察貧窮,哀孤獨及鰥寡,宥老弱不肖而無告者,雖得其情,必哀矜之。……故宥過,赦小罪,老弱不受刑,先王之道也。"

同情弱小,不對他們當中的犯罪者施以重刑,這種"哀矜"之情體現的是"先王之道",是理想的施刑狀態。在《論語·子張》篇中可以看見類似的觀點:

> 孟氏使陽膚爲士師,問於曾子。曾子曰:"上失其道,民散久矣。如得其情,則哀矜而勿喜。"

曾子的話,一方面説明"哀矜折獄"確是儒家學者對待訟獄的

---

① 朱熹:《四書章句集注》,第 184 – 185 頁。
② 楊伯峻:《春秋左傳注》,第 1369 頁。

一貫立場,一方面也説明當時的聽訟之士以獲得罪人爲喜,已經成爲那個時代的惡習。《刑論》篇第八章是對這種"哀矜"之情的進一步闡釋:

> 《書》曰:"若保赤子。"……孔子曰:"……古之聽訟者,惡其意,不惡其人;求所以生之,不得其所以生,乃刑之,君必與衆共焉,愛民而重棄之也。今之聽訟者,不惡其意,而惡其人,求所以殺,是反古之道也。"

這種哀矜保民的刑罰觀與《尚書》的"慎刑"以及《論語》的"哀矜而勿喜"一脈相承。

五、孔子的"無訟"理想

《孔叢子·刑論》篇記載了孔子與衛將軍文子的如下對話:

> 孔子曰:"以禮齊民,譬之於御則轡也;以刑齊民,譬之於御則鞭也。執轡於此而動於彼,御之良也;無轡而用策,則馬失道矣。"文子曰:"以御言之,左手執轡,右手運策,不亦速乎?若徒轡無策,馬何懼哉?"孔子曰:"吾聞古之善御者,執轡如組,兩驂如舞,非策之助也。是以先王盛於禮而薄於刑,故民從命。今也廢禮而尚刑,故民彌暴。"

孔子將禮喻爲轡,將刑喻爲鞭策。文子認爲,轡與策并用,效果最好。孔子則反駁道,"古之善御者""執轡如組,兩驂如舞",僅"執轡"就能達到最佳效果,并不需要鞭策的輔助。孔子引用的是《詩經·鄭風·大叔於田》中的詩句,原詩本是對大叔打獵御馬時動作形貌的描述,孔子在這裡將它作爲善御者不用鞭策的證據,是爲强調禮的絶對作用而斷章取義。

孔子認爲治國理民的最佳狀態是純用禮樂教化，而不必動用刑罰。這在現實社會中沒有可行性，無法操作，但從中可以看出孔子的施政理想。在《論語》中也可以見到類似的表述。《子路》篇記載："子曰：'善人爲邦百年，亦可以勝殘去殺矣。'誠哉是言也。"何晏集解："王曰：勝殘，殘暴之人使不爲惡也。去殺，不用刑殺也。"邢昺疏："古者有此言，孔子信之，故曰'誠哉是言也'。"①孔子援引當時流傳的話語，認爲善人當政達到百年，就會天下太平，不會再出現犯罪現象，也没有必要動用刑罰。孔子把勝殘去殺看作是一個漫長的過程，需要連續不斷地投入精力，盡心治理。但他相信純用禮樂治天下的理想境界是可以達到的，《論語·顔淵》篇道：

　　子曰："片言可以折獄者，其由也與？"子路無宿諾。
　　子曰："聽訟，吾猶人也。必也使無訟乎！"

孔子讚揚子路聽訟斷案的才幹，由於他天性剛毅，因此做事果斷。他在斷案時根據一方的言辭就可以判決，而不必兼聽雙方。他很講誠信，言必信，行必果，不輕易許諾，能迅速兑現諾言。照理來説，子路爲政的才幹很出色，令人欽佩。孔子本人也承認，聽訟斷案，他和别人并没有什麼差異，自己并無特殊才幹。但是，孔子追求的是没有訴訟發生。對此，朱熹援引范氏如下評論："聽訟者，治其末，塞其流也。正其本，清其源，則無訟矣。"又引楊氏語："以見聖人不以聽訟爲難，而以使民無訟爲貴。"②没有法律糾紛，不用折獄斷案，當然就是純用禮樂教化進行治理，這是孔子的施政理想。

《左傳·昭公二十年》記載孔子針對鄭子産關於施政寬與猛的

---

① 何晏集解、邢昺疏：《論語注疏》，《十三經注疏》，第2507頁。
② 朱熹：《四書章句集注》，第161頁。

論述,作了如下闡釋:

> 仲尼曰:"善哉!政寬則民慢,慢則糾之以猛。猛則民殘,殘則施之以寬。寬以濟猛,猛以濟寬,政是以和。《詩》曰'民亦勞止,汔可小康;惠此中國,以綏四方',施之以寬也。'毋從詭隨,以謹無良;式遏寇虐,憯不畏明',糾之以猛也。'柔遠能邇,以定我王',平之以和也。又曰'不競不絿,不剛不柔,布政優優,百祿是遒',和之至也。"

孔子引《詩經》的句子論述施政的寬與猛及理想境界。所引詩句依次取自《大雅·民勞》《商頌·長發》。文中所說的"和之至也",是施政所能達到的最佳狀態。楊伯峻注:"競,強也。絿,音求,緩也。……優優,寬裕之貌。"①孔子理想中的施政效果是寬裕優游,没有過寬或過猛的流弊。僅次於這種理想境界的"平之以和"是"柔遠能邇",對遠方懷柔,對近處順應,是以柔性方式爲主,由此看來,孔子理想的無訟境界,也就是這裡所說的"和之至也"。《刑論》所載孔子對衛將軍文子問話的回答,表現的正是他"必也使無訟"的施政理想。孔子與衛將軍文子的對話,強調在治國理政中應該發揮禮的柔性功能,并以之取代作爲暴力手段的刑罰,這與他"必也使無訟"的施政理想是一致的。

總體來看,《刑論》篇爲了宣揚禮樂教化,對刑罰的客觀作用有刻意貶低的傾向。它雖然在刑禮關係、慎刑觀念等問題上與前代儒家立場一致,并較《論語》保留了更爲豐富的孔子論刑材料,體現出重要的文獻價值,但其時代性、局限性也很明顯。作者對刑罰客觀作用的貶低一方面是力圖繼承《論語》刑罰思想的結果,一方面也與《刑論》篇作者的時代背景有關。

---

① 楊伯峻:《春秋左傳注》,第 1421–1422 頁。

《隋書·經籍志》載《孔叢子》的作者爲孔鮒,孔鮒雖不可能著完全書,卻很可能是這部著作的早期編纂者。他曾爲陳勝博士,生活在秦漢之際的亂世,當時戰亂頻發、禮崩樂壞的社會狀況與孔子所處的春秋晚期相比,有過之而無不及。亂世民不聊生,禮俗凋敝,嚴刑峻法應運而生。譬如與孔子年代相近的子產,就曾因是否應該嚴明刑罰而與晉國的叔向發生過爭論,《左傳》昭公六年記載:

  三月,鄭人鑄刑書。叔向使詒子產書,曰:
  "始吾有虞於子,今則已矣。昔先王議事以制,不爲刑辟,懼民之有爭心也。……民知有辟,則不忌於上。并有爭心,以徵於書,而徼幸以成之,弗可爲矣。
  夏有亂政,而作禹刑;商有亂政,而作湯刑;周有亂政,而作九刑;三辟之興,皆叔世也。"
  ……
  復書曰:"若吾子之言——僑不才,不能及子孫,吾以救世也。"

三代作刑,都在亂世。子產在鄭國興刑罰,目的也在於"救世"。可見用刑治民非長久之計,是時人的共識。不過身處亂世,以刑治來救急也是無奈之舉。孔子和《孔叢子》的刑禮之辨,就是在這樣的社會背景下誕生的。據《漢書·刑法志》記載,秦始皇"專任刑罰,躬操文墨,晝斷獄,夜理書,自程決事,日縣石之一",他設定嚴酷細緻的刑罰制度,晝夜操勞,治國不可謂不用心,卻終至"天下愁怨,潰而叛之"。像這樣的亂世,已經無法寄希望於禮樂教化,只有兵家、法家的辦法能夠產生實際的效果。但是,嚴刑峻法和兵戈征伐帶給百姓的是更爲深重的災難,這種混亂的社會狀況又與儒家學者的聖治理想格格不入。因此,身處亂世、肩負傳承發揚孔氏家學重任的孔鮒會專門編纂一篇抑刑揚禮、要求"哀敬折獄"的

《刑論》篇,也就不足爲奇了。孔鮒的願望與生活在嚴刑峻法下平民百姓的訴求是一致的。《漢書・刑法志》記載漢初孝惠帝、高皇后時,"百姓新免毒蠚,人欲長幼養老……是以衣食滋殖,刑罰用稀",孝文帝時,"減省租賦""恥言人之過失""刑罰大省""有刑錯之風"。這些事實說明,孔氏和百姓的這一訴求在劉氏奪取政權之後終於實現,也說明"刑新國用輕典""刑亂國用重典"(《周禮・秋官・司寇》)實乃古人應對社會環境變化的有效手段。

《刑論》篇與其他秦漢文獻

《刑論》篇記載孔子論刑,主要依託孔子對《尚書》的詮釋。在該篇所有的九章文字中,有六章引用《尚書》文字,共計九條:其中《呂刑》五條、《康誥》三條、《大禹謨》一條。《呂刑》和《康誥》是《尚書》論刑的主要篇目,孔子的論刑言論主要出自對這兩篇文獻的解讀和運用。這一現象再次證明《呂刑》和《康誥》是體現儒家刑罰觀的主要文獻,而《刑論》篇作爲罕見的儒家刑罰專論,亦具有重要的參考價值。另外,篇中有七章可與《左傳》《尚書大傳》等其他秦漢文獻互證。下面,就將它們與相關文獻進行比較研究。

《刑論》篇第一章寫道:

> 仲弓問古之刑教與今之刑教。孔子曰:"古之刑省,今之刑繁。其爲教,古有禮,然後有刑,是以刑省;今無禮以教,而齊之以刑,刑是以繁。《書》曰:'伯夷降典,折民維刑。'謂下禮以教之.然後繼以刑折之也。夫無禮則民無恥,而正之以刑,故民苟免。

孔子所引《尚書》經文出自《周書・呂刑》,今作"伯夷降典,折民惟刑",與《記義》篇無異。《太平御覽・刑法部》載《尚書大傳》

有一段相似的文字:

> 孔子曰:"古之刑者省之,今之刑者繁之。其教,古者有禮然後有刑,是以刑省也;今也反是,無禮而齊之以刑,是以繁也。《書》曰:'伯夷降典禮,折民惟刑。'謂有禮然後有刑也。"

《孔子集語》亦收録了此段文字。① 《尚書大傳》記載孔子所引的《吕刑》經文與《記義》篇和今本《尚書》不同,學者以爲是今文尚書之文。它將"伯夷降典"作"伯夷降典禮",使經文的字面意義發生了變化。若據今本《尚書》,伯夷所降之"典"未指明爲何典,據後文"折民惟刑",可以直接釋爲刑典。這句經文的意義,就是伯夷制定刑典,以刑罰治理百姓。若據《尚書大傳》,"典"作"典禮",那麼"典"就并非只是刑典,還涉及禮典。經文的意義,就應該是伯夷制定禮法制度,并用刑罰治理百姓,涉及刑和禮兩方面的問題。《記義》篇解釋這句經文,認爲"謂下禮以教之,然後繼以刑折之也",將"典"理解爲禮典,與《尚書大傳》之説相合。兩書所引孔子之語内容相似,觀點相同。

雖然今本《尚書》在"典"後没有"禮"字,但作爲今本《尚書》底本的《孔氏傳尚書》對這句經文的解釋卻與《尚書大傳》相同,孔安國注:"伯夷下典禮教民而斷以法。"② 孔安國是孔氏家學傳人,他對《尚書》經文的解釋與《孔叢子》一樣,都是孔氏《尚書》學觀點的體現。今文《尚書》學祖師伏生作《尚書大傳》,他生活的區域,在儒家學者活躍的齊魯地區。三種文獻的説法如此統一,説明將"伯夷降典"解釋爲降典禮,是自戰國到西漢、儒家《尚書》學傳承過程中一貫未變的見解。釋"典"爲"典禮",也透露出禮與刑的文化淵源。

---

① 參見孫星衍:《孔子集語》,上海古籍出版社,1989年,第85頁。
② 孔安國:《尚書孔氏傳》,《四部要籍注疏叢刊·尚書》,第112頁。

《孔氏傳尚書》"伯夷降典"後沒有"禮"字,爲什麽孔安國還會將"典"釋爲"典禮"呢?關於這一點,除了考慮他繼承孔氏舊説的可能性外,還與伯夷這一歷史人物有關。伯夷是虞舜的股肱之臣,《周書·吕刑》記載虞舜執政後實施的重要行政舉措:

> 乃命三后恤功於民:伯夷降典,折民惟刑;禹平水土,主名山川;稷降播種,農殖嘉穀。三后成功,惟殷於民,士制百姓於刑之中,以教祗德。

伯夷制定典章制度、以法度管理百姓,大禹平敷山川、劃定區域,后稷教導百姓桑耕之術、管理農業,這是虞舜執政後的三種行政措施。這段文獻對"三后成功"之後的社會狀態,描述爲"士制百姓於刑之中",這裏的刑,指一般的法令制度,并不專指刑法。可見伯夷所"降"之"典"及其"折民"之"刑",應是泛指構建社會秩序的制度法令,而非專指刑法。據其他文獻的記載,伯夷在虞舜政權中,也確實扮演着這樣一個社會秩序維持者的角色。《舜典》記載:

> 帝曰:"諮!四嶽。有能典朕三禮?"僉曰:"伯夷。"帝曰:"俞!諮伯。汝作秩宗。夙夜惟寅,直哉惟清。"

舜爲伯夷指定的職位是"秩宗",鄭玄解釋道:"主次秩尊卑。"[①]他的職務是主管宗廟祭祀、神人尊卑的"三禮",這是當時社會秩序中最重要的部分。伯夷是虞舜政權的重要人物,以他的身份,職責範圍不可能僅限於宗廟祭祀。孔安國認爲"三禮"既然由伯夷主持,那麽行政秩序也應屬於他的職責範圍。他在《孔氏傳尚

---

① 孫星衍:《尚書今古文注疏》,《四部要籍注疏叢刊·尚書》,第2107頁。

書》中解釋"夙夜惟寅,直哉惟清"時指出伯夷的工作範圍包括"職典禮,施政教,使正直而清明"①,即主持禮儀、行政法令、教育、廉政等多方面工作。其中"使正直而清明",相當於今天的廉政工作,是維持政治生活正常秩序的重要基礎。《世本》有"伯夷作刑"②的記載,說明伯夷通過法制手段維持社會秩序,其說可與《舜典》的記載與孔安國的說法相通。在中國古代社會中,禮是統治者維繫社會關係的最重要手段。禮作爲已經獲得社會共識的道德行爲準則,是刑法設立的標準和内在依據。所以,主管禮制的伯夷同時也是刑法的設立者和執行者。孔氏將"伯夷降典"釋爲"有禮然後有刑"、降典禮,有其歷史依據。

《刑論》篇第二章寫道:

孔子適衛,衛將軍文子問曰:"吾聞魯公父氏不能聽獄,信乎?"孔子答曰:"不知其不能也。夫公父氏之聽獄,有罪者懼,無罪者恥。"文子曰:"有罪者懼,是聽之察、刑之當也。無罪者恥,何乎?"孔子曰:"齊之以禮,則民恥矣;刑以止刑,則民懼矣。"文子曰:"今齊之以刑,刑猶弗勝,何禮之齊?"孔子曰:"以禮齊民,譬之於御則轡也;以刑齊民,譬之於御則鞭也。執轡於此而動於彼,御之良也;無轡而用策,則馬失道矣。"文子曰:"以御言之,左手執轡,右手運策,不亦速乎? 若徒轡無策,馬何懼哉?"孔子曰:"吾聞古之善御者,執轡如組,兩驂如舞,非策之助也。是以先王盛於禮而薄於刑,故民從命。今也廢禮而尚刑,故民彌暴。"

孔子關於公父氏聽獄的論述,在《尚書大傳》中也能找到,且與

---

① 孔安國:《尚書孔氏傳》,《四部要籍注疏叢刊·尚書》,第9頁。
② 宋衷注;秦嘉謨等輯:《世本八種》,中華書局,2008年,第39頁。

《刑論》篇所錄相似:

  孔子如衛,人謂曰:"公甫不能聽訟。"子曰:"非公甫之不能聽獄也。公甫之聽獄也,有罪者懼,無罪者恥,民近禮矣。"①

  在這段文字中,孔子簡單明瞭地道出了公父氏之聽獄使"民近禮"的結論。在《刑論》篇中,孔子對懼和恥有進一步説明,所論較《尚書大傳》詳細。這裡的衛將軍文子,即衛國的公孫彌牟,姬姓,名彌牟,字子之;一説名木,字彌牟,死後諡號文,也稱爲文子,是衛靈公幼子衛公子郢的兒子。《大戴禮記·衛將軍文子》篇有他向子貢提問的記載,也稱他爲衛將軍文子。是書還載有子貢將回答文子的話告知孔子并得到孔子讚賞的文字。可見,這位衛國公孫確實很欣賞孔氏師徒,并希望與他們交流。
  文子在這裡向孔子提的問題,是禮與刑孰可齊民。孔子認爲"盛於禮而薄於刑"是齊民的關鍵,并引《詩經》之文加以説明。他將禮比作轡,刑比作鞭策,并用《鄭風·大叔於田》中"執轡如組,兩驂如舞"這兩句對馭馬的形容來説明,最高境界的齊民,并不需要刑罰的輔助。《大叔於田》是一首描述貴族田獵時颯爽英姿的詩歌,"執轡如組,兩驂如舞",是寫貴族手執馬轡,就像執握織絲那樣柔軟輕巧,且能自如控制馬匹奔走的從容姿態。孔子借此詩説明齊民不應用刑,而應如大叔御馬一般從容不迫。
  《刑論》篇第二章中還有如下文字:

  文子曰:"吴越之俗,無禮而亦治,何也?"孔子曰:"夫吴越之俗,男女無别,同川而浴,民輕相犯,故其刑重而不勝,由無禮也。中國之教,爲外内以别男女,異器服以殊等類,故其民

---

① 孫星衍:《孔子集語》,第84頁。

篤而法,其刑輕而勝,由有禮也。"

《孔子集語》載《尚書大傳》有一段相似的文字:

> 子曰:"吴越之俗,男女同川而浴,其刑重而不勝,由無禮也。中國之教,內外有分,男女不同椸枷,不同巾櫛,其刑重而勝,由有禮也。語曰:夏后氏不殺不刑,罰有罪而民不輕犯,死犯二千鍰。"①

《刑論》篇中的"其刑輕而勝",《尚書大傳》作"其刑重而勝"。但據後文"夏后氏不殺不刑"之語,當以作"輕"爲是。

文子説吴、越"無禮而亦治",是因爲吴國和越國在春秋後期的爭霸舞臺上大放異彩。吴國在闔閭時期達到鼎盛,國力强大,《白虎通》和《荀子》都將闔閭算作春秋五霸之一;越國在地理位置上比吴國偏僻,它的强盛時期較吴國更晚,越王勾踐曾勝闔閭,後敗於夫差之手,之後又臥薪嚐膽,擊敗夫差,并横行江、淮,成爲春秋時期的最後一位霸主。文子和孔子生活的時代在春秋末期,正是中原諸國紛紛没落,吴、越并起,爭雄天下之際;吴、越地處荒蠻,并以嚴兵窮武而興,其民風民俗與中原諸國截然不同。因此,文子會向崇尚禮教的孔子提問吴、越興起的原因。孔子在這段論述中將吴、越之無禮而刑重與中原之有禮而刑輕作了比較,認爲中原的禮節是百姓教化、民風不相輕犯的重要因素,而吴、越的無禮才導致他們嚴刑峻法、窮兵黷武。

吴、越"男女無別"的風俗,可以從史書中找到證據。《漢書·嚴朱吾丘主父徐嚴終王賈傳下》載賈捐之語:"駱越之人父子同川而浴,相習以鼻飲,與禽獸無異。"《後漢書·循吏列傳》寫道:"駱

---

① 孫星衍:《孔子集語》,第84頁。

越之民,無嫁娶禮法,各因淫好,無適對匹,不識父子之性,夫婦之道。"駱越之人生活在今天的廣西一帶,屬於古越族的支系。關於這一地區的風俗,《漢書·五行志》有"南越盛暑,男女同川澤,淫風所生,爲蟲臭惡"的説法。中原人對越地民俗的這些描述,説明先秦時期吳越文明不分上下、不別男女,同川而浴的習俗,在漢代的南越地區仍有保留。相比之下,中原對父子、男女之別的要求則十分嚴格,如《禮記·曲禮》就有與《尚書大傳》相似的記載:"男女不雜坐,不同椸架,不同巾櫛,不親授。"中原重視禮教,而男女關係是中原道德教化的基礎,《記義》篇、《尚書大傳》和《曲禮》所言,當是從先秦時期流傳下來的古禮。

《刑論》篇第四章:

> 《書》曰:"兹殷罰有倫。"子張問曰:"何謂也。"孔子曰:"不失其理之謂也。今諸侯不同德,每君異法,折獄無倫,以意爲限,是故知法之難也。"

《太平御覽·刑法部》載《尚書大傳》有一段相似的文字:

> 《書》……又曰:"兹殷伐有倫。"今也反是。諸侯不同聽,每君異法,聽無有倫,是故知法難也。

兩書所言基本無異。相比之下,《刑論》篇的論述更爲詳細,并對所引《尚書》經文"罰有倫"作出"不失其理"這一直接解釋。

《刑論》篇第五章:

> 《書》曰:"非從維從。"孔子曰:"君子之於人也,有不語也,無不聽也,況聽訟乎?必盡其辭矣。夫聽訟者,或從其情,或從其辭。辭不可從,必斷以情……"

這段文字在《孔氏傳尚書》和《尚書大傳》中均可找到印證。《周書·呂刑》："差辭於差,非從惟從。"孔安國注："察囚辭,其難在於差錯,非從其僞辭,惟從其本情。"① 他將"非從惟從"釋爲"非從其僞辭,惟從其本情",其說與《刑論》篇載孔子所言"辭不可從,必斷以情"相一致。此外,《尚書大傳》記載:

> 君子之於人也,有其語也,無不聽者。皇於聽訟乎?必盡其辭矣。聽獄者或從其情,或從其辭。②

從其與《孔叢子》和《孔氏傳尚書》的相似程度看來,這段文字應該就是孔子在解釋《呂刑》時所作的論述。三種典籍的記載如此相似,說明這一段孔子關於《呂刑》的議論,應是作爲一種通行的儒家文獻在秦漢之際流傳。

《刑論》篇第六章寫道:

> 曾子問聽獄之術。孔子曰:"其大法有三焉:治必以寬,寬之之術,歸於察,察之之術,歸於義。是故聽而不寬,是亂也;寬而不察,是慢也;察而不中義,是私也。私則民怨。故善聽者,言不越辭,辭不越情,情不越義。《書》曰:'上下比罰,無僭亂辭。'"

《太平御覽·刑法部》所載《尚書大傳》也有一段相似的文字:

> 聽訟之術大略有三:治必寬,寬之之術歸於察,察之之術歸於義。是故聽而不寬,是亂也;寬而不察,是慢也。古之聽

---

① 孔安國:《尚書孔氏傳》,《四部要籍注疏叢刊·尚書》,第114頁。
② 皮錫瑞:《尚書大傳疏證》,卷六,第19頁。

訟者,言不越辭,辭不越情,情不越義。

兩段文字幾乎無異,都是記載孔子對聽訟之術的論述。在《刑論》篇中,孔子在最後引《周書·呂刑》之文來證明他對聽訟者"言不越辭,辭不越情,情不越義"的要求。關於他所引的這兩句經文,孔安國解釋道:"上下比方其罪,無聽僭亂之辭以自疑。"①所謂"上下比方其罪",即孔子所說三種聽訟之術中的"察"與"義"。"察"與"義"指聽訟時要體察真實情況,并作出合理的判決。經文中的"比罪",孔安國釋爲"上下比方其罪",孔穎達繼續解釋道:"取故事并之,上下比方其罪之輕重。"②將"比罪"釋爲與以前的案件相比較,以得出其罪之輕重的結論。孔穎達的解釋是有根據的。《禮記·王制》篇有"凡聽五刑之訟……必察小大之比以成之"的記載,鄭玄注:"已行故事曰比。"③孔穎達的説法,當是取自鄭玄。而鄭玄之説,又可以從漢代刑獄制度那裡得到印證。《周禮·大司寇》有"凡庶民之獄訟,以邦成弊之"的記載,其中的"邦成",鄭眾注:"邦成,謂若今時決事比也。"對此,孫詒讓繼續解釋道:"漢之決事比,蓋若今之事例。"④那些用於比況犯罪事件的"故事",在漢代稱爲"決事比",後又稱爲"事例",是中國古代刑獄制度的重要組成部分。例如西漢孝武帝年間,張湯等制定刑律,就有"律令凡三百五十九章,大辟四百九條,千八百八十二事,死罪決事比萬三千四百七十二事。"(《漢書·刑法志》)這種制度在西漢初年已經十分成熟,必定經歷了一個不短的形成期,在周代初年就產生這種制度萌芽的可能性也并非不存在。因此,《呂刑》中的"上下比罪",的確很可能就是指以後世稱爲決事比、事例的以往同類案例爲參照,對案

---

① 孔安國:《尚書孔氏傳》,《四部要籍注疏叢刊·尚書》,第114頁。
② 孔穎達:《尚書正義》,《四部要籍注疏叢刊·尚書》,第447頁。
③ 朱彬撰、饒欽農點校:《禮記訓纂》,第198頁。
④ 孫詒讓:《周禮正義》,第2757頁。

件的輕重進行判定,孔穎達對孔安國注的解釋是可信的。孔子引《吕刑》中的這兩句經文,是爲了强調聽訟者不應受僞辭的迷惑,而應體察真實情況,作出合"義"的判決。這與他之前所説"辭不越情,情不越義"的標準是一致的。《孔叢子》和《孔氏傳尚書》對這一句的運用和解釋,確有内在的相通之處。

《刑論》篇第七章寫道:

　　《書》曰:"哀敬折獄。"仲弓問曰:"何謂也?"孔子曰:"古之聽訟者,察貧窮,哀孤獨及鰥、寡、老、弱、不肖而無告者。雖得其情,必哀矜之。死者不可生,斷者不可屬。若老而刑之謂之悖;弱而刑之謂之克;不赦過謂之逆;率過以小罪謂之枳。故宥過、赦小罪、老弱不受刑,先王之道也。《書》曰:'大辟、疑、赦。'又曰:'與其殺不辜,寧失不經。'"

孔子在這段論書中討論聽訟的態度應是以哀矜爲主,他强調"死者不可生,斷者不可屬",認爲雖然罪犯應當受到懲罰,但這種懲罰對罪犯本身也是一種傷害。《孔氏傳尚書》解釋"哀敬折獄"時道:"當憐下人之犯法,敬斷獄之害人。"①也强調應注意斷獄對罪犯的影響。孔安國作爲孔氏學者,觀點與《刑論》篇一致。《尚書大傳》中亦有多條文獻與之相似。如《孔子集語》引《尚書大傳》道:

　　子曰:"……老弱不受刑,有過不受罰。是故老而受刑謂之悖,弱而受刑謂之剋,不赦有過謂之賊,率過以小謂之枳。"……子曰:"聽訟者雖得其指,必哀矜之。死者不可復生,斷者不可復續也。《書》曰:'哀矜折獄。'"②

---

① 孔安國:《尚書孔氏傳》,《四部要籍注疏叢刊·尚書》,第114頁。
② 孫星衍:《孔子集語》,第84頁。

又如《太平御覽·刑法部》引《尚書大傳》道：

> 子曰："有過必赦，小罪勿增，大罪勿累。有過不受罰。是故老而受刑謂之悖，弱而受刑謂之尅，不赦有過謂之賊。故與其殺不辜，寧失有罪，與其增以有罪，寧失過以有赦。"

將這些文獻引用的《尚書大傳》零星文字整合起來，可以得到一段與《刑論》篇非常相似的孔子論哀矜聽訟之文。不同的文獻徵引的《尚書大傳》文字，能與《刑論》篇如此相近，說明《刑論》篇所錄孔子之語，也很可能曾為伏生所見，應該是在秦漢之際儒生傳習的材料。

《刑論》篇第八章寫道：

> 《書》曰："若保赤子。"子張問曰："聽訟可以若此乎？"孔子曰："可哉！古之聽訟者，惡其意，不惡其人；求所以生之，不得其所以生，乃刑之，君必與眾共焉，愛民而重棄之也。今之聽訟者，不惡其意，而惡其人，求所以殺，是反古之道也。"

《孔子集語》載《尚書大傳》有一段與此相似的文字：

> 子曰："今之聽民者，求所以殺之；古之聽民者，求所以生之，不得其所以生之之道，乃刑殺，君與臣會焉。"①

在這裡，孔子強調的仍是當時和古代統治者對待刑獄態度的巨大反差，言語幾乎與《刑論》無異。"若保赤子"，《周書·康誥》

---

① 孫星衍：《孔子集語》，第85頁。

文,孔安國道:"愛養人如安孩兒赤子。"①説的是審判刑犯要像對待自己的孩子那樣謹慎、有愛心,《刑論》篇所謂"求所以生之"、"愛民而重棄之",正是這個意思。

與《論書》篇和《尚書大傳》有異有同的複雜關係不同,《刑論》篇中凡可見於《尚書大傳》的,不僅觀點相同,連文字和行文結構都十分相似。其中依託《尚書》所作的議論,也都可與孔安國在《孔氏傳尚書》中的相應解釋逐一對應。《刑論》篇中的主要觀點,都承《尚書》《論語》而來,其刻意宣揚禮教、強調保民的傾向,不僅是對《論語》刑罰思想的繼承,也是對孔子禮樂思想、愛人思想和社會反思精神的繼承發揚。是書的這些特點,都説明其著作具有典型的孔氏家學屬性。

---

① 孔安國:《尚書孔氏傳》,《四部要籍注疏叢刊・尚書》,第69頁。

主要參考文獻

一、古籍及注解類

經 部

易類

朱熹:《周易本義》,中華書局2009年版。

書類

孔安國:《尚書孔氏傳》,《四部要籍注疏叢刊·尚書》,中華書局1998年版。

孔穎達:《尚書正義》,《四部要籍注疏叢刊·尚書》,中華書局1998年版。

蔡沈等:《書經傳說匯纂》,《四部要籍注疏叢刊·尚書》,中華書局1998年版。

閻若璩:《尚書古文疏證》,《四部要籍注疏叢刊·尚書》,中華書局1998年版。

江聲:《尚書集注音疏》,《四部要籍注疏叢刊·尚書》,中華書局1998年版。

段玉裁:《古文尚書撰異》,《四部要籍注疏叢刊·尚書》,中華書局1998年版。

孫星衍:《尚書今古文注疏》,《四部要籍注疏叢刊·尚書》,中華書局1998年版。

皮錫瑞:《今文尚書考證》,《四部要籍注疏叢刊·尚書》,中華書局1998年版。

王先謙:《尚書孔傳參正》,《四部要籍注疏叢刊·尚書》,中華書局1998年版。

皮錫瑞:《尚書大傳疏證》,《續修四庫全書》,上海古籍出版社影印和珍本1995年版。
楊筠如:《尚書覈詁》,陝西人民出版社1959年版。
王國維:《觀堂學書記·觀堂授書記》,藝文印書館1975年版。
李民:《尚書譯注》,上海古籍出版社2004年版。

詩類

鄭玄箋、孔穎達等正義:《毛詩正義》,《十三經注疏》,上海古籍出版社1997年版。
王先謙:《詩三家義集疏》,中華書局2009年版。
屈守元:《韓詩外傳箋疏》,巴蜀書社1996年版。

禮類

鄭玄注、賈公彥疏:《周禮注疏》,《十三經注疏》,上海古籍出版社1997年版。
孫詒讓:《周禮正義》,《十三經清人注疏》,中華書局1987年版。
鄭玄注、賈公彥疏:《儀禮正義》,《十三經注疏》,上海古籍出版社1997年版。
鄭玄注、孔穎達等正義:《禮記正義》,《十三經注疏》,上海古籍出版社1997年版。
孫希旦:《禮記集解》,《十三經清人注疏》,中華書局1989年版。
朱彬撰、饒欽農點校:《禮記訓纂》,《十三經清人注疏》,中華書局1996年版。
王聘珍撰、王文錦點校:《大戴禮記解詁》,《十三經清人注疏》,中華書局1983年版。

春秋類

杜預注、孔穎達等正義:《春秋左傳正義》,《十三經注疏》,上海古籍出版社1997年版。

楊伯峻:《春秋左傳注》,中華書局1990年版。
何休注、徐彥疏:《春秋公羊傳注疏》,《十三經注疏》,上海古籍出版社1997年版。

孝經類
唐玄宗注、邢昺疏:《孝經注疏》,《十三經注疏》,上海古籍出版社1997年版。

五經總義類
陸德明撰、黃焯匯校:《經典釋文匯校》,中華書局2006年版。

四書類
何晏集解、皇侃義疏:《論語集解義疏》,商務印書館1937年版。
楊伯峻:《論語譯注》,中華書局1980年版。
劉寶楠:《論語正義》,《十三經清人注疏》,中華書局1990年版。
楊伯峻:《孟子譯注》,中華書局2010年版。
朱熹:《四書章句集注》,中華書局1983年版。

小學類
郭璞注、邢昺疏:《爾雅注疏》,《十三經注疏》,上海古籍出版社1997年版。
郝懿行:《爾雅義疏》,中國書店1982年版。
段玉裁:《說文解字注》,上海古籍出版社1981年版。
朱駿聲:《說文通訓定聲》,中華書局1984年版。
丁度等:《集韻》,上海古籍出版社1985年版。

史　部

正史類
司馬遷:《史記》,中華書局1982年版。

班固撰、顏師古注:《漢書》,中華書局 1962 年版。
王先謙:《漢書補注》,中華書局 1983 年版。
范曄撰、李賢等注:《後漢書》,中華書局 1965 年版。
王先謙:《後漢書集解》,中華書局 1984 年版。

編年類

張元濟:《竹書紀年》,《四部叢刊》,商務印書館 1919 年版。
王國維:《古本竹書紀年輯校・今本竹書紀年疏證》,遼寧教育出版社 1997 年版。

雜史類

徐元誥:《國語集解》,中華書局 2002 年版。

傳記類

吳則虞:《晏子春秋集解》,中華書局 1962 年版。
劉向:《列女傳》,遼寧教育出版社 1998 年版。

載記類

周生春:《吳越春秋輯校匯考》,上海古籍出版社 1997 年版。

子 部

儒家類

王肅注:《孔子家語》,《景印文淵閣四庫全書》,第 695 卷《子部一・儒家類》,臺灣商務印書館 1986 年版。
傅亞庶:《孔叢子校釋》,中華書局 2011 年版。
皮錫瑞:《聖證論補評》,《師伏堂叢書》,清光緒中善化皮氏刊本。
王先謙:《荀子集解》,中華書局 1988 年版。
向宗魯:《説苑校正》,中華書局 1987 年版。

法家類

黎翔鳳:《管子校注》,中華書局 2004 年版。
王先謙:《韓非子集解》,中華書局 1998 年版。

雜家類

陳奇猷:《呂氏春秋新校釋》,上海古籍出版社 2002 年版。
張雙棣:《淮南子校釋》,北京大學出版社 1997 年版。
陳立:《白虎通疏證》,中華書局 1994 年版。
黃暉:《論衡校釋》,中華書局 1990 年版。
王利器:《風俗通義校注》,中華書局 2010 年版。

類書類

張英:《淵鑒類函》,文淵閣四庫全書本。
李昉等:《太平御覽》,中華書局 1963 年版。
歐陽詢撰、汪紹楹校:《藝文類聚》,上海古籍出版社 1982 年版。

小說家類

干寶:《搜神記》,中華書局 1979 年版。
袁珂:《山海經校注》,上海古籍出版社 1980 年版。
王貽梁、陳建敏:《穆天子傳匯校集釋》,華東師範大學出版社 1994 年版。

道家類

高明:《帛書老子校注》,中華書局 1996 年版。
郭慶藩:《莊子集釋》,中華書局 2004 年版。
楊伯峻:《列子集釋》,中華書局 1985 年版。

集　部

楚辭類

洪興祖:《楚辭補注》,鳳凰出版社 2007 年版。

別集類

王弼著、樓宇烈校釋:《王弼集校釋》,中華書局 1980 年版。

總集類

蕭統編、李善注:《文選》,中華書局 1977 年版。

二、出土文獻類

荆門市博物館:《郭店楚墓竹簡》,文物出版社 1998 年版。
馬承源主編:《上海博物館藏戰國楚竹書·一》,上海古籍出版社 2001 年版。

三、專著類

王國維:《觀堂集林》,中華書局 1959 年版。
于省吾:《雙劍誃諸子新證》,中華書局 1962 年版。
馬雍:《尚書史話》,中華書局 1982 年版。
常玉芝:《商代周祭制度》,中國社會科學出版社 1987 年版。
趙誠:《甲骨文簡明詞典——卜辭分類讀本》,中華書局 1988 年版。
蔣善國:《尚書綜述》,上海古籍出版社 1988 年版。
徐中舒:《甲骨文字典》,四川辭書出版社 1989 年版。
劉起釪:《尚書學史》,中華書局 1989 年版。
陳夢家:《殷虛卜辭綜述》,中華書局 1992 年版。
李炳海:《部族文化與先秦文學》,高等教育出版社 1995 年版。
尹黎云:《漢字字源系統研究》,中國人民大學出版社 1998 年版。

郭沫若:《甲骨文合集》,中華書局1999年版。
陳夢家:《尚書通論》,中華書局2005年版。
王鍔:《禮記成書考》,中華書局2007年版。
常玉芝:《商代宗教祭祀》,中國社會科學出版社2010年版。
錢穆:《先秦諸子系年》,九州出版社2011年版。
孫少華:《〈孔叢子〉研究》,中國社會科學出版社2011年版。

四、論文類

陳夢家:《古文字中之商周祭祀》,《燕京學報》,1936年第19期。
李學勤:《竹簡〈家語〉與漢魏孔氏家學》,《孔子研究》,1987年第2期。
江伊莉著、劉源譯:《商代青銅器紋飾的象徵意義與人獸變形》,《殷都學刊》,2002年第2期。
李立新:《甲骨文中所見祭名研究》,中國社會科學院研究生院博士學位論文,2003年。

圖書在版編目（CIP）數據

《孔叢子》訓讀及研究 / 雷欣翰撰；--北京：華夏出版社，2019.1
（中國傳統：經典與解釋）
ISBN 978-7-5080-9592-9

Ⅰ.①孔… Ⅱ.①雷… Ⅲ.①雜家 ②《孔叢子》－研究 Ⅳ.①B229.35

中國版本圖書館CIP數據核字(2018)第229033號

《孔叢子》訓讀及研究

作　　者	雷欣翰
責任編輯	王霄翎
責任印制	劉　洋
出版發行	華夏出版社
經　　銷	新華書店
印　　刷	三河市少明印務有限公司
裝　　訂	三河市少明印務有限公司
版　　次	2019年1月北京第1版
	2019年1月北京第1次印刷
開　　本	880×1230　1/32
印　　張	10
字　　數	250千字
定　　價	69.00元

華夏出版社　地址：北京市東直門外香河園北里4號　　郵編：100028
　　　　　　網址：www.hxph.com.cn　　電話：(010)64663331(轉)
若發現本版圖書有印裝質量問題，請與我社營銷中心聯繫調換。

西方传统：经典与解释
Classici et Commentarii
HERMES
刘小枫◎主编

古今丛编

货币哲学　[德]西美尔 著

孟德斯鸠的自由主义哲学
——《论法的精神》疏证　[美]潘戈 著

莫尔及其乌托邦　[德]考茨基 著

试论古今革命　[法]夏多布里昂 著

但丁：皈依的诗学　[美]弗里切罗 著

在西方的目光下　[英]康拉德 著

大学与博雅教育　董成龙 编

探究哲学与信仰
——基尔克果与苏格拉底　[美]郝岚 著

民主的本性
——托克维尔的政治哲学　[法]马南 著

梅尔维尔的政治哲学
——《切雷诺》及其解读　李小均 编/译

席勒美学的哲学背景　[美]维塞尔 著

果戈里与鬼　[俄]梅列日科夫斯基 著

自传性反思　[美]沃格林 著

黑格尔与普世秩序　[美]希克斯 等著

新的方式与制度
——马基雅维利的《论李维》研究
[美]曼斯菲尔德 著

科耶夫的新拉丁帝国　[法]科耶夫 等著

《利维坦》附录　[英]霍布斯 著

或此或彼（上、下）　[丹麦]基尔克果 著

海德格尔式的现代神学　刘小枫 选编

双重束缚　[法]基拉尔 著

古今之争中的核心问题
——施米特的学说与施特劳斯的论题　[德]迈尔 著

论永恒的智慧　[德]苏索 著

宗教经验种种　[美]詹姆斯 著

尼采反卢梭　[美]凯斯·安塞尔-皮尔逊 著

舍勒思想评述　[美]弗林斯 著

诗与哲学之争　[美]罗森 著

神圣与世俗　[罗]伊利亚德 著

但丁的圣约书　[美]霍金斯 著

古典学丛编

探究希腊人的灵魂　[美]戴维斯 著

尤利安文选　马勇 编/译

论月面　[古罗马]普鲁塔克 著

雅典诺剧与逻各斯
——《云》中的修辞、谐剧性及语言暴力
[美]奥里根 著

莱园哲人伊壁鸠鲁　罗晓颖 选编

《劳作与时日》笺释　吴雅凌 撰

希腊古风时期的真理大师　[法]德蒂安 著

古罗马的教育　[英]葛怀恩 著

古典学与现代性　刘小枫 编

表演文化与雅典民主政制
[英]戈尔德希尔、奥斯本 编

西方古典文献学发凡　刘小枫 编

古典语文学常谈　[德]克拉夫特 著

古希腊文学常谈　[英]多佛 等著

撒路斯特与政治史学　刘小枫 编

希罗多德的王霸之辨　吴小锋 编/译

第二代智术师
——罗马帝国早期的文化现象　[英]安德森 著

英雄诗系笺释　[古希腊]荷马 著

统治的热望
——修昔底德笔下的阿尔喀比亚德和帝国政治
[美]福特 著

论埃及神学与哲学
——伊希斯与俄赛里斯　[古希腊]普鲁塔克 著

凯撒的剑与笔　李世祥 编/译

伊壁鸠鲁主义的政治哲学
[意]詹姆斯·尼古拉斯 著

修昔底德笔下的人性　[美]欧文 著

修昔底德笔下的演说　[美]斯塔特 著

古希腊政治理论　[美]格雷纳 著

神谱笺释　吴雅凌 撰

赫西俄德：神话之艺
[法]居代·德·拉孔波 等著

赫拉克勒斯之盾笺释 罗逍然 译笺
《埃涅阿斯纪》章义 王承教 选编
维吉尔的帝国 [美]阿德勒 著
塔西佗的政治史学 曾维术 编

古希腊诗歌丛编
古希腊早期诉歌诗人 [英]鲍勒 著
诗歌与城邦 [美]费拉格、纳吉 主编
阿尔戈英雄纪（上、下）
[古希腊]阿波罗尼俄斯 著
俄耳甫斯教祷歌 吴雅凌 编译
俄耳甫斯教辑语 吴雅凌 编译

古希腊肃剧注疏集
希腊肃剧与政治哲学 [美]阿伦斯多夫 著

古希腊礼法
希腊人的正义观 [英]哈夫洛克 著

廊下派集
廊下派的神和宇宙 [墨]里卡多·萨勒斯 编
廊下派的城邦观 [英]斯科菲尔德 著

希伯莱圣经历代注疏
希腊化世界中的犹太人 [英]威廉逊 著
第一亚当和第二亚当 [德]朋霍费尔 著

新约历代经解
属灵的寓意 [古罗马]俄里根 著

基督教与古典传统
保罗与马克安
——一种思想史考察 [德]文森 著
加尔文与现代政治的基础 [美]汉考克 著
无执之道
——埃克哈特神学思想研究 [德]文森 著
恐惧与战栗 [丹麦]基尔克果 著
托尔斯泰与陀思妥耶夫斯基
[俄]梅列日科夫斯基 著
论宗教大法官的传说 [俄]罗赞诺夫 著
海德格尔与有限性思想（重订版）
刘小枫 选编
上帝国的信息 [德]拉加茨 著
基督教理论与现代 [德]特洛尔奇 著

亚历山大的克雷芒 [意]塞尔瓦托·利拉 著
中世纪的心灵之旅
——波纳文图拉神学著作选 [意]圣·波纳文图拉 著

德意志古典传统丛编
彭忒西勒亚 [德]克莱斯特 著
穆佐书简 [奥]里尔克 著
纪念苏格拉底 哈曼文选 刘新利 选编
夜颂中的革命和宗教
——诺瓦利斯选集卷一 [德]诺瓦利斯 著
大革命与诗话小说
——诺瓦利斯选集卷二 [德]诺瓦利斯 著
黑格尔的观念论 [美]皮平 著
浪漫派风格——施勒格尔批评文集 [德]施勒格尔 著

美国宪政与古典传统
美国1787年宪法讲疏 [美]阿纳斯塔普罗 著

世界史与古典传统
西方古代的天下观 刘小枫 编
从普遍历史到历史主义 刘小枫 编

启蒙研究丛编
浪漫的律令
——早期德国浪漫主义概念 [美]拜泽尔 著
现实与理性 [法]科维纲 著
论古人的智慧 [英]培根 著
托兰德与激进启蒙 刘小枫 编
图书馆里的古今之战 [英]斯威夫特 著

荷马注疏集
不为人知的奥德修斯 [美]诺特维克 著

品达注疏集
幽暗的诱惑
——品达、晦涩与古典传统 [美]汉密尔顿 著

欧里庇得斯集
自由与僭越
——欧里庇得斯《酒神的伴侣》绎读 罗峰 编译

阿里斯托芬集
《阿卡奈人》笺释 [古希腊]阿里斯托芬 著

色诺芬注疏集
居鲁士的教育 [古希腊]色诺芬 著
色诺芬的《会饮》 [古希腊]色诺芬 著

柏拉图注疏集

柏拉图书简　彭磊 译著

克力同章句　程志敏 郑兴凤 撰

哲学的奥德赛——《王制》引论　[美]郝兰 著

爱欲与启蒙的迷醉
——论柏拉图的《会饮》　[美]贝尔格 著

为哲学的写作技艺一辩
——《斐德若》疏证　[美]伯格 著

柏拉图式的迷宫——《斐多》义疏　[美]伯格 著

哲学如何成为苏格拉底式的　[美]朗佩特 著

苏格拉底与希琵阿斯　王江涛 编译

理想国　[古希腊]柏拉图 著

谁来教育老师——《普罗塔戈拉》发微　刘小枫 编

立法者的神学
——柏拉图《法义》卷十绎读　林志猛 编

柏拉图对话中的神　[法]薇依 著

厄庇诺米斯　[古希腊]柏拉图 著

智慧与幸福
——柏拉图的《厄庇诺米斯》　程志敏 选编

论柏拉图对话　[德]施莱尔马赫 著

柏拉图《美诺》疏证　[美]克莱因 著

政治哲学的悖论
——苏格拉底的哲学审判　[美]郝岚 著

神话诗人柏拉图　张文涛 选编

阿尔喀比亚德　[古希腊]柏拉图 著

叙拉古的雅典异乡人
——柏拉图《书简七》探幽　彭磊 选编

阿威罗伊论《王制》　[阿拉伯]阿威罗伊 著

《王制》要义　刘小枫 选编

柏拉图的《会饮》　[古希腊]柏拉图 等著

苏格拉底的申辩（修订版）　[古希腊]柏拉图 著

苏格拉底与政治共同体　[美]尼柯尔斯 著

政制与美德——柏拉图《法义》疏解　[美]潘戈 著

《法义》导读　[法]卡斯代尔·布舒奇 著

论真理的本质　[德]海德格尔 著

哲人的无知　[德]费勃 著

米诺斯　[古希腊]柏拉图 著

亚里士多德注疏集

亚里士多德《政治学》中的教诲　[美]潘戈 著

品格的技艺　[美]加佛 著

亚里士多德哲学的基本概念　[德]海德格尔 著

《政治学》疏证　[意]托马斯·阿奎那 著

尼各马可伦理学义疏
——亚里士多德与苏格拉底的对话　[美]伯格 著

哲学之诗
——亚里士多德《诗学》解诂　[美]戴维斯 著

对亚里士多德的现象学解释　[德]海德格尔 著

城邦与自然——亚里士多德与现代性　刘小枫 编

论诗术中篇义疏　[阿拉伯]阿威罗伊 著

哲学的政治
——亚里士多德《政治学》疏证　[美]戴维斯 著

普鲁塔克集

普鲁塔克的《对比列传》　[英]达夫 著

普鲁塔克的实践伦理学　[比利时]胡芙 著

阿尔法拉比集

政治制度与政治箴言　阿尔法拉比 著

莎士比亚绎读

莎士比亚的历史剧　[英]蒂利亚德 著

莎士比亚戏剧与政治哲学　彭磊 选编

莎士比亚的政治盛典　[美]阿鲁里斯/苏利文 编

丹麦王子与马基雅维利　罗峰 选编

洛克集

上帝、洛克与平等　[美]沃尔德伦 著

卢梭集

论哲学生活的幸福　[德]迈尔 著

致博蒙书　[法]卢梭 著

政治制度论　[法]卢梭 著

哲学的自传
——卢梭的《孤独漫步者的退思》　[美]戴维斯 著

文学与道德杂篇　[法]卢梭 著

设计论证
——卢梭的《社会契约论》　[美]吉尔丁 著

卢梭的自然状态　[美]普拉特纳 等著

卢梭的榜样人生
——作为政治哲学的《忏悔录》　[美]凯利 著

莱辛注疏集
- 汉堡剧评 [德]莱辛 著
- 关于悲剧的通信 [德]莱辛 著
- 《智者纳坦》研究版 [德]莱辛 等著
- 启蒙运动的内在问题
  ——莱辛思想再释 [美]维塞尔 著
- 莱辛剧作七种 [德]莱辛 著
- 历史与启示——莱辛神学文选 [德]莱辛 著
- 论人类的教育
  ——莱辛政治哲学文选 [德]莱辛 著

尼采注疏集
- 尼采引论 [德]施特格迈尔 著
- 尼采与基督教
  ——尼采的《敌基督》论集 刘小枫 编
- 尼采眼中的苏格拉底 [美]丹豪瑟 著
- 尼采的使命
  ——《善恶的彼岸》绎读 [美]朗佩特 著
- 尼采与现时代
  ——解读培根、笛卡尔与尼采 [美]朗佩特 著
- 动物与超人之间的绳索 [德]A.彼珀 著

施特劳斯集
原著
- 论僭政(重订本)——色诺芬《希耶罗》义疏 [美]施特劳斯 [法]科耶夫 著
- 苏格拉底问题与现代性(增订本)
  ——施特劳斯讲演与论文集:卷二
- 犹太哲人与启蒙(增订本)
  ——施特劳斯演讲与论文集:卷一
- 霍布斯的宗教批判
- 斯宾诺莎的宗教批判
- 门德尔松与莱辛
- 哲学与律法——论迈蒙尼德及其先驱
- 迫害与写作艺术
- 柏拉图式政治哲学研究
- 论柏拉图的《会饮》
- 柏拉图《法义》的论辩与情节
- 什么是政治哲学
- 古典政治理性主义的重生(重订本)
- 回归古典政治哲学——施特劳斯通信集
- 苏格拉底与阿里斯托芬

研究作品
- 论源初遗忘
  ——海德格尔、施特劳斯与哲学的前提 [美]维克利 著
- 政治哲学与启示宗教的挑战 [德]迈尔 著
- 阅读施特劳斯 [美]斯密什 著
- 施特劳斯与流亡政治学 [美]谢帕德 著
- 隐匿的对话
  ——施米特与施特劳斯 [德]迈尔 著
- 驯服欲望
  ——施特劳斯笔下的色诺芬撰述 [法]科耶夫 等著

施米特集
- 宪法专政
  ——现代民主国家中的危机政府 [美]罗斯托 著
- 施米特对自由主义的批判 [美]约翰·麦考米克 著

伯纳德特集
- 古典诗学之路(第二版)
  ——相遇与反思:与伯纳德特聚谈 [美]伯格 编
- 弓与琴(重订本)
  ——从柏拉图解读《奥德赛》 [美]伯纳德特 著
- 神圣的罪业 [美]伯纳德特 著

布鲁姆集
- 巨人与侏儒(1960-1990)
- 人应该如何生活——柏拉图《王制》释义
- 爱的设计——卢梭与浪漫派
- 爱的戏剧——莎士比亚与自然
- 爱的阶梯——柏拉图的《会饮》
- 伊索克拉底的政治哲学

沃格林集
- 自传体反思录 [美]沃格林 著

大学素质教育读本
- 古典诗文绎读 西学卷·古代编(上、下)
- 古典诗文绎读 西学卷·现代编(上、下)

中国传统：经典与解释
Classici et Commentarii
娄亚肃甲
刘小枫　陈少明 ◎ 主编

《孔丛子》训读及研究 /雷欣翰 撰
论语说义 /[清]宋翔凤 撰
周易古经注解考辨 /李炳海 著
浮山文集 /[明]方以智 著
药地炮庄 /[明]方以智 著
药地炮庄笺释·总论篇 /[明]方以智 著
青原志略 /[明]方以智 编
冬灰录 /[明]方以智 著
冬炼三时传旧火 /邢益海 编
《毛诗》郑王比义发微 /史应勇 著
宋人经筵诗讲义四种 /[宋]张纲 等撰
道德真经藏室纂微篇 /[宋]陈景元 撰
道德真经四子古道集解 /[金]寇才质 撰
皇清经解提要 /[清]沈豫 撰
经学通论 /[清]皮锡瑞 著
松阳讲义 /[清]陆陇其 著
起凤书院答问 /[清]姚永朴 撰
周礼疑义辨证 /陈衍 撰
《铎书》校注 /孙尚扬 肖清和 等校注
韩愈志 /钱基博 著
论语辑释 /陈大齐 著
《庄子·天下篇》注疏四种 /张丰乾 编
荀子的辩说 /陈文洁 著
古学经子 /王锦民 著
经学以自治 /刘少虎 著
从公羊学论《春秋》的性质 /阮芝生 撰

刘小枫集

以美为鉴：注意美国立国原则的是非未定之争
海德格尔与中国
古典学与古今之争［增订本］
这一代人的怕和爱［第三版］
沉重的肉身［珍藏版］
圣灵降临的叙事［增订本］
罪与欠
儒教与民族国家
拣尽寒枝
施特劳斯的路标
重启古典诗学
共和与经纶
设计共和
现代性与现代中国：现代性社会理论绪论
诗化哲学［重订本］
拯救与逍遥［修订本］
走向十字架上的真
卢梭与我们
西学断章
现代人及其敌人
好智之罪：普罗米修斯神话通释
民主与爱欲：柏拉图《会饮》绎读
民主与教化：柏拉图《普罗塔戈拉》绎读
巫阳招魂：《诗术》绎读

编修［博雅读本］

凯若斯：古希腊语文读本［全二册］
古希腊语文学述要
雅努斯：古典拉丁语文读本
古典拉丁语文学述要
危微精一：政治法学原理九讲
琴瑟友之：钢琴与古典乐色十讲

译著

普罗塔戈拉

经典与解释辑刊

1 柏拉图的哲学戏剧
2 经典与解释的张力
3 康德与启蒙
4 荷尔德林的新神话
5 古典传统与自由教育
6 卢梭的苏格拉底主义
7 赫尔墨斯的计谋
8 苏格拉底问题
9 美德可教吗
10 马基雅维利的喜剧
11 回想托克维尔
12 阅读的德性
13 色诺芬的品味
14 政治哲学中的摩西
15 诗学解诂
16 柏拉图的真伪
17 修昔底德的春秋笔法
18 血气与政治
19 索福克勒斯与雅典启蒙
20 犹太教中的柏拉图门徒
21 莎士比亚笔下的王者
22 政治哲学中的莎士比亚
23 政治生活的限度与满足
24 雅典民主的谐剧
25 维柯与古今之争
26 霍布斯的修辞
27 埃斯库罗斯的神义论
28 施莱尔马赫的柏拉图
29 奥林匹亚的荣耀
30 笛卡尔的精灵
31 柏拉图与天人政治
32 海德格尔的政治时刻
33 荷马笔下的伦理
34 格劳秀斯与国际正义
35 西塞罗的苏格拉底
36 基尔克果的苏格拉底
37 《理想国》的内与外
38 诗艺与政治
39 律法与政治哲学
40 古今之间的但丁
41 拉伯雷与赫尔墨斯秘学
42 柏拉图与古典乐教
43 孟德斯鸠论政制衰败
44 博丹论主权
45 道伯与比较古典学
46 伊索寓言中的伦理
47 斯威夫特与启蒙
48 赫西俄德的世界
49 洛克的自然法辩难
50 斯宾格勒与西方的没落
51 地缘政治学的历史片段